中国古典名著精华

隋 书

〔唐〕魏徵等 撰

刘枫 主编

黄河出版传媒集团
阳光出版社

图书在版编目（CIP）数据

隋书 / 刘枫主编 .—— 银川：阳光
出版社，2016.8（2022.05重印）
（中国古典名著精华）
ISBN 978-7-5525-2898-5

Ⅰ.①隋… Ⅱ.①刘… Ⅲ.①中国历史－隋代－纪
传体 Ⅳ.① K241.042

中国版本图书馆 CIP 数据核字 (2016) 第 208400 号

中国古典名著精华　隋书　　　　　　〔唐〕魏徵等　撰　刘枫　主编

责任编辑　金小燕
封面设计　瑞知堂文化
责任印制　岳建宁

黄河出版传媒集团
阳　光　出　版　社　出版发行

地　　址　宁夏银川市北京东路139号出版大厦（750001）
网　　址　http://www.ygchbs.com
网上书店　http://shop129132959.taobao.com
电子信箱　yangguangchubanshe@163.com
邮购电话　0951-5047283
经　　销　全国新华书店
印刷装订　天津兴湘印务有限公司
印刷委托书号　（宁）0020210

开　　本　710 mm×1000 mm　1/16
印　　张　12
字　　数　144千字
版　　次　2016年11月第1版
印　　次　2022年5月第2次印刷
书　　号　ISBN 978-7-5525-2898-5
定　　价　30.00元

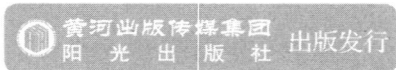

目　录

高祖本纪

——卷一、二

【原文】

高祖文皇帝，姓杨氏，讳坚，弘农郡华阴人也。汉太尉震八代孙铉，仕燕为北平太守。铉生元寿，后魏代为武川镇司马，子孙因家焉。元寿生太原太守惠嘏，嘏生平原太守烈，烈生宁远将军祯，祯生忠，忠即皇考也。皇考从周太祖起义关西，赐姓普六茹氏，位至柱国、大司空、隋国公。薨，赐太保，谥曰桓。

皇妣吕氏，以大统七年六月癸丑夜，生高祖于冯翊般若寺，紫气充庭。有尼来自河东，谓皇妣曰："此儿所从来甚异，不可于俗间处之。"尼将高祖舍于别馆，躬自抚养。

皇妣尝抱高祖，忽见头上角出，遍体鳞起。皇妣大骇，坠高祖于地。尼自外入见曰："已惊我儿，致令晚得天下。"为人龙颔，额上有五柱入顶，目光外射，有文在手曰"王"，长上短下，沉深严重。初入太学，虽至亲昵不敢狎也。

年十四，京兆尹薛善辟为功曹。十五，以太祖勋授散骑常侍、车骑大将军、仪同三司，封成纪县公。十六，迁骠骑大将军，加开府。周太祖见而叹曰："此儿风骨，不似代间人！"明帝即位，授右小宫伯，进封大兴郡公。帝尝遣善相者赵昭视之，昭诡对曰："不过作柱国耳。"既而阴谓高祖曰："公当为天下君，必大诛杀而后定。善记鄙言。"

武帝即位，迁左小宫伯。出为隋州刺史，进位大将军。后征还，遇皇妣寝疾三年，昼夜不离左右，代称纯孝。宇文护执政，尤忌高祖，屡将害焉，大将军侯伏、侯寿等匡护得免。其后袭爵隋国公。武帝娉高祖长女为皇太子妃，益加礼重。齐王宪言于帝曰："普六茹坚相貌非常，臣每见之，不觉自失。恐非人下，请早除之。"帝曰："此止可为将耳。"内史王轨骤言于帝曰："皇太子非社稷主，普六茹坚貌有反相。"帝不悦，曰："必天命有在，将若之何！"高祖甚惧，深自晦匿。

建德中，率水军三万，破齐师于河桥。明年，从帝平齐，进位柱国。与宇文宪破齐任城王高湝于冀州，除定州总管。先是，定州城西门久闭不行。齐文宣帝时，或请开之，以便行路。帝不许，曰："当有圣人来启之。"及高祖至而开焉，莫不惊异。寻转亳州总管。宣帝即位，以后父征拜上柱国、大司马。大象初，迁大后丞、右司武，俄转大前疑。每巡幸，恒委居守。时帝为《刑经圣制》，其法深刻。高祖以法令滋章，非兴化之道，切谏，不纳。

高祖位望益隆，帝颇以为忌。帝有四幸姬，并为皇后，诸家争宠，数相毁谮。帝每忿怒，谓后曰："必族灭尔家！"因召高祖，命左右曰："若色动，即杀之。"高祖既至，容色自若，乃止。

大象二年五月，以高祖为扬州总管，将发，暴有足疾，不果行。乙未，帝崩。时静帝幼冲，未能亲理政事。内史上大夫郑译、御正大夫刘昉以高祖皇后之父，众望所归，遂矫诏引高祖入总朝政，都督内外诸军事。周氏诸王在藩者，高祖悉恐其生变，称赵王招将嫁女于突厥为词以征之。丁未，发丧。庚戌，周帝拜高祖假黄钺、左大丞相，百官总己而听焉。以正阳宫为丞相府，以郑译为长史，刘昉为司马，具置僚佐。宣帝时，刑政苛酷，群心崩骇，莫有固志。至是，高祖大崇惠政，法令清简，躬履节俭，天下悦之。

六月，赵王招、陈王纯、越王盛、代王达、滕王逌并至于长安。相州总管尉迟迥自以重臣宿将，志不能平，遂举兵东夏。赵、魏之士，从者若流，旬日之间，众至十余万。又宇文胄以荥州，石愻以建州，席毗以沛郡，毗弟叉罗以兖州，皆应于迥。迥遣子质于陈请援。高祖命上柱国、郧国公韦孝宽讨之。雍州牧毕王贤及赵、陈等五王，以天下之望归于高祖，因谋作乱。高祖执贤斩之，寝赵王等之罪，因诏五王剑履上殿，入朝不趋，用安其心。

七月，陈将陈纪、萧摩诃等寇广陵，吴州总管于颙转击破之。广陵人杜乔生聚众反，刺史元义讨平之。韦孝宽破尉迟迥于相州，传首阙下，余党悉平。初，迥之乱也，郧州总管司马消难据州响应，淮南州县多同之。命襄州总管王谊讨之，消难奔陈。荆、郢群蛮乘衅作乱，命亳州总管贺若谊讨平之。先是，上柱国王谦为益州总管，既见幼主在位，政由高祖，遂起巴、蜀之众，以匡复为辞。高祖方以东夏、山南为事，未遑致讨。谦进兵屯剑阁，陷始州。至是，乃命行军元帅、上柱国梁睿讨平之，传首阙下。巴、蜀阻险，人好为乱。于是更开平道，毁剑阁之路，立铭垂诫焉。五王阴谋滋甚，高祖赍酒肴以造赵王第，欲观所为。赵王伏甲以宴高祖，高祖几危，赖元胄以济，语在胄传。于是诛赵王招、越王盛。

九月，以世子勇为洛州总管、东京小冢宰。壬子，周帝诏曰："假黄钺、使持节、左大丞相、都督内外诸军事、上柱国、大冢宰、隋国公坚，感山河之灵，应星辰之气，道高雅俗，德协幽显。释巾登仕，搢绅倾属，开物成务，朝野承风。受诏先皇，弼谐寡薄，合天地而生万物，顺阴阳而抚四夷。近者，内有艰虞，外闻妖寇，以鹰鹯之志，运帷帐之谋，行两观之诛，扫万里之外。遐迩清肃，实所赖焉。四海之广，百官之富，俱禀大训，咸餐至道。治定功成，栋梁斯托，神猷盛德，莫二于时。可授大丞相，罢左、右丞相之官，余如故。"

冬十月壬申，诏赠高祖曾祖烈为柱国、太保、都督徐兖等十州诸军事、徐州刺史、隋国公，谥曰康；祖祯为柱国、太傅、都督陕蒲等十三州诸军事、同州刺史、隋国公，谥曰献；考忠为上柱国、太师、大冢宰、都督冀定等十三州诸军事、雍州牧。诛陈王纯。癸酉，上柱国、郧国公韦孝宽卒。

十一月辛未，诛代王达、滕王逌。

十二月甲子，周帝诏曰：

天大地大，合其德者圣人；一阴一阳，调其气者上宰。所以降神载挺，陶铸群生，代苍苍之工，成巍巍之业。假黄钺、使持节、大丞相、都督内外诸军事、上柱国、大冢宰、隋国公，应百代之期，当千龄之运，家隆台鼎之盛，门有翊赞之勤。心同伊尹，必致尧舜，情类孔丘，宪章文武。爰初入仕，风流映世，公卿仰其轨物，搢绅谓为师表。入处禁闱，出居藩政，芳猷茂绩，问望弥远。往平东夏，人情未安，燕南赵北，实为天府，拥节杖旄，任当连率。柔之以德，导之以礼，畏之若神，仰之若日，芳风美迹，歌颂独存。淮海榛芜，多历年代，作镇南鄙，选众惟贤，威震殊俗，化行黔首。任掌钩陈，职司邦政，国之大事，朝寄更深，銮驾巡游，留台务广。周公陕西之任，仅可为伦，汉臣关内之重，未足相况。

及天崩地坼，先帝升遐，朕以眇年，奄经荼毒，亲受顾命，保乂皇家。奸人乘隙，潜图宗社，无君之意已成，窃发之期有日。英规潜运，大略川回，匡国庇人，罪人斯得。两河遘乱，三魏称兵，半天之下，汹汹鼎沸。祖宗之基已危，生人之命将殆。安陆作衅，南通吴、越，蜂飞蚕聚，江、汉骚然。巴、蜀鸱张，翻将问鼎，秦途更阻，汉门重闭。画筹帷帐，建出师车，诸将禀其谋，壮士感其义，不违时日，咸得清荡。九功远被，七德允谐，百僚师师，四门穆穆。光景照临之地，风云去来之所，允武允文，幽明同德，骊山骊水，遐迩归心。使朕继踵上皇，无为以治，声高宇宙，道格天壤。伊尹辅殷，霍光佐汉，方之蔑如也。

昔营丘、曲阜，地多诸国，重耳、小白，锡用殊礼。萧何优赞拜之仪，番君越公侯之爵。姬、刘以降，代有令谟，宜崇典礼，宪章自昔。可授相国，总百揆，去都督内外诸军事、大冢宰之号，进公爵为王，以隋州之崇业，郧州之安陆、城阳，温州之宜人，应州之平靖、上明，顺州之淮南，士州之永川，昌州之广昌、安昌，申州之义阳、淮安，息州之新蔡、建安，豫州之汝南、临颍、广宁、初安，蔡州之蔡阳，郢州之汉东二十郡为隋国。剑履上殿，入朝不趋，赞拜不名，备九锡之礼，加玺绂、远游冠、相国印、绿綟绶，位在诸侯王上。隋国置丞相已下，一依旧式。

高祖再让，不许，乃受王爵、十郡而已。诏进皇祖、考爵并为王，夫人为王妃。辛巳，司马消难以陈师寇江州，刺史成休宁击却之。

大定元年春二月壬子，令曰："已前赐姓，皆复其旧。"是日，周帝诏曰："伊、周作辅，不辞殊礼之锡，桓、文为霸，允应异物之典，所以表格天之勋，彰不代之业。相国隋王，前加典策，式昭大礼，固守谦光，丝言未绰。宜申显命，一如往旨。王功必先人，赏存后己，退让为本，诚乖朕意。宜命百辟，尽诣王宫，众心克感，必令允纳。如有表奏，勿复通闻。"癸丑，文武百官诣阁敦劝，高祖乃受。甲寅，策曰：

咨尔假黄钺、使持节、大丞相、都督内外诸军事、上柱国、大冢宰隋王：天覆地载，藉人事以财成；日往月来，由王道而盈昃。五气陶铸，万物流形。谁代上玄之工，斯则大圣而已。曰惟先正，翊亮皇朝。种德积善，载诞上相，精采不代，风骨异人。匡国济时，除凶拨乱，百神奉职，万国宅心。殷相以先知悟人，周辅乃弘道于代，方斯蔑如也。今将授王典礼，其敬听朕命：

朕以不德，早承丕绪，上灵降祸，夙遭愍凶。妖丑觊觎，密图社稷，宫省之内，疑虑惊心。公受命先皇，志在匡弼，辑谐内外，潜运机衡，奸人慑惮，谋用丕显，俾赘旒之危，为太山之固。是公重造皇室，作霸之基也。伊我祖考之代，任寄已深，入掌禁兵，外司藩政，文经武略，久播朝野。戎轩大举，长驱晋魏，平阳震熊罴之势，冀部耀貔豹之威。初平东夏，人情未一，丛台之北，易水之南，西距井陉，东至沧海，比数千里，举袂如帷。委以连城，建旌杖节，教因其俗，刑用轻典，如泥从印，犹草随风。此又公之功也；吴越不宾，多历年代，淮海之外，时非国有。爰整其旅，出镇于亳，武以威物，文以怀远。群盗自奔，外户不闭，人黎慕义，襁负而归。自北之风，化行南国。此又公之功也；宣帝御宇，任重宗臣，入典八屯，外司九伐。禁卫勤巡警之务，治兵得搜狩之礼。此又公之功也。銮驾游幸，频委留台，文武注意，军国谘禀。万事咸理，反顾无忧。此又公之功也；朕在谅暗，公实总己。磐石之宗，奸回者众，招引无赖，连结群小。往者国衰甫尔，已创阴谋，积恶数旬，昆吾方稔。泣诛磬甸，宗庙以宁。此又公之功也；尉迥猖狂，称兵邺邑，欲长戟而指北阙,强弩而围南斗,凭陵三魏之间,震惊九州之半,聚徒百万,悉成蛇豕,淇水,洹水,一饮而竭。人之死生,翻系凶竖,寿之长短,不由司命。公乃戒彼鹰扬,出车练卒,誓苍兕于河朔,建瓴水于山东。口授兵书,手画行阵,量敌制胜,指日克期。诸将遵其成旨,壮士感其大义,轻死忘生,转斗千里,旗鼓奋发,如火燎毛。玄黄变漳河之水,京观比爵台之峻。百城氛昆,一旦廓清。此又公之功也;青土连率,跨据东秦,藉负海之饶,倚连山之险,望三辅而将逐鹿,指六国而愿连鸡,风雨之兵,助鬼为虐。本根既拔,枝叶自殒,屈法申恩,示以大信。此又公之功也;申部残贼,充斥一隅,蝇飞蚁聚,攻州略地。播以玄泽,迷更知反,服而舍之,无费遗镞。此又公之功也;宇文胄亲则宗枝,外藩岩邑,影响邺贼,有同就燥。迫胁吏人,叛换城戍。偏师讨蹙,遂入网罗。束之武牢,有同囹圄,事穷将军,如伏国刑。此又公之功也。檀让、席毗,拥众河外。陈、韩、梁、郑、宋、卫、邹、鲁,村落成枭獍之墟,人庶为豺狼之饵。强以陵弱,大则吞小,城有昼闭,巷无行人。授律出师,随机扫定,让既授首,毗亦枭悬。此又公之功也;司马消难与国亲姻,作镇安陆,性多嗜欲,意好贪聚。属城子女,劫掠靡余,部人货财,多少具罄。擅诛刺举之使,专杀仪台之臣。惧罪畏威,动而内怨怒。蚕食郡县,鸩毒华夷,闻有王师,自投南裔。帝唐崇山之罚,仅可方此,大汉流御之刑,是亦相匹。逋逃入薮,荆郢用安。此又公之功也;王谦在蜀,翻为厉阶,闭剑阁之门,塞灵关之宇,自谓五丁复起,万夫莫向。分阃推毂,尝不逾时,风驰席卷,一举大定,擒斩凶恶,扫地无遗。此又公之功也;陈顼因循伪业,自擅金陵,屡遣丑徒,趑趄江北。公指麾藩镇,无不摧殄。方置文深之柱,非止尉佗之拜。此又公之功也。

　　公有济天下之勤,重之以明德,始于辟命,屈己登庸。素业清徽,声掩廊庙,雄规神略,气盖朝野。序百揆而穆四门,耻一匡之举九合。尊贤崇德,尚齿贵功,录旧旌善,兴亡继绝。宽猛相济,彝伦攸叙,郭睦帝亲,崇奖王室。星象不拆,阴阳自调,玄冥、祝融,如奉太公之召,雨师风伯,似应成王之宰。祥风嘉气,触石摇林,瑞兽异禽,游园鸣阁。至功至德,可大可久,尽品物之和,究杳冥之极。

朕又闻之,昔者明王设官胙土,营丘四履,得征五侯,参墟宠章,异其礼物。故藩屏作固,垂拱责成,沈默岩廊,不下堂席。公道高往烈,赏薄前王。朕以眇身,托于兆人之上,求诸故实,甚用惧焉。往加大典,宪章在昔,谦以自牧,未应朝礼,日月不居,便已隔岁,时谈物议,其谓朕何!今进授相国总百揆,以申州之义阳等二十郡为隋国。今命使持节、太傅、上柱国、杞国公椿,大宗伯、大将军、金城公赵煚,授相国印绶。相国礼绝百僚,任总群官,旧职常典,宜与事革。昔尧臣太尉,舜佐司空,姬旦相周,霍光辅汉,不居藩国,惟在天朝。其以相国总百揆,去众号焉。上所假节、大丞相、大冢宰印绶。

又加九锡,其敬听朕后命。以公执律修德,慎狱恤刑,为其训范,人无异志,是用锡公大辂、戎辂各一,玄牡二驷。公勤心地利,所宝人天,崇本务农,公私殷阜,是用锡公衮冕之服,赤舄副焉。公乐以移风,雅以变俗,遐迩胥悦,天地咸和,是用锡公轩悬之乐,六佾之舞。公仁风德教,覃及海隅,荒忽幽遐,回首内向,是用锡公朱户以居。发水镜人伦,铨衡庶职,能官流咏,遗贤必举,是用锡公纳陛以登。公执钧于内,正性率下,犯义无礼,罔不屏黜,是用锡公武贲之士三百人。公是用锡公铁钺各一。公威严夏日,精厉秋霜,猾夏必诛,顾眄天壤,扫清奸宄,折冲无外,是用锡公彤弓一、彤矢百,卢弓十、卢矢千。惟公孝通神明,肃恭祀典,尊严如在,情切幽明,是用锡公秬鬯一卣,珪瓒副焉。隋国置丞相以下,一遵旧式。往钦哉!其敬循往策,祗服大典,简恤尔庶功,对扬我太祖之休命。

于是建台置官。

丙辰,诏王冕十有二旒,建天子旌旗,出警入跸,乘金根车,驾六马,备五时副车,置旄头云罕,乐舞八佾,设钟虚宫悬。王妃为王后,长子为太子。前后三让,乃受。

俄而周帝以众望有归,乃下诏曰:"元气肇辟,树之以君,有命不恒,所辅惟德。天心人事,选贤与能,尽四海而乐推,非一人而独有。周德将尽,妖孽递生,骨肉多虞,藩维构衅,影响同恶,过半区宇,或小或大,图帝图王,则我祖宗之业,不绝如线。相国隋王,睿圣自天,英华独秀,刑法与礼仪同运,文德共武功俱远。爱万物其如己,任兆庶以为忧。手运玑衡,躬命将士,芟夷奸宄,刷荡氛昆,化通冠带,威震幽遐。虞舜之大功二十,未足相比,姬发之合位三五,岂可足论。况木行已谢,火运既兴,河洛出革命之符,星辰表代终之象。烟云改色,笙簧变音,狱讼咸归,讴歌尽至。且天地合德,日月贞明,故以称大为王,照临下土。朕虽寡昧,未达变通,幽显之情,皎然易识。今便祇顺天命,出逊别宫,禅位于隋,一依唐虞汉魏故事。"高祖三让,不许。遣兼太傅、上柱国、杞国公春奉册曰:

咨尔相国隋王:粤若上古之初,爰启清浊,降符授圣,为天下君。事上帝而理兆人,和百灵而利万物,非以区宇之富,未以宸极为尊。大庭、轩辕以前,骊连、赫胥之日,咸以无为无欲,不将不迎。邈哉其详不可闻已,厥有载籍,遗文可观。圣莫逾于尧,美未过于舜。尧得太尉,已作运衡之篇,舜遇司空,便叙精华之竭。彼褰裳脱屣,贰宫设飨,百辟归禹,若帝之初。斯盖上则天时,不敢不授,下祇天命,不可不受。汤代于夏,武革于殷,干戈揖让,虽复异揆,应天顺人,其道靡异。自汉迄晋,有魏至周,天历逐狱讼之归,神鼎随讴歌之去。道高者称帝,录尽者不王,与夫文祖、神宗无以别也。

周德将尽,祸难频兴,宗戚奸回,咸将窃发。顾瞻宫阙,将图宗社,藩维连率,逆乱相寻。摇荡三方,不合如砺,蛇行鸟攫,投足无所。王受天明命,叡德在躬,救颓运之艰,匡坠地之业,拯大川之溺,扑燎原之火,除群凶于城社,廓妖氛于远服,至德合于造化,神用洽于天壤。八极九野,万方四裔,圆首方足,罔不乐推。往岁长星夜扫,经天昼见,八风比夏后之作,五纬同汉帝之聚,除旧之征,昭然在上。近者赤雀降祉,玄龟效灵,钟石变音,蛟鱼出穴,布新之贶,焕焉在下。九区归往,百灵协赞,人神属望,我不独知。仰祇皇灵,俯顺人愿,今敬以帝位禅于尔躬。天祚告穷,天禄永终。于戏!王宜允执厥和,仪刑典训,升圆丘而敬苍昊,御皇极而抚黔黎,副率土之心,恢无疆之祚,可不盛欤!

遣大宗伯、大将军、金城公赵煚奉皇帝玺绂,百官劝进。高祖乃受焉。

开皇元年二月甲子,上自相府常服入宫,备礼即皇帝位于临光殿。设坛于南郊,遣使柴燎告天。是日,告庙,大赦,改元。京师庆云见。易周氏官仪,依汉、魏之旧。以柱国、相国司马、渤海郡公高颎为尚书左仆射兼纳言,相国司录、沁源县公虞庆则为内史监兼吏部尚书,相国内郎、咸安县男李德林为内史令,上开府、汉安县公韦世康为礼部尚书,上开府、义宁县公元晖为都官尚书,开府、民部尚书、昌国县公元岩为兵部尚书,上仪同、司宗长孙毗为工部尚书,上仪同、司会杨尚希为度支尚书,上柱国、雍州牧、邗国公杨惠为左卫大将军。乙丑,追尊皇考为武元皇帝,庙号太祖,皇妣为元明皇后。遣八使巡省风俗。丙寅,修庙社。立王后独孤氏为皇后,王太子勇为皇太子。丁卯,以大将军、金城郡公赵煚为尚书右仆射,上开府、济阳侯伊娄彦恭为左武候大将军。己巳,以周帝为介国公,邑五千户,为隋室宾。旌旗车服礼乐,一如其旧,上书不为表,答表不称诏。周氏诸王,尽降为公。辛未,以皇弟同安郡公爽为雍州牧。乙亥,封皇帝邵国公慧为滕王,同安公爽为卫王;皇子雁门公广为晋王,俊为秦王,秀为越王,谅为汉王。以上柱国、并州总管、申国公李穆为太师,上柱国、邓国公窦炽为太傅,上柱国、幽州总管、任国公于翼为太尉,观国公田仁恭为太子太师,武德郡公柳敏为太子太保,济南郡公孙恕为太子少傅,开府苏威为太子少保。丁丑,以晋王广为并州总管,以陈留郡公杨智积为蔡王,兴城郡公杨静为道王。戊寅,以官牛五千头分赐贫人。

三月辛巳,高平获赤雀,太原获苍乌,长安获白雀,各一。宣仁门槐树连理,众枝内附。壬午,白狼国献方物。甲申,太白昼见。乙酉,又昼见。以上柱国元景山为安州总管。丁亥,诏犬马器玩口味不得献上。戊子,弛山泽之禁。以上开府、当亭县公贺若弼为楚州总管,和州刺史、新义县公韩擒为庐州总管。己丑,鳌屋县献连理树,植之宫庭。辛卯,以上柱国、神武郡公窦毅为定州总管。戊戌，以太子少保苏威兼纳言、吏部尚书，余官如故。庚子，诏曰："自古帝王受终革代，建侯锡爵，多与运迁。朕应箓受图，君临海内，载怀沿革，事有不同。然则前帝后王，俱在兼济，立功立事，爵赏仍行。苟利于时，其致一揆，何谓物我之异，无计今古之殊。其前代品爵，悉可依旧。"丁未，梁主萧岿使其太宰萧岩、司空刘义来贺。

四月辛巳，大赦。壬午，太白、岁星昼见。戊戌，太常散乐并放为百姓，禁杂乐百戏。辛丑，陈散骑常侍韦鼎、兼通直散骑常侍王瑳来聘于周，至而上已受禅，致之介国。是月，发稽胡修筑长城，二旬而罢。

五月戊子，封邠国公杨雄为广平王，永康郡公杨弘为河间王。辛未，介国公薁，上举哀于朝堂，以其族人洛嗣焉。

六月癸未，诏以初受天命，赤雀降祥，五德相生，赤为火色，其郊及社庙，依服冕之仪，而朝会之服，旗帜牺牲，尽令尚赤。戎服以黄。

秋七月乙卯，上始服黄，百僚毕贺。庚午，靺鞨西长贡方物。

八月壬午，废东京官。突厥阿波可汗遣使贡方物。甲午，遣行军元帅乐安公元谐击吐谷浑于青海，破而降之。

九月戊申，战亡之家，遣使赈给。庚午，陈将周罗睺攻陷胡墅，萧摩诃寇江北。辛未，以越王秀为益州总管，改封为蜀王。壬申，以上柱国、薛国公长孙览，上柱国、宋安公元景山并为行军元帅以伐陈，仍命尚书左仆射高颎节度诸军。突厥沙钵略可汗遣使贡方物。是月，行五铢钱。

冬十月乙酉，百济王扶余昌遣使来贺，授昌上开府、仪同三司、带方郡公。戊子，行新律。壬辰，行幸岐州。

十一月乙卯，以永昌郡公窦荣定为右武候大将军。丁卯，遣兼散骑侍郎郑㧑使于陈。已巳，有流星，声如隤墙，光烛于地。

十二月戊寅，以申州刺史尔朱敞为金州总管。甲申，以礼部尚书韦世康为吏部尚书。已丑，以柱国元衮为廓州总管，兴势郡公卫玄为淮州总管。庚子，至自岐州。壬寅，高丽王高阳遣使朝贡，授阳大将军、辽东郡公。太子太保柳敏卒。

二年春正月癸丑，幸上柱国王谊第。庚申，幸安成长公主第。陈宣帝殂，子叔宝立。辛酉，置河北道行台尚书省于并州，以晋王广为尚书令。置河南道行台尚书省于洛州，以秦王俊为尚书令。置西南道行台尚书省于益州，以蜀王秀为尚书令。戊辰，陈遣使请和，归我胡墅。辛未，高丽、百济并遣使贡方物。甲戌，诏举贤良。

二月己丑，诏高颎等班师。庚寅，以晋王广为左武卫大将军，秦王俊为右武卫大将军，余官并如故。辛卯，幸赵国公独孤陀第。庚子，京师雨土。

三月戊申，开渠，引杜阳水于三畤原。

四月丁丑，以宁州刺史窦荣定为左武候大将军。庚寅，大将军韩僧寿破突厥于鸡头山，上柱国李充破突厥于河北山。

五月戊申，以上柱国、开府长孙平为度支尚书。己酉，旱，上亲省囚徒。其日大雨。己未，高宝宁寇平州，突厥入长城。庚申，以豫州刺史皇甫绩为都官尚书。壬戌，太尉、任国公于翼薨。甲子，改传国玺曰受命玺。

六月壬午，以太府卿苏孝慈为兵部尚书，雍州牧、卫王爽为原州总管。甲申，使使吊于陈国。乙酉，上柱国李充破突厥于马邑。戊子，以上柱国叱李长叉为兰州总管。辛卯，以上开府尔朱敞为徐州总管。

丙申，诏曰："朕祗奉上玄，君临万国，属生人之敝，处前代之官。常以为作之者劳，居之者逸，改创之事，心未遑也。而王公大臣陈谋献策，咸云羲、农以降，至于姬、刘，有当代而屡迁，无革命而不徙。曹、马之后，时见因循，乃末代之宴安，非往圣之宏义。此城从汉，凋残日久，屡为战场，旧经丧乱。今之宫室，事近权宜，又非谋筮从龟，瞻星揆日，不足建皇王之邑，合大众所聚，论变通之数，具幽显之情同心固请，词情深切。然则京师百官之府，四海归向，非朕一人之所独有。苟利于物，其可违乎！且殷之五迁，恐人尽死，是则以吉凶之土，制长短之命。谋新去故，如农望秋，虽暂劬劳，其究安宅。今区宇宁一，阴阳顺序，安安以迁，勿怀胥怨。龙首山川原秀丽，卉物滋阜，卜食相土,宜建都邑,定鼎之基永固,无穷之业在斯。公私府宅,规模远近,营构资费,随事条奏。"仍诏左仆射高颖、将作大臣刘龙、钜鹿郡公贺娄子干、太府少卿高龙叉等创造新都。

秋八月癸巳,以左武候大将军窦荣定为秦州总管。

十月癸酉,皇太子勇屯兵咸阳以备胡。庚寅,上疾愈,享百僚于观德殿。赐钱帛,皆任其自取,尽力而出。辛卯,以营新都副监贺娄子干为工部尚书。

十一月丙午,高丽遣使献方物。

十二月辛未,上讲武于后园。甲戌,上柱国窦毅卒。丙子,名新都曰大兴城。乙酉,遣沁源公虞庆则屯弘化备胡。突厥寇周槃,行军总管达奚长儒击之,为虏所败。丙戌,赐国子生经明者束帛。丁亥,亲录囚徒。

三年春正月庚子,将入新都,大赦天下。禁大刀长矟。癸亥,高丽遣使来朝。

二月己巳朔,日有蚀之。壬申,宴北道勋人。癸酉,陈遣兼散骑常侍贺彻、兼通直散骑常侍萧褒来聘。突厥寇边。甲戌,泾阳获毛龟。癸未,以左卫大将军李礼成为右武卫大将军。

三月丁未,上柱国、鲜虞县公谢庆恩卒。己酉,以上柱国达奚长儒为兰州总管。丙辰,雨,常服入新都。京师醴泉出。丁巳,诏购求遗书于天下。庚申,宴百僚,班赐各有差。癸亥,城榆关。

夏四月己巳,上柱国、建平郡公于义卒。庚午,吐谷浑寇临洮,洮州刺史皮子信死之。辛未,高丽遣使来朝。壬申,以尚书右仆射赵煚兼内史令。丁丑,以滕王瓒为雍州牧。己卯,卫王爽破突厥于白道。庚辰,行军总管阴寿破高宝宁于黄龙。甲申,旱,上亲祀雨师于国城之西南。丙戌,诏天下劝学行礼。以济北郡公梁远为汶州总管。己丑,陈郢州城主张子讥遣使请降,上以和好,不纳。辛卯,遣兼散骑常侍薛舒、兼通直散骑常侍王劭使于陈。癸巳,上亲雩。甲午,突厥遣使来朝。

五月癸卯,行军总管李晃破突厥于摩那渡口。甲辰,高丽遣使来朝。乙巳,梁太子萧琮来贺迁都。丁未,靺鞨贡方物。戊申,幽州总管阴寿卒。辛酉,有事于方泽。壬戌,行军元帅窦荣定破突厥及吐谷浑于凉州。丙寅,赦黄龙死罪已下。

六月庚午,以卫王爽子集为遂安郡王。戊寅,突厥遣使请和。庚辰,行军总管梁远破吐谷浑于尔汗山,斩其名王。壬申,以晋州刺史燕荣为青州总管。己丑,以河间王弘为宁州总管。乙未,幸安成长公主第。

秋七月辛丑,以豫州刺史周摇为幽州总管。壬戌,诏曰:"行仁蹈义,名教所先,厉俗敦风,宜见褒奖。往者,山东河表,经此妖乱,孤城远守,多不自全。济阴太守杜猷身陷贼徒,命悬寇手,郡省事范台玫倾产营护,免其戮辱。眷言诚节,实有可嘉,宜超恒赏,用明沮劝。台玫可大都督、假湘州刺史。"丁卯,日有蚀之。

八月丁丑,靺鞨贡方物。己卯,以右武卫大将军李礼成为襄州总管。壬午,遣尚书左仆射高颎出宁州道,内史监虞庆则出原州道,并为行军元帅,以击胡。戊子,上有事于太社。

九月壬子,幸城东,观稼谷。癸丑,大赦天下。

冬十月甲戌,废河南道行台省,以秦王俊为秦州总管。

十一月己酉,发使巡省风俗,因下诏曰:"朕君临区宇,深思治术,欲使生人从化,以德代刑,求草莱之善,旌闾里之行。民间情伪,咸欲备闻。已诏使人,所在赈恤,扬镳分路,将遍四海,必令为朕耳目。如有文武才用,未为时知,宜以礼发遣,朕将铨擢。其有志节高妙,越等超伦,亦仰使人就加旌异,令一行一善,奖劝于人。远近官司,遐迩风俗,巨细必纪,还日奏闻。庶使不出户庭,坐知万里。"庚辰,陈遣散骑常侍周坟、通直散骑常侍袁彦来聘。陈主知上之貌异世人,使彦画像持去。甲午,罢天下诸郡。

闰十二月乙卯,遣兼散骑常侍曹令则、通直散骑常侍魏澹使于陈。戊午,以上柱国窦荣定为右武卫大将军,刑部尚书苏威为民部尚书。

四年春正月甲子,日有蚀之。己巳,有事于太庙。辛未,有事于南郊。

壬申，梁主萧岿来朝。甲戌，大射于北苑，十日而罢。壬午，齐州水。辛卯，渝州获兽似麇，一角同蹄。壬辰，班新历。

二月乙巳，上饯梁主于霸上。丁未，靺鞨贡方物。突厥苏尼部男女万余人来降。庚戌，幸陇州。突厥可汗阿史那玷率其属来降。

夏四月己亥，敕总管、刺史父母及子年十五已上，不得将之官。庚子，以吏部尚书虞庆则为尚书右仆射，瀛州刺史杨尚希为兵部尚书，毛州刺史刘仁恩为刑部尚书。甲辰，以上柱国叱李长叉为信州总管。丁未，宴突厥、高丽、吐谷浑使者于大兴殿。丁巳，以上大将军贺娄子干为榆关总管。

五月癸酉，契丹主莫贺弗遣使请降，拜大将军。丙子，以柱国冯昱为汾州总管。乙酉，以汴州刺史吕仲泉为延州总管。

六月庚子，降囚徒。乙巳，以鸿胪卿乙弗实为翼州总管，上柱国豆卢勋为夏州总管。壬子，开渠，自渭达河，以通运漕。戊午，秦王俊来朝。

秋七月丙寅，陈遣兼散骑常侍谢泉、兼通直散骑常侍贺德基来聘。

八月甲午，遣十使巡省天下。戊戌，卫王爽来朝。是日，以秦王俊纳妃，宴百僚，颁赐各有差。壬寅，上柱国、太傅、邓国公窦炽薨。丁未，宴秦王官属，赐物各有差。壬子，享陈使。乙卯，陈将夏侯苗请降，上以通和，不纳。

九月甲子，幸襄国公主第。乙丑，幸霸水，观漕渠，赐督役者帛各有差。已巳，上亲录囚徒。庚午，契丹内附。甲戌，驾幸洛阳，关内饥也。癸未，太白昼见。

冬十一月壬戌，遣兼散骑常侍薛道衡、通直散骑常侍豆卢勋使于陈。癸亥，以榆关总管贺娄子干为云州总管。

五年春正月戊辰，诏行新礼。

三月戊午，以尚书左仆射高颍为左领军大将军，上柱国宇文忻为右领军大将军。

夏四月甲午，契丹主多弥遣使贡方物。壬寅，上柱国王谊谋反，伏诛。乙巳，诏征山东马荣伯等六儒。戊申，车驾至自洛阳。

五月甲申，诏置义仓。梁主萧岿殂，其太子琮嗣立。遣上大将军元契使于突厥阿波可汗。

秋七月庚申，陈遣兼散骑常侍王话、兼通直散骑常侍阮卓来聘。丁丑，以上柱国宇文庆为凉州总管。壬午，突厥沙钵略上表称臣。

八月丙戌，沙钵略可汗遣子库合真特勤来朝。甲辰，河南诸州水，遣民部尚书邳国公苏威赈给之。戊申，有流星数百，四散而下。己酉，幸栗园。

九月丁巳，至自栗园。乙丑，改鲍陂曰杜陵，霸水为滋水。陈将湛文彻寇和州，仪同三司费宝首获之。丙子，遣兼散骑常侍李若、兼通直散骑常侍崔君赡使于陈。

冬十月壬辰，以上柱国杨素信州总管，朔州总管叶万绪为徐州总督。十一月甲子，以上大将军源雄为朔州总管。丁卯，晋王广来朝。

十二月丁未，降囚徒。戊申，以上柱国达奚长儒为夏州总管。

六年春正月甲子，党项羌内附。庚午，班历于突厥。辛未，以柱国韦洸为安州总管。壬申，遣民部尚书苏威巡省山东。

二月乙酉，山南荆、淅七州水，遣前工部尚书长孙毗赈恤之。丙戌，制刺史上佐每岁暮更入朝，上考课。丁亥，发丁男十一万修筑长城，二旬而罢。乙未，以上柱国崔弘度为襄州总管。庚子，大赦天下。

三月己未，洛阳男子高德上书，请上为太上皇，传位皇太子。上曰："朕承天命，抚育苍生，日旰孜孜，犹恐不逮。岂学近代帝王，事不师古，传位于子，自求逸乐者哉！"癸亥，突厥沙钵略遣使贡方物。

夏四月己亥，陈遣兼散骑常侍周磻、兼通直散骑常侍江椿来聘。

秋七月辛亥，河南诸州水。乙丑，京师雨毛，如马鬃尾，长者二尺余，短者六七寸。

八月辛卯，关内七州旱，免其赋税。遣散骑常侍裴豪、兼通直散骑常侍刘颙聘于陈。戊申，上柱国、太师、申国公李穆薨。

闰月己酉，以河州刺史段文振为兰州总管。丁卯，皇太子镇洛阳。辛未，晋王广、秦王俊并来朝。丙子，上柱国、郧国公梁士彦，上柱国、杞国公宇文忻，柱国、舒国公刘昉，以谋反伏诛。上柱国、许国公宇文善坐事除名。

九月辛巳，上素服御射殿，诏百僚射，赐梁士彦三家资物。丙戌，上柱国、宋安郡公元景山卒。庚子，以上柱国李询为湿州总管。辛丑，诏大象已来死事之家，咸令赈恤。

冬十月己酉，以河北道行台尚书令、并州总管、晋王广为雍州牧，余官如故；兵部尚书杨尚希为礼部尚书。癸丑，置山南道行台尚书省于襄州，以秦王俊为尚书令。丙辰，以芳州刺史骆平难为叠州刺史，衡州总管周法尚为黄州总管。甲子，甘露降于华林园。

七年春正月癸巳，有事于太庙。乙未，制诸州岁贡三人。

二月丁巳，祀朝日于东郊。己巳，陈遣兼散骑常侍王亨、兼通直散骑常侍王慎来聘。壬申，车驾幸醴泉宫。是月，发丁男十万余修筑长城，二旬而罢。

夏四月己酉，幸晋王第。庚戌，于扬州开山阳渎，以通运漕。突厥沙钵略可汗卒，其子雍虞闾嗣立，是为都蓝可汗。癸亥，颁青龙符于东方总管、刺史，西方以驺虞，南方以朱雀，北方以玄武。甲戌，遣兼散骑常侍杨同、兼通直散骑常侍崔儦使于陈。以民部尚书苏威为吏部尚书。

五月乙亥朔，日有蚀之。己卯，雨石于武安、滏阳间十余里。

秋七月己丑，卫王爽薨，上发丧于门下外省。

八月丙午，以怀州刺史源雄为朔州总管。庚申，梁主萧琮来朝。

九月乙酉，梁安平王萧岩掠于其国以奔陈。辛卯，废梁国，曲赦江陵。以梁主萧琮为柱国，封莒国公。

冬十月庚申，行幸同州，以先帝所居，降囚徒。癸亥，幸蒲州。丙寅，宴父老，上极欢，曰："此间人物，衣服鲜丽，容止闲雅，良由仕宦之乡，陶染成俗也。"

十一月甲午，幸冯翊，亲祠故社。父老对诏失旨，上大怒，免其县官而去。戊戌，至自冯翊。

八年春正月乙亥，陈遣散骑常侍袁雅、兼通直散骑常侍周止水来聘。

二月庚子，镇星入东井。辛酉，陈人寇硖州。

三月辛未，上柱国、陇西郡公李询卒。壬申，以成州刺史姜须达为会州总管。甲戌，遣兼散骑常侍程尚贤、兼通直散骑常侍韦恽使于陈。戊寅，诏曰：

昔有苗不宾，唐尧薄伐，孙皓僭虐，晋武行诛。有陈窃据江表，逆天暴物。朕初受命，陈顼尚存，思欲教之以道，不以龚行为令，往来修睦，望其迁善。时日无几，衅恶已闻。厚纳叛亡，侵犯城戍，勾吴闽越，肆厥残忍。于时王师大举，将一车书，陈顼反地收兵，深怀震惧，责躬请约，俄而致殒。矜其丧祸，仍诏班师。

叔宝承风，因求继好，载佇克念，共敦行李。每见珪璋入朝，轺轩出使，何尝不殷勤晓喻，戒以惟新。而狼子之心，出而弥野，威侮五行，怠弃三正，诛剪骨肉，夷灭才良。据手掌之地，恣溪壑之险，劫夺闾阎，资产俱竭，驱蹙内外，劳役弗已。征责女子，擅造宫室，日增月益，止足无期，帷薄嫔嫱，有逾万数。宝衣玉食，穷奢极侈，淫声乐饮，俾昼作夜。斩直言之客，灭无罪之家，剖人之肝，分人之血。欺天造恶，祭鬼求恩，歌仵衢路，酗醉宫闱。盛粉黛而执干戈，曳罗绮而呼警跸，跃马振策，从旦至昏，无所经营，驰走不息。负甲持仗，随逐徒行，追而不及，即加罪遣。自古昏乱，罕或能比。介士武夫，饥寒力役，筋髓罄于土木，性命俟于沟渠。君子潜逃，小人得志，家家隐杀戮，各各任聚敛。天灾地孽，物怪人妖，衣冠钳口，道路以目。倾心翘足，誓告于我，日月以冀，文奏相寻。重以背德违言，摇荡疆埸，巴峡之下，海澨已西，江北江南，为鬼为蜮。死陇穷发掘之酷，生居极攘夺之苦，抄掠人畜，断截樵苏，市井不立，农事废寝。历阳、广陵，窥觎相继，或谋图城邑，或劫剥吏人，昼伏夜游，鼠窜狗盗。彼则羸兵敝卒，来必就擒，此则重门设险，有劳藩捍。天之所覆，无非朕臣，每关听览，有怀伤恻。有梁之国，我南藩也，其君入朝,潜相招诱,不顾朕恩。士女深迫胁之悲,城府致空虚之叹。非直朕居人上,怀此无忘,既而百辟屡以为言,兆庶不堪其请,岂容对而不诛,忍而不救!

近日秋始,谋欲吊人。益部楼船,尽令东鹜,便有神龙数十,腾跃江流,引伐罪之师,向金陵之路,船住则龙止,船行则龙去,四日之内,三军皆睹,岂非苍旻爱人,幽明展事,降神先路,协赞军威!以上天之灵,助戡定之力,便可出师授律,应机诛殄,在斯举也,永清吴、越。其将士粮仗,水陆资须,期会进止,一准别敕。

秋八月丁未,河北诸州饥,遣吏部尚书苏威赈恤之。

九月丁丑,宴南征诸将,颁赐各有差。癸巳,嘉州言龙见。

冬十月己亥,太白出西方。己未,置淮南行台省于寿春,以晋王广为尚书令。辛酉,陈遣兼散骑常侍王琬、兼通直散骑常侍许善心来聘,拘留不遣。甲子,将伐陈,有事于太庙。命晋王广、秦王俊、清河公杨素并为行军元帅以伐陈。于是晋王广出六合,秦王俊出襄阳,清河公杨素出信州,荆州刺史刘仁恩出江陵,宜阳公王世积出蕲春,新义公韩擒虎出庐江,襄邑公贺若弼出吴州,落丛公燕荣出东海,合总管九十,兵五十一万八千,皆受晋王节度。东接沧海,西拒巴蜀,旌旗舟楫,横亘数千里。曲赦陈国。有星孛于牵牛。

十一月丁卯,车驾饯师。诏购陈叔宝位上柱国、万户公。乙亥,行幸定城,陈师誓众。丙子,幸河东。

十二月庚子,至自河东。

九年春正月己巳,白虹夹日,辛未,贺若弼拔陈京口,韩擒虎拔陈南豫州。癸酉,以尚书右仆射虞庆则为右卫大将军。丙子,贺若弼败陈师于蒋山,获其将萧摩诃。韩擒虎进师入建邺,获其将任蛮奴,获陈主叔宝。陈国平,合州三十,郡一百,县四百。癸巳,遣使持节巡抚之。

二月乙未,废淮南行台省。丙申,制五百家为乡,正一人;百家为里,长一人。丁酉,以襄州总管韦世康为安州总管。

夏四月己亥，幸骊山，亲劳旋师。乙巳，三军凯入，献俘于太庙。拜晋王广为太尉。庚戌，上御广阳门，宴将士，颁赐各有差。辛亥，大赦天下。己未，以陈都官尚书孔范，散骑常侍王瑳、王仪，御史中丞沈观等，邪佞于其主，以致亡灭，皆投之边裔。辛酉，以信州总管杨素为荆州总管，吏部侍郎宇文弼为刑部尚书，宗正少卿杨异为工部尚书。壬戌，诏曰：

往以吴越之野，群黎涂炭，干戈方用，积习未宁。今率土大同，含生遂性，太平之法，方可流行。凡我臣僚，澡身浴德，开通耳目，宜从兹始。丧乱已来，缅将十载。君无君德，臣失臣道，父有不慈，子有不孝，兄弟之情或薄，夫妇之义或违，长幼失序，尊卑错乱。朕为帝王，志存爱养，时有臻道，不敢宁息。内外职位，遐迩黎人，家家自修，人人克念，使不轨不法，荡然俱尽。兵可立威，不可不戢，刑可助化，不可专行。禁卫九重之余，镇守四方之外，戎旅军器，皆宜停罢。代路既夷，群方无事，武力之子，俱可学文，人间甲仗，悉皆除毁。有功之臣，降情文艺，家门子侄，各守一经，令海内翕然，高山仰止。京邑庠序，爰及州县，生徒受业，升进于朝，未有灼然明经高第。此则教训不笃，考课未精，明勒所由，隆兹儒训。官府从宦，丘园素士，心迹相表，宽弘为念，勿为局促，乖我皇猷。

朕君临区宇，于兹九载。开直言之路，披不讳之心，形于颜色，劳于兴寝。自顷逞艺论功，昌言乃众，推诚切谏，其事甚疏。公卿士庶，非所望也，各启至诚，匡兹不逮。见善必进，有才必举，无或嗫默，退有后言。颁告天下，咸悉此意。

闰月甲子，以安州总管韦世康为信州总管。丁丑，颁木鱼符于总管、刺史，雌一雄一。己卯，以吏部尚书苏威为尚书右仆射。

六月乙丑，以荆州总管杨素为纳言。丁丑，以吏部侍郎卢恺为礼部尚书。

时朝野物议，咸愿登封。秋七月丙午，诏曰："岂可命一将军，除一小国，遐迩注意，便谓太平。以薄德而封名山，用虚言而干上帝，非朕攸闻。而今以后,言及封禅,宜即禁绝。"

八月壬戌,以广平王雄为司空。

冬十一月壬辰,考使定州刺史豆卢通等上表,请封禅,上不许。庚子,以右卫大将军虞庆则为右武候大将军,右领军将军李安为右领军大将军。甲寅,降囚徒。

十二月甲子,诏曰:"朕祗承天命,清荡万方。百王衰敝之后,兆庶浇浮之日,圣人遗训,扫地俱尽,制礼作乐,今也其时。朕情存古乐,深思雅道。郑卫淫声,鱼龙杂戏,乐府之内,尽以除之。今欲更调律吕,改张琴瑟。且妙术精微,非因教习,工人代掌,止传糟粕,不足达神明之德,论天地之和。区域之间,奇才异艺,天知神授,何代无哉! 盖晦迹于非时,俟昌言于所好,宜可搜访,速以奏闻,庶睹一艺之能,共就九成之业。"仍诏太常牛弘、通直散骑常侍许善心、秘书丞姚察、通直郎虞世基等议定作乐。己巳,以黄州总管周法尚为永州总管。

十年春正月乙未,以皇孙昭为河南王,楷为华阳王。

二月庚申,幸并州。

夏四月辛酉,至自并州。

五月乙未,诏曰:"魏末丧乱,宇县瓜分,役车岁动,未遑休息。兵士军人,权置坊府,南征北伐,居处无定。家无完堵,地罕包桑,恒为流寓之人,竟无乡里之号。朕甚愍之。凡是军人,可悉属州县,垦田籍帐。一与民同。军府统领,宜依旧式。罢山东河南及北方缘边之地新置军府。"

六月辛酉,制人年五十,免役收庸。癸亥,以灵州总管王世积为荆州总管,淅州刺史元胄为灵州总管。

秋七月癸卯,以纳言杨素为内史令。庚戌,上亲录囚徒。辛亥,高丽辽东郡公高阳卒。壬子,吐谷浑遣使来朝。

八月壬申,遣柱国、襄阳郡公韦洸,上开府、东莱郡公王景,并持节巡抚岭南,百越皆服。

冬十月甲子,颁木鱼符于京师官五品已上。戊辰,以永州总管周法尚为桂州总管。

十一月辛卯,幸国学,颁赐各有差。丙午,契丹遣使朝贡。辛丑,有事于南郊。是月,婺州人汪文进、会稽人高智慧、苏州人沈玄恰皆举兵反,自称天子,署置百官。乐安蔡道人、蒋山李棱、饶州吴代华、永嘉沈孝彻、泉州王国庆、余杭杨宝英、交趾李春等皆自称大都督,攻陷州县。诏上柱国、内史令、越国公杨素讨平之。

十一年春正月丁酉,以平陈所得古器多为妖变,悉命毁之。辛丑,高丽遣使朝贡。丙午,皇太子妃元氏薨,上举衰于文思殿。

二月戊午,吐谷浑遣使贡方物。以大将军苏孝慈为工部尚书。丙子,以临颍令刘旷治术尤异,擢为莒州刺史。己卯,突厥遣使献七宝碗。辛巳晦,日有蚀之。

三月壬午,遣通事舍人若干洽使于吐谷浑。癸未,以幽州总管周摇为寿州总管,朔州总管吐万绪为夏州总管。

夏四月戊午,突厥雍虞闾可汗遣其特勤来朝。

五月甲子,高丽遣使贡方物。癸卯,诏百官悉诣朝堂上封事。乙巳,以右卫将军元旻为左卫大将军。

秋七月己丑,以柱国杜彦为洪州总管。

八月壬申,幸栗园。滕王瓚薨。乙亥,至自栗园。上柱国、沛国公郑译卒。

十二月丙辰,靺鞨遣使贡方物。

十二年春正月壬子,以苏州刺史皇甫绩为信州总管,宣州刺史席代雅为广州总管。

二月己巳,以蜀王秀为内史令,兼右领军大将军,汉王谅为雍州牧、右卫大将军。

夏四月辛卯,以寿州总管周摇为襄州总管。

五月辛亥，广州总管席代雅卒。

秋七月乙巳，尚书右仆射、邳国公苏威，礼部尚书、容城县侯卢恺，并坐事除名。壬戌，幸昆明池，其日还宫。己巳，有事于太庙。壬申晦，日有蚀之。

八月甲戌，制天下死罪，诸州不得便决，皆令大理覆治。乙亥，幸龙首池。癸巳，制宿卫者不得辄离所守。丁酉，上柱国、夏州总管、楚国公豆卢勋卒。戊戌，上亲录囚徒。

九月丁未，以工部尚书杨异为吴州总管。

冬十月丁丑，以遂安王集为卫王。壬午，有事于太庙。至太祖神主前，上流涕呜咽，悲不自胜。

十一月辛亥，有事于南郊。壬子，宴百僚，颁赐各有差。己未，上柱国、新义郡公韩擒虎卒。庚申，以豫州刺史权武为潭州总管。甲子，百僚大射于武德殿。

十二月癸酉，突厥遣使来朝。乙酉，以上柱国、内史令杨素为尚书右仆射。己酉，吐谷浑、靺鞨并遣使贡方物。

十三年春正月乙巳，上柱国、郇国公韩建业卒。丙午，契丹、奚、霫室韦并遣使贡方物。壬子，亲祀感帝。己未，以信州总管韦世康为吏部尚书。壬戌，行幸岐州。

二月丙子，诏营仁寿宫。丁亥，至自岐州。戊子，宴考使于嘉则殿。己卯，立皇孙𬀩为豫章王。戊子，晋州刺史、南阳郡公贾悉达，显州总管、抚宁郡公韩延等，以贿伏诛。己丑，制坐事去官者，配流一年。丁酉，制私家不得隐藏纬候图谶。

夏四月癸未，制战亡之家，给复一年。

五月癸亥，诏人间有撰集国史、臧否人物，皆令禁绝。

秋七月戊申，靺鞨遣使贡方物。壬子，左卫大将军、云州总管、钜鹿郡公贺娄子干卒。丁巳，幸昆明池。戊辰晦，日有蚀之。

九月丙辰，降囚徒。庚申，以邵国公杨纶为滕王。乙丑，以柱国杜彦为云州总管。

冬十月乙卯，上柱国、华阳郡公梁彦光卒。

十四年夏四月乙丑，诏曰："在昔圣人，作乐崇德，移风易俗，于斯为大。自晋氏播迁，兵戈不息，雅乐流散，年代已多，四方未一，无由辨正。赖上天鉴临，明神降福，拯兹涂炭，安息苍生，天下大同，归于治理，遗文旧物，皆为国有。比命所司，总令研究，正乐雅声，详考已讫，宜即施用，见行者停。人间音乐，流僻日久，弃其旧体，竞造繁声，浮宕不归，遂以成俗。宜加禁约，务存其本。"

五月辛酉，京师地震。关内诸州旱。

六月丁卯，诏省府州县，皆给公廨田，不得治生，与人争利。

秋七月乙未，以邳国公苏威为纳言。

八月辛未，关中大旱，人饥。上率户口就食于洛阳。

九月己未，以齐州刺史樊子盖为循州总管。丁巳，以基州刺史崔仲方为会州总管。

冬闰十月甲寅，诏曰："齐、梁、陈往皆创业一方，绵历年代。既宗祀废绝，祭奠无主，兴言矜念，良以怆然。莒国公萧琮及高仁英、陈叔宝等，宜令以时修其祭祀。所须器物，有司给之。"乙卯，制外官九品已上，父母及子年十五已上，不得将之官。

十一月壬戌，制州县佐吏，三年一代，不得重任。癸未，有星孛于角亢。

十二月乙未，东巡狩。

十五年春正月壬戌，车驾次齐州，亲问疾苦。丙寅，旅王符山。庚午，上以岁旱，祠太山，以谢愆咎。大赦天下。

二月丙辰，收天下兵器，敢有私造者，坐之。关中缘边，不在其例。丁巳，上柱国、蒋国公梁睿卒。三月己未，至自东巡狩。望祭五岳海渎。丁亥，幸仁寿宫。营州总管韦艺卒。

夏四月己丑朔，大赦天下。甲辰，以赵州刺史杨达为工部尚书。丁未，以开府仪同三司韦冲为营州总管。

五月癸酉，吐谷浑遣使朝贡。丁亥，制京官五品已上，佩铜鱼符。

六月戊子，诏凿底柱。庚寅，相州刺史豆卢通贡绫文布，命焚之于朝堂。乙未，林邑遣使来贡方物。辛丑，诏名山大川未在祀典者，悉祠之。

秋七月乙丑，晋王广献毛龟。甲戌，遣邳国公苏威巡省江南。戊寅，至自仁寿宫。辛巳，制九品已上官，以理去职者，听并执笏。

冬十月戊子，以吏部尚书韦世康为荆州总管。

十一月辛酉，幸温汤。乙丑，至自温汤。

十二月戊子，勑盗边粮一升已上皆斩，并籍没其家。己丑，诏文武官以四考交代。

十六年春正月丁亥，以皇孙裕为平原王，筠为安成王，嶷为安平王，恪为襄城王，该为高阳王，韶为建安王，奭为颍川王。

夏五月丁巳，以怀州刺史庞晃为夏州总管，蔡阳县公姚辩为灵州总管。

六月甲午，制工商不得进仕。并州大蝗。辛丑，诏九品已上妻、五品以上妾，夫亡不得改嫁。

秋八月丙戌，诏决死罪者，三奏而后行刑。

冬十月己丑，幸长春宫。

十一月壬子，至自长春宫。

十七年春二月癸未，太平公史万岁击西宁羌，平之。庚寅，幸仁寿宫。庚子，上柱国王世积讨桂州贼李光仕，平之。壬寅，河南王昭纳妃，宴群臣，颁赐各有差。

三月丙辰，诏曰："分职设官，共理时务，班位高下，各有等差。若所在官人不相敬惮，多自宽纵，事难克举。诸有殿失，虽备科条，或据律乃轻，论情则重，不即决罪，无以惩肃。其诸司论属官，若有愆犯，听于律外斟酌决杖。"辛酉，上亲录囚徒。癸亥，上柱国、彭国公刘昶以罪伏诛。庚午，遣治书侍御史柳彧、皇甫诞巡省河南、河北。

夏四月戊寅，颁新历。壬午，诏曰："周历告终，群凶作乱，芈起蕃服，毒被生人。朕受命上玄，廓清区宇，圣灵垂祐，文武同心。申明公穆、郧襄公孝宽、广平王雄、蒋国公睿、楚国公勋、齐国公勋、越国公素、鲁国公庆则、新宁公长叉、宜阳公世积、赵国公罗云、陇西公询、广业公景、真昌公振、沛国公译、项城公子相、钜鹿公子干等，登庸纳揆之时，草昧经纶之日，丹诚大节，心尽帝图，茂绩殊勋，力宣王府。宜弘其门绪，与国同休。其世子世孙未经州任者，宜量才升用，庶享荣位，世禄无穷。"

五月，宴百僚于玉女泉，颁赐各有差。己巳，蜀王秀来朝。高丽遣使贡方物。甲戌，以左卫将军独孤罗云为凉州总管。

闰月己卯，群鹿入殿门，驯扰侍卫之内。

秋七月丁丑，桂州人李代贤反，遣右武候大将军虞庆则讨平之。丁亥，上柱国、并州总管秦王俊坐事免，以王就第。戊戌，突厥遣使贡方物。

八月丁卯，荆州总管、上庸郡公韦世康卒。

九月甲申，至自仁寿宫。庚寅，上谓侍臣曰："礼主于敬，皆当尽心。黍稷非馨，贵在祗肃。庙庭设乐，本以迎神，斋祭之日，触目多感。当此之际，何可为心！在路奏乐，礼未为允。群公卿士，宜更详之。"

冬十月丁未，颁铜兽符于骠骑、车骑府。戊申，道王静薨。庚午，诏曰："五帝异乐，三王殊礼，皆随事而有损益，因情而立节文。仰惟祭享宗庙，瞻敬如在，罔极之感，情深兹日。而礼毕升路，鼓吹发音，还入宫门，金石振响。斯则哀乐同日，心事相违，情所不安，理实未允。宜改兹往式，用弘礼教。自今已后，享庙日不须备鼓吹，殿庭勿设乐悬。"辛未，京师大索。

十一月丁亥，突厥遣使来朝。

十二月壬子，上柱国、右武候大将军、鲁国公虞庆则以罪伏诛。

十八年春正月辛丑，诏曰："吴越之人，往承弊俗，所在之处，私造大船，因相聚结，致有侵害。其江南诸州，人间有船长三丈已上，悉括入官。"

二月甲辰,幸仁寿宫。乙巳,以汉王谅为行军元帅,水陆三十万伐高丽。

三月乙亥,以柱国杜彦为朔州总管。

夏四月癸卯,以蒋州刺史郭衍为洪州总管。

五月辛亥,诏畜猫鬼、蛊毒、厌魅、野道之家,投于四裔。

六月丙寅,下诏黜高丽王高元官爵。

秋七月壬申,诏以河南八州水,免其课役。丙子,诏京官五品已上,总管、刺史,以志行修谨、清平干济二科举人。

九月己丑,汉王谅师遇疾疫而旋,死者十八九。庚寅,敕舍客无公验者,坐及刺史、县令。辛卯,至自仁寿宫。

冬十一月甲戌,上亲录囚徒。癸未,有事于南郊。

十二月庚子,上柱国、夏州总管、任城郡公王景以罪伏诛。是月,自京师至仁寿宫,置行宫十有二所。

十九年春正月癸酉,大赦天下。戊寅,大射武德殿,宴赐百官。二月己亥,晋王广来朝。辛丑,以并州总管长史宇文弼为朔州总管。甲寅,幸仁寿宫。

夏四月丁酉,突厥利可汗内附。达头可汗犯塞,遣行军总管史万岁击破之。

六月丁酉,以豫章王暕为内史令。

秋八月癸卯,上柱国、尚书左仆射、齐国公高颎坐事免。辛亥,上柱国、皖城郡公张威卒。甲寅,上柱国、城阳郡公李彻卒。

九月乙丑,以太常卿牛弘为吏部尚书。

冬十月甲午,以突厥利可汗为启人可汗,筑大利城处其部落。庚子,以朔州总管宇文弼为代州总管。

十二月乙未,突厥都蓝可汗为部下所杀。丁丑,星陨于渤海。

二十年春正月辛酉朔,上在仁寿宫。突厥、高丽、契丹并遣使贡方物。癸亥,以代州总管宇文弼为吴州总管。

二月己巳,以上柱国崔弘度为原州总管。丁丑,无云而雷。

三月辛卯,熙州人李英林反,遣行军总管张衡讨平之。

夏四月壬戌,突厥犯塞,以晋王广为行军元帅,击破之。乙亥,天有声如泻水,自南而北。

六月丁丑,秦王俊薨。

秋八月,老人星见。

九月丁未,至自仁寿宫。癸丑,吴州总管杨异卒。

冬十月己未,太白昼见。乙丑,皇太子勇及诸子并废为庶人。杀柱国、太平县公史万岁。己巳,杀左卫大将军、五原郡公元旻。

十一月戊子,天下地震,京师大风雪。以晋王广为皇太子。

十二月戊午,诏东宫官属不得称臣于皇太子。辛巳,诏曰:"佛法深妙,道教虚融,咸降大慈,济度群品,凡在含识,皆蒙覆护。所以雕铸灵相,图写真形,率土瞻仰,用申诚敬。其五岳四镇,节宣云雨,江河淮海,浸润区域,并生养万物,利益兆人,故建庙立祀,以时恭敬。敢有毁坏偷盗佛及天尊像、岳镇海渎神形者,以不道论。沙门坏佛像,道士坏天尊者,以恶逆论。"

仁寿元年春正月乙酉朔,大赦,改元。以尚书右仆射杨素为尚书左仆射,纳言苏威为尚书右仆射。丁酉,徙河南王昭为晋王。突厥寇恒安,遣柱国韩洪击之,官军败绩。以晋王昭为内史令。辛丑,诏曰:"君子立身,虽云百行,惟诚与孝,最为其首。故投主殉节,自古称难,殒身王事,礼加二等。而代俗之徒,不达大义,至于致命戎旅,不入兆域,亏孝子之意,伤人臣之心。兴言念此,每深愍叹。且入庙祭祀,并不废缺,何止坟茔,独在其外。自今已后,战亡之徒,宜入墓域。"

二月乙卯朔,日有蚀之。辛巳,以上柱国独孤楷为原州总管。

三月壬辰,以豫章王暕为扬州总管。

夏四月,以浙州刺史苏孝慈为洪州总管。五月己丑,突厥男女九万口来降。壬辰,骤雨震雷,大风拔木,宜君湫水移于始平。

六月癸丑,洪州总管苏孝慈卒。乙卯,遣十六使巡省风俗。乙丑,诏曰:"儒学之道,训教生人,识父子君臣之义,知尊卑长幼之序,升之于朝,任之以职,故能赞理时务,弘益风范。朕抚临天下,思弘德教,延集学徒,崇建庠序,开进仕之路,仁伫贤之人。而国学胄子,垂将千数,州县诸生,咸亦不少。徒有名录,空度岁时,未有德为代范,才任国用。良由设学之理,多而未精。今宜简省,明加奖励。"于是国子学惟留学生七十人,太学、四门及州县学并废。其日,颁舍利于诸州。

秋七月戊戌,改国子为太学。

九月癸未,以柱国杜彦为云州总管。

十一月己丑,有事于南郊。壬辰,以资州刺史卫玄为遂州总管。

二年春二月辛亥,以邢州刺史侯莫陈颖为桂州总管,宗正杨祀为荆州总管。

三月己亥,幸仁寿宫。壬寅,以齐州刺史张乔为潭州总管。

夏四月庚戌,岐、雍二州地震。

秋七月丙戌,诏内外官各举所知。戊子,以原州总管独孤楷为益州总管。

八月己巳,皇后独孤氏崩。

九月丙戌,至自仁寿宫。壬辰,河南、北诸州大水,遣工部尚书杨达赈恤之。乙未,上柱国、襄州总管、金水郡公周摇卒。陇西地震。

冬十月壬子,曲赦益州管内。癸丑,以工部尚书杨达为纳言。

闰月甲申,诏尚书左仆射杨素与诸术者刊定阴阳舛谬。己丑,诏曰:"礼之为用,时义大矣。黄琮苍璧,降天地之神,粢盛牲食,展宗庙之敬,正父子君臣之序,明婚姻丧纪之节。故道德仁义,非礼不成,安上治人,莫善于礼。自区宇乱离,绵历年代,王道衰而变风作,微言绝而大义乖,与代推移,其弊日甚。至于四时郊祀之节文,五服麻葛之隆杀,是非异说,踳驳殊涂。致使圣教凋讹,轻重无准。朕祗承天命,抚临生人,当洗涤之时,属干戈之代。克定祸乱,先运武功,删正彝典,日不暇给。今四海乂安,五戎勿用,理宜弘风训俗,导德齐礼,缀往圣之旧章,兴先王之茂则。尚书左仆射、越国公杨素,尚书右仆射、邳国公苏威,吏部尚书、奇章公牛弘,内史侍郎薛道衡,秘书丞许善心,内史舍人虞世基,著作郎王劭,或任居端揆,博达古今,或器推令望,学综经史。委以裁缉,实允佥议。可并修定五礼。"壬寅,葬献皇后于太陵。

十二月癸巳,上柱国、益州总管蜀王秀废为庶人。交州人李佛子举兵反,遣行军总管刘方讨平之。

三年春二月己卯,原州总管、比阳县公庞晃卒。戊子,以大将军、蔡阳郡公姚辩为左武候大将军。

夏五月癸卯,诏曰:"哀哀父母,生我劬劳,欲报之德,昊天罔极。但风树不静,严敬莫追,霜露既降,感思空切。六月十三日,是朕生日,宜令海内为武元皇帝、元明皇后断屠。"

六月甲午,诏曰:

《礼》云:"至亲以期断。"盖以四时之变易,万物之更始,故圣人象之。其有三年,加隆尔也。但家无二尊,母为厌降,是以父存丧母,还服于期者,服之正也,岂容期内而更小祥!然三年之丧而有小祥者,《礼》云:"期祭,礼也。期而除丧,道也。"以是之故,虽未再期,而天地一变,不可不祭,不可不除,故有练焉,以存丧祭之本。然期丧有练,于理未安。虽云十一月而练,乃无所法象,非期非时,岂可除祭。而儒者徒拟三年之丧,立练禫之节,可谓苟存其变,而失其本,欲渐于夺,乃薄于丧。致使子则冠练去绖,黄里缘缘,经则布葛在躬,粗服未改。岂非绖哀尚存,子情已夺,亲疏失伦,轻重颠倒!乃不顺人情,岂圣人之意也!故知先圣之礼废于人邪,三年之丧尚有不行之者,至于祥练之节,安能不坠者乎?

《礼》云:"父母之丧,无贵贱一也。"而大夫士之丧父母,乃贵贱异服。然则礼坏乐崩,由来渐矣。所以晏平仲之斩粗缞,其老谓之非礼,滕文公之服三年,其臣咸所不欲。盖由王道既衰,诸侯异政,将逾越于法度,恶礼制之害已,乃灭去篇籍,自制其宜。遂至骨肉之恩,轻重从俗,无易之道,隆杀任情。况孔子没而微言隐,秦灭学而经籍焚者乎! 有汉之兴,虽求儒雅,人皆异说,义非一贯。又近代乱离,惟务兵革,其于典礼,时所未遑。夫礼不从天降,不从地出,乃人心而已者,谓情缘于恩也。故恩厚者其礼隆,情轻者其礼杀。圣人以是称情立文,别亲疏贵贱之节。自臣子道消,上下失序,莫大之恩,逐情而薄,莫重之礼,与时而杀。此乃服不称丧,容不称服,非所谓圣人缘恩表情,制礼之义也。

然丧与易也,宁在于戚,则礼之本也。礼有其余,未若于哀,则情之实也。今十一月而练者,非礼之本,非情之实。由是言之,父存丧母,不宜有练。但依礼十三月而祥,中月而禫。庶以合圣人之意,达孝子之心。

秋七月丁卯,诏曰:

日往月来,惟天所以运序,山镇川流,惟地所以宣气。运序则寒暑无差,宣气则云雨有作,故能成天地之大德,育万物而为功。况一人君于四海,睹物欲运,独见致治,不藉群才,未之有也。是以唐尧钦明,命羲、和以居岳,虞舜叡德,升元、凯而作相。伊尹鼎俎之滕,为殷之阿衡,吕望渔钓之夫,为周之尚父。此则鸣鹤在阴,其子必和,风云之从龙虎,贤哲之应圣明,君德不回,臣道以正,故能通天地之和,顺阴阳之序,岂不由元首而有股肱乎?

自王道衰,人风薄,居上莫能公道以御物,为下必蹑私法以希时。上下相蒙,君臣义失,义失则政乖,政乖则人困。盖同德之风难嗣,离德之轨易追,则任者不休,休者不任,则众口铄金,戮辱之祸不测。是以行歌避代,辞位灌园,卷而可怀,黜而无愠,放逐江湖之上,沈赴河海之流,所以自洁而不悔者也。至于闾阎秀异之士,乡曲博雅之儒,言足以佐时,行足以励俗,遗弃于草野,埋灭而无闻,岂胜道哉! 所以览古而叹息者也。

方今区宇一家,烟火万里,百姓乂安,四夷宾服,岂是人功,实乃天意。朕惟夙夜祇惧,将所以上嗣明灵,是以小心励己,日慎一日。以黎元在念,忧兆庶未康,以庶政为怀,虑一物失所。虽求傅岩,莫见幽人,徒想崆峒,未闻至道。惟恐商歌于长夜，抱关于夷门，远迹犬羊之间，屈身僮仆之伍。其令州县搜扬贤哲，皆取明知今古，通识治乱，究政教之本，达礼乐之源。不限多少，不得不举。限以三旬，咸令进路。征召将送，必须以礼。

八月壬申，上柱国、检校幽州总管、落丛郡公燕荣以罪伏诛。

九月壬戌，置常平官。甲子，以营州总管韦冲为民部尚书。

十二月癸酉，河南诸州水，遣纳言杨达赈恤之。

四年春正月丙辰，大赦。甲子，幸仁寿宫。乙丑，诏赏罚支度，事无巨细，并付皇太子。

夏四月乙卯，上不豫。

六月庚申，大赦天下。有星入月中，数日而退。长人见于雁门。

秋七月乙未，日青无光，八日乃复。乙亥，以大将军段文振为云州总管。甲辰，上以疾甚，卧于仁寿宫，与百僚辞诀，并握手歔欷。丁未，崩于大宝殿，时年六十四。遗诏曰：

嗟乎！自昔晋室播迁，天下丧乱，四海不一，以至周、齐，战争相寻，年将三百。故割疆土者非一所，称帝王者非一人，书轨不同，生人涂炭。上天降鉴，爰命于朕，用登大位，岂关人力！故得拨乱反正，偃武修文，天下大同，声教远被，此又是天意欲宁区夏。所以昧旦临朝，不敢逸豫，一日万机，留心亲览，晦明寒暑，不惮劬劳，匪曰朕躬，盖为百姓故也。王公卿士，每日阙庭，刺史以下，三时朝集，何尝不罄竭心府，诫敕殷勤。义乃君臣，情兼父子，庶藉百僚智力，万国欢心，欲令率土之人，永得安乐，不谓遘疾弥留，至于大渐。此乃人生常分，何足言及！但四海百姓，衣食不丰，教化政刑，犹未尽善，兴言念此，惟以留恨。朕今年逾六十，不复称夭，但筋力精神，一时劳竭。如此之事，本非为身，止欲安养百姓，所以致此。

人生子孙，谁不爱念，既为天下，事须割情。勇及秀等，并怀悖恶，既知无臣子之心，所以废黜。古人有言："知臣莫若于君，知子莫若于父。"若令勇、秀得志，共治家国，必当戮辱偏于公卿，酷毒流于人庶。今恶子孙已为百姓黜屏,好子孙足堪负荷大业。此虽朕家事,理不容隐。前对文武侍卫,具已论述。皇太子广,地居上嗣,仁孝著闻,以其行业,堪成朕志。但令内外群官,同心戮力,以此共治天下,朕虽瞑目,何所复恨。

但国家事大,不可限以常礼。既葬公除,行之自昔,今宜遵用,不劳改定。凶礼所须,才令周事。务从节俭,不得劳人。诸州总管、刺史已下,宜各率其职,不须奔赴。自古哲王,因人作法,前帝后帝,沿革随时。律令格式,或有不便于事者,宜依前敕修改,务当政要。呜呼,敬之哉!无坠朕命!

乙卯,发丧。河间杨柳四株无故黄落,既而花叶复生。

八月丁卯,梓宫至自仁寿宫。丙子,殡于大兴前殿。

冬十月己卯,合葬于太陵,同坟而异穴。

【译文】

高祖文皇帝姓杨,名坚,弘农郡华阴人。汉代太尉杨震的八世孙铉,在北燕任北平太守。铉生元寿,在北魏世代任武川镇司马,子孙后代就留居此地。元寿生太原太守惠嘏,嘏生平原太守烈,烈生宁远将军祯,祯生忠,杨忠就是高祖皇帝的父亲。杨忠跟随周太祖在关西起义,皇上赐姓为普六茹氏,官至柱国、大司空、隋国公。去世后,朝廷追赠太保,谥号为桓。

高祖母亲吕氏,大统七年六月癸丑夜间在冯翊郡的般若寺生下高祖,当时殿庭中充满了紫气。一位来自河东的尼姑对吕氏说:"这孩子降生与众不同,不能在民间抚养。"便把高祖安置在寺庙其他房中,由她亲自抚养。一次吕氏正抱着高祖,忽见他头上长角,通体长鳞,大为惊骇,失手把孩子掉在地上。尼姑从外面进来,见此情景说:"已经吓着我儿,将导致他晚得天下。"高祖生就一副帝王之貌,目光外射,手中有一"王"字,身材上长下短,深沉威严。初入太学时,即使是最亲近的人,也不敢不尊重他。

高祖十四岁时,京兆尹薛善征辟他任功曹参军。十五岁时,以父亲杨忠的功勋授任散骑常侍、车骑大将军、仪同三司,封爵为成纪县公。十六岁时,升任骠骑大将军,加开府。周太祖见到他后慨叹说:"从这孩子的品格、骨气来看,不像是世间凡人!"明帝即位后,授官右小宫伯,进封大兴郡公。明帝曾派善于看相的赵昭去看高祖,赵昭看后欺骗明帝说:"不过是作柱国的材料。"随后私下对高祖说:"公应当成为天下人的君主,必须经历大诛杀才能平定天下,请好好记住我的话。"

武帝即位,升任左小宫伯。后来到地方上出任隋州刺史,进位大将军。以后朝廷又召他入朝,正遇母亲卧病三年,他日夜不离母亲左右,以孝顺为人称道。宇文护执掌朝政,非常嫉恨高祖,高祖几次险遭陷害,都是由于大将军侯伏侯(万)寿等人的救护才得以脱险。此后又继袭隋国公的爵位。武帝聘高祖长女为太子妃,对他更加尊敬。

齐王宪对武帝说:"普六茹坚相貌非凡,我每次遇见他,都不禁茫然无措,恐怕他不会屈居人下,请求您尽早除掉他。"武帝说:"他只能作将才。"内史王轨多次对皇上讲:"皇太子不是一国之主,普六茹坚倒有反叛之相。"皇上不高兴,说:"假若由天命决定了,将怎么办?"高祖非常恐惧,从此就深藏不露,韬晦隐迹。

建德年间,高祖亲率三万水军,在河桥大败齐军。第二年,跟随皇上平定北齐,升为柱国。和宇文宪在冀州打败齐国任城王高谐后,任定州总管。在此之前,定州城西门长期关闭不开,齐文宣帝时曾有人请求开启此门,以便通行,齐文宣帝不同意,说:"应有圣人来开此门。"及高祖来到定州后,此门自动开启,人们无不惊异。不久又改任亳州总管。宣帝即位,高祖身为皇后之父被征召,拜官上柱国、大司马。大象初年,升任大后丞、右司武,不久又改官大前移。皇上每次出外巡视,常由他留守京师。当时皇上制定了《刑经圣制》,非常苛刻、残酷。高祖认为法令滋彰不是兴教化的办法,所以恳切规劝,皇上却不采纳。

高祖地位、声望更加显赫,宣帝多有顾忌。皇上有四位宠姬,都是皇后,后家各自争宠,互相诋毁。宣帝每次愤愤地对杨皇后说:"我一定要族灭你家。"便召见高祖,事先对左右的人讲:"只要杨坚形色有变,就立刻杀死他。"高祖到来后,神色自若,皇上这才没杀他。

大象二年五月,任命高祖为扬州总管,即将启程赴任时,突然患了足疾,没有走成。乙未日,宣帝去世。当时静帝宇文衍年幼,不能亲理政事。内史上大夫郑译、御政大夫刘昉因高祖身为皇后之父,名声显赫,众望所归,便假造宣帝诏书,让高祖入朝掌理朝政,都督中外诸军事。高祖害怕在外的周氏诸王作乱,就以赵王招即将把女儿千金公主嫁给突厥为借口,召他们回朝。丁未日,发丧。庚戌日,静帝拜高祖假黄钺、左大丞相,总管文武百官事。以正阳官为丞相府,郑译任长史,刘昉任司马,府中设置僚佐。宣帝统治时期,由于刑法苛严,民心恐惧不安。至此,高祖取代以宽仁怀柔之政,法令简明,并躬行节俭,天下百姓非常喜悦。

六月,被召回朝的赵王招、陈王纯、越王盛、代王达、滕王逌五人全部抵达长安。相州总管尉迟迥认为自己是朝廷位高望重的大臣和富有经验的老将,对高祖掌权心怀不服,便在相州举兵。赵、魏之地的士大夫,从者如流,十天的工夫就聚众十多万人。宇文胄、石愻、席毗(罗)和弟弟叉罗等人,分别从荥州、建州、沛郡、兖州等地举兵响应尉迟迥。尉迟迥把自己的儿子送到陈朝作人质,以求陈援助。高祖命令上柱国、郧国公韦孝宽出兵讨伐。雍州牧毕王贤和赵、陈等五位皇室藩王见高祖已拥有民心,便阴谋作乱。高祖将毕王抓来斩首,对赵王等人的罪行暂不宣布,以优礼对待,准他们剑带上殿,入朝不必小步快走,使他们安心。

七月,陈将陈纪、萧摩诃等人入侵广陵,吴州总管于顗回师击败了他们。广陵人杜乔生聚众谋反,刺史元义平定了叛乱。韦孝宽在相州打败尉迟迥,将其首级传送到京,一举平定其余党。当初,尉迟迥叛乱时,郧州总管司马消难举州响应,淮南也有很多州县响应。朝廷命襄州总管王谊前往征讨,司马消难逃往陈朝。荆州、郢州的少数民族蛮人也乘机作乱,朝廷命亳州总管贺若谊平定了叛乱。从前,上柱国王谦任益州总管,他见幼主在位,高祖秉政,就发动巴、蜀百姓,以挽救周室为名起兵。高祖当时正忙于关东、山南的平叛,没顾上征讨。王谦进兵屯守剑阁,攻陷始州。至此,才派行军元师、上柱国梁睿平定蜀乱,将王谦首级献给朝廷。巴蜀之地非常险要,这里的人常常叛乱。朝廷于是重新开辟平坦道路,捣毁剑阁之路,立石刻铭,以训诫后人。五王策划更紧,高祖带着酒食到赵王宅第去,打算观察他的所作所为。赵王事先埋伏下武装的士兵,宴请高祖,伺机杀他。高祖处境危险,幸亏有元胄相救,才得以免祸。此事记载在《元胄传》中。于是,朝廷将赵王招、越王盛处死。

九月,任命嫡长子杨勇为洛州总管、东京小冢宰。壬子日,周帝下诏说:"假黄钺、使持节、左大丞相、都督内外诸军事、上柱国、大冢宰、隋国公杨坚以其精诚感应神明,其思想超过雅俗,其德操协和天地。自从入仕为官以来,公卿士大夫都倾心依附,能通万物之志,成天下之务,使人事各得所宜,天下人接受教化。他曾受先帝遗诏辅佐我治理朝政,和谐天地,含育万物,顺应阴阳,抚慰四夷。近来朝廷内忧外患,杨坚以他勇猛无畏的志向、运筹帷幄的谋略,诛杀宗室叛逆,平定地方暴乱。现在远近清肃,实在都有赖于他。天下百姓、文武百官无不听从他的教诲,享受他的功德。杨坚治定功成,为国任重,其神谋与盛德皆举世无双。可授予大丞相,罢省左、右丞相官,其余官职依旧不变。"

冬季十月壬申日,皇上下诏追赠高祖曾祖父杨烈为柱国、太保、都督徐兖等十州诸军事、徐州刺史、隋国公,谥号康;祖父杨祯追赠柱国、太傅、都督陕蒲等十三州诸军事、同州刺史、隋国公,谥号为献;父亲杨忠追赠上柱国、太师、大冢宰、都督冀定等十三州诸军事、雍州牧。下令诛杀陈王纯。癸酉日,上柱国、郧国公韦孝宽去世。

十一(二)月辛未日,杀代王达、滕王逌。

十二月甲子日,周帝下诏称:

合天地之德者为圣人,调阴阳之气的是上宰。所以神灵降临,造就众生,以代天工,成就伟业。假黄钺、使持节、大丞相、都督内外诸军事、上柱国、大冢宰、隋国公杨坚,顺应时运,以三公之位、辅政之勤为其家族增添荣耀。心同伊尹,必致尧舜,情似孔丘,效法文武。刚刚入仕就风流盖世,公卿百姓仰慕他的治事准则,绅士都奉他为师表。他出入于官廷、州郡之间,以精绝的谋划和丰功伟绩远近驰名。往日平定关东时,人心不安,燕南赵北,堪为天府。杨坚秉承朝命,担当统帅,他用仁政怀柔百姓,并用礼义加以引导,使他们像敬畏神灵、依赖阳光那样心服朝廷,他的美德和功绩一直为人们所称颂。淮海之地荒芜多年,杨坚坐镇南疆,任人唯贤,威震远夷,令其与民教化百姓。他掌握官中和全国政务,军国大事更仰仗他的辅弼。皇帝出巡时,留守事务全靠他处理。当年周公陕西之任仅可与之相比,而汉臣在关内的贡献却不及他。

至天崩地裂,先帝升天,我以少年之躯蒙受苦难。杨坚亲受遗诏,保护皇室。奸邪之人乘机阴谋篡国,反叛之心已成,举事之日指待。杨坚英明决策,潜心运筹,谋略远大,匡救国家,保护民众,谋反之人都被缉拿归案。尉迟迥等人起兵叛乱,使半个国家都处于纷乱之中,致使祖宗创下的基业岌岌可危,黎民百姓几近丧命。司马消难在安陆为患,南通吴、越,响应者纷杂聚合,江汉地区处于骚乱状态。王谦在巴、蜀举兵,大有问鼎之势,国运将衰。杨坚运筹帷幄,出师征讨,各路将领都接受他的指挥。兵卒壮士无不感念其忠义,遂不误时限,一举平定叛乱。其功远播,其德和洽,百官端整,四方肃敬。普天之下,文治武功兼备,天地同德,山重水复,远近归心,使我得以继承帝位,无为而治,与天地同德。即使是伊尹辅殷、霍光佐汉,和杨坚的功劳相比也没什么了不起。

昔日营丘、曲阜之封地小国众多,晋文公重耳和齐桓公小白都受到特殊的礼遇,萧何朝拜享受优待之仪,吴芮受爵高于所有公侯。周、汉以后,各代都有良规,应尊崇典礼,效法古制。杨坚可授以相国之职,总领百官,免去都督内外诸军事和大冢宰之号,晋爵位为王,以隋州崇业郡、郧州安陆郡、城阳郡,温州宜人郡,应州平靖郡、上明郡、顺州淮南郡,士州永川郡,昌州广昌郡、安昌郡,申州义阳郡、淮安郡,息州新蔡郡、建安郡,豫州汝南郡、临颍郡、广宁郡、初安郡,蔡州蔡阳郡,郢州汉东郡等二十郡为隋国。允许他优礼进见,带剑上殿,入朝不必小步快走,晋见皇上不必报名,可备九锡之礼,加玺绂、远游冠、相国印绿缤绶,地位在诸侯王之上。隋国所设丞相以下属官一切依旧。

高祖一再推让,皇上不允,便只接受了王的爵位和十郡封地。皇上下诏进封他的祖父、父亲为王,夫人为王妃。辛巳日,司马消难率领陈朝军队进寇江州,被刺史成休宁击退。

大定元年春季二月壬子日,皇上命令此日之前所赐姓氏,一律恢复旧姓。当天,周帝下诏说:"伊、周辅政,都不拒绝君主赐予的殊荣,桓、文称霸,也有特殊的赏赐,以表感通天帝之功,彰不世之业。相国隋王先前所加的策命,遵循了礼仪典制,但他恪守谦逊礼让之风,没有接受。令应重申,一如原诏。隋王立功争先,受赏居后,以退让为本,这实在有违我的旨意。应派公卿大臣全部前往隋王官,以众心感化他,使他一定接受所赐。如再有退让的表奏,不要再通报我。"癸丑日,文武百官奉命前去敦促劝说,高祖这才接受。甲寅日,策书执行。

用黄斧仪仗、使持节、大丞相、都督内外诸军事、上柱国、大冢宰隋王:天地覆载借人事以成功,古往今来,由王道盛衰孕育五行之气与天地万物,能代天工的只有大圣而已。乃有先哲,辅佐皇朝。积德行善,诞生首辅。隋王神采非凡,风骨异人,救国济世,除凶拨乱,使百神奉职,万国归心。伊尹靠先知先觉唤醒百姓,周公则弘扬大道,他们的才能都比不上杨坚。现将授以尊贵爵位,请敬听朕命:

朕操行不佳,早承帝业,上天降祸,父母早丧。奸邪者伺机图谋篡国,宫廷之内,忧虑不安。您接受先皇遗命,志在辅正,稳定内外,潜心策划,令奸邪震慑。谋用大明,使我转危为安,是您重建皇室,奠定霸业基础。您在我祖、父时已深得重用，入则掌握禁兵，出则治理州郡，文武兼治，朝野传颂。大兴问罪之师，长驱直入晋、魏，在平阳、冀州大展雄威。关东刚刚平定时，人心尚未统一。丛台以北，易水以南，西至井陉，东达沧海，绵延几千里，人数众多。您被委派治理重地，顺应民情，施以教化，法令宽简，百姓拥戴如泥从印，如草随风。这又是您的功劳；吴、越多年不服统治，淮海以外也时常失控。您整饬军旅，出镇亳州，武力与怀柔并施，郡盗自然逃散，境内秩序井然，民不闭户。百姓仰慕您的德行，背负幼子前来投奔，从此民风大变。这又是您的功劳；宣帝统治时，您身为皇室宗亲重臣，入掌屯卫，出主攻伐。任禁卫则勤巡警之务，出治兵则得蒐狩之礼。这又是您的功劳；每次出巡，由您留守京师，文武之事、军国要务由您精心掌管，征询禀报。有您料理，令我无后顾之忧。这又是您的功劳；在我居丧期间，由您实际总领政事。皇室藩王中邪恶之人颇多，他们招集无赖，联合坏人。往日国势方衰，他们已开始阴谋活动，作恶数十天，如夏昆吾氏的罪恶已达到顶点。您忍痛诛剿，使国家得以安宁。这又是您的功劳；尉迟迥肆意妄行，在邺邑举兵，想直捣朝廷，蹂躏三魏，震惊半个国家。他聚众百万，贪残害人，吞并淇水、洹水一带。百姓生死全掌握在他手中。您训练勇士，准备兵车，誓雄兵于河朔，在山东形成高屋建瓴之势，锐不可当。您口授军令，指挥行阵，料敌制胜，限期克敌。各位将帅都遵行您的命令，壮士们感念您的大义，清死忘生，转战千里，听从号令，奋力杀敌，打了大胜仗，谋叛的各城，一下子全部荡涤肃清。这又是您的功劳；关东郡守据守东土，倚靠东海的富饶，凭借重山险峻，企图逐鹿中原，互相抗衡。以患难共济的兵士来响应尉迟迥，助桀为虐。现在尉迟迥既已被除，响应者自然败亡。您施以仁政，不行诛罚，示以大信。这又是您的功劳；申州李惠占据本州，聚众屯兵，攻略州郡。您向他们传布天子恩泽，使之迷途知返，降服后又不加罪，不费一兵一箭。这又是您的功劳；宇文胄身为宗亲，驻守险要都邑荥州，响应邺城叛乱，同恶相济。胁迫官民，跋扈于城戍。朝廷以偏师讨伐，遂将叛贼收入法网，使其困守武牢，如入牢狱，走投无路,如伏国刑。这又是您的功劳;檀让、席毗(罗)拥兵河外,陈、韩、梁、郑、宋、卫、邹、鲁等地的大小村落都沦入忘恩负义的叛贼手中,百姓成为他们的饵食。他们以强欺弱,以大吞小,导致城门白天关闭,街巷中没有行人。您指挥出兵,见机行事,扫平叛军,檀让被俘,席毗(罗)也被斩杀,传首示众。这又是您的功劳;司马消难身为皇上岳父,坐镇安陆,性情贪婪,贪图钱财。他辖治下的百姓无不遭受劫掠,财产尽遭侵吞,又肆意杀害朝廷大臣和监察使者。由于惧怕朝廷治罪,慑于朝廷的威权,所以常常产生内怨。他们蚕食郡县,毒害各族人民,闻听朝廷出兵征伐,便南投陈朝。唐尧时所行崇山之罚,与汉代流徙戍边之刑,可与此相比。他们逃入山林湖泽后,荆、郢之地从此得以安宁。这又是您的功劳;王谦在蜀挑起祸端,阻断剑阁之路,壅塞灵关之地,自称五丁复出,万夫不当。您调遣将帅,发兵征讨,未逾时限,风驰席卷,一举平叛,擒获斩杀凶邪之人,横扫无遗。这又是您的功劳;陈项因袭伪业,自据金陵,屡次派遣凶险之徒筹备于江北。您指挥地方军队,无不摧毁、歼灭。功勋可比马援建立铜柱,非超越赵佗拜行南海尉事。这又是您的功劳。

您有拯救天下之劳,看重完美的德操。建国之初,屈己受命,操行美洁,声震朝廷,神机妙算,气盖朝野。统领百官,安定四方,匡合天下。尊重贤才、德行,崇重资历、功勋,表彰旧故、亲友,兴亡继绝,宽严相济,常伦有序,厚爱皇亲,崇奖王室。致使星象不乱,阴阳自调,风调雨顺,祥风嘉气在山林间环绕,瑞兽异禽在庭园鸣唱嬉戏。您功德远大,极尽众物之和、高远之极。

我又听说,昔日明王设官赐地,以营丘封地得征五侯,恩宠晋侯,礼物与众不同。所以藩国稳固,无为而治,天下太平。您的道德高于以往的功臣,我赏赐给您的却少于以往帝王。我以微小身躯,成为众人之主,谨慎效法旧事,前番所加的大典,也是前朝旧制。您谦虚自守,没有接受朝廷的封赐。日月不息,已经隔年,朝野议论,让我怎么办!现进授相国总领百官,以申州义阳等二十郡为隋国。命令使持节、太傅、上柱国、杞国公宇文椿,大宗伯、大将军、金城公赵熙，授相国印绶。相国隋王礼绝公卿，总领百官，旧职常典应随着事情改变。过去尧爵为太尉，舜以禹为司空，姬旦作周相，霍光辅佐汉帝，都不居地方，只在朝中治事。现以相国之职总领百官庶政，免去其他官号，请上交所持之节及大丞相、大冢宰的印绶。

又加九锡之命，请敬听我如下之命：因您执法修德，用刑宽简、谨慎，一切依法则行事，使百姓不生叛变之心。所以赐给大辂、戎辂各一乘，四四黑公马车两套；您关心地利，注重人事天时，以农为本，令公私殷盛。所以赐以衮冕礼服，配以赤舄；您移风易俗，远近百姓欢愉，天地协和。所以赐予三面悬挂的乐器和六列三十六人规格的乐舞；您政风宽仁，以德施教，声名波及海角天涯，远近百姓都归心依附。所以赐予朱红所漆之门；您明鉴人物，执掌铨选，使有才者入仕之途畅达，世间遗贤尽被举荐。所以赐您纳陛以登；您主持公道，公正待人，遇有触犯礼义者，无不罢黜。所以赐以武贲之士三百人；您（有缺文）所以赐斧钺各一副；您威风凛凛，声势逼人，对骚扰中原的人，必诛无疑。环视天地，扫清奸邪，拒敌千里。所以赐您红弓一具，红箭百发，黑弓十具，黑箭千发；只有您孝通神明，恭敬祀典，敬神犹如神在，情合天地。所以赐给秬鬯一罇，配以珪瓒玉器。隋国所置丞相以下官一切依旧。望尊奉帝命！敬遵旧策，仅守大典，对您功绩的大加顾惜，是为了传扬我太祖美善的诏命。

于是建立官署，设置百官。

丙辰日，周帝命杨坚头戴天子之冕，设立天子旌旗，出入戒严，乘坐金根车，六马驾车，置备五时副车、旄头云旗，以及兵器、乐舞都依照皇帝的规格设置。王妃独孤氏立为王后，嫡长子杨勇立为太子。杨坚三次辞让后才接受了。

不久，周帝见杨坚已赢得民心，便下诏说："开天辟地，树立君主。天命不能长久，只有以德相辅。无论天帝之心还是人间之事，都在于选择贤能，令天下百姓拥戴归心，而不能一人独揽。周室之德将尽，妖孽相继而生，骨肉至亲多遭忧患,地方藩守挑起祸端,一时响应者颇多,超过半个国家。他们不论势力大小,都企图篡夺王权,令我祖宗基业,面临危机。相国隋王,聪明通达,神采独秀,刑法与礼义并施,文德与武功兼用,爱万物如爱己,为民担忧。出谋划策,亲率将士,扫除叛逆,荡涤凶气,华夷同风,威震远方。功德无量,即使是虞舜、姬发也无法与之比拟。而且木行已衰,火运正兴。一切受命于天的祥瑞征兆都已显现,且百姓之讴歌,天地合德,日月明朗,所以应该称大号以统治天下。我虽然愚昧寡闻,不懂变通,但天下人的心思是显而易见的。现谨顺应天命,退位迁居别馆,禅位于隋,一切都依照唐虞、汉魏旧制。"高祖又多次推辞,皇上不允。派太傅、上柱国、杞国公宇文椿捧册称:

相国隋王:上古之初,天地开辟,上天降符给圣人,让他成为天下君主。君主恭奉上天而统治百姓,百神和睦,万物受益,而不是凭借疆土之广,以帝位为尊。大庭氏、黄帝以前,骊连、赫胥之时,都以无为无欲为本,没有送往迎来,这些距今都非常遥远了,详情不得而知,只有通过书籍来了解了。没有人比尧更圣明,比舜更美好,尧得舜已打算让他主持天下,舜得禹也决定禅让于他。等到授受之际,别宫设宴,以百官归于禹,一切皆如尧之禅舜。这是在上者遵守天时,不敢不授;在下者秉承天命,不可不受。汤代夏、武周替殷,无论是大动干戈,还是让贤退位,虽然治政者不同,却都是应天顺民,道理是一样的。自汉到晋、魏以至于周,帝位随人心所向而变更,道德高尚者称帝,运数已尽者不能为王,这与舜、禹的禅让没有区别。

周德将尽,祸患频仍,宗戚中的狡诈之人都图谋举事,企图夺权篡国,藩镇连兵,相继为乱。他们独霸三方,制造混乱,虐害人民,使其无立足之地。隋王受命于天,智慧高明,救国于水火,剿除元凶,廓清境内,他的大德合于天地,四方百姓无不拥戴。往年一切除旧之征已显现于天上,现在又有迎新之兆出现于地面,人神都寄望于您,不只我一个人知道。应上承天命,下顺民意。现在我恭敬地将帝位让给您,上天赐予我的福禄已尽。唉!王应该执掌权柄,垂范朝野,升圆丘敬告苍天,登皇位抚育百姓,以符民心,使国统恢宏,难道这不是盛事吗!

派大宗伯、大将军、金城公赵㻞捧皇帝玺绶,文武百官劝高祖接受帝位,高祖这才同意。

开皇元年二月甲子日,高祖身着便服从相府进入皇宫,准备礼仪在临光殿即位,在南郊设置祭坛,派人燎柴告天。当天,告于祖先之庙,又颁布大赦令,更改年号。京师出现庆云。高祖改变北周六官,恢复汉、魏旧制。任命柱国、相国府司马、渤海郡公高颎为尚书左仆射兼纳言,相国府司录参军、沁源县公虞庆则为内史监兼吏部尚书,相国府内郎、咸安县男李德林为内史令,上开府、汉安县公韦世康为礼部尚书,上开府、义宁县公元晖为都官尚书,开府、民部尚书、昌国县公元岩为兵部尚书,上仪同、司宗长孙毗为工部尚书,上仪同、司会杨尚希为度支尚书,上柱国、雍州牧、邘国公杨惠为左卫大将军。乙丑日,追尊皇父杨忠为武元皇帝,庙号称太祖,追尊皇母吕氏为元明皇后。派遣八名使者到地方上巡察民情。丙寅日,修建宗庙社稷。立王后独孤氏为皇后,王太子杨勇为皇太子。丁卯日,任命大将军、金城郡公赵㻞为尚书右仆射,上开府、济阳侯伊娄彦恭为左武侯大将军。己巳日,封周帝为介国公,封邑五千户,为隋室宾客。旌旗、车服、礼乐一切如旧。向隋主的上书不称表,隋帝答表不称诏。北周宗室诸王一律降爵为公。辛未日,任命皇上弟弟同安郡公杨爽为雍州牧。乙亥日,皇帝弟弟邵国公杨慧封爵为滕王,同安公杨爽封爵为卫王;封皇上之子雁门公杨广为晋王,杨俊为秦王,杨秀为越王,杨谅为汉王。任命上柱国、并州总管、申国公李穆为太师,上柱国、邓国公窦炽为太傅,上柱国、幽州总管、任国公于翼为太尉,观国公田仁恭为太子太师,武德郡公柳敏为太子太保,济南郡公孙恕为太子少傅,开府苏威为太子少保。丁丑日,任命晋王广为并州总管,陈留郡公杨智积为蔡王,兴城郡公杨静为道王。戊寅日,将官府的五千头牛分赐给贫穷百姓。

三月辛巳日,高平、太原、长安等地各获祥鸟一只。宣仁门的槐树树干连生,枝丫内附。壬午日,白狼国向朝廷纳贡。甲申日,太白金星白天出现,乙酉日,再次出现。任命上柱国元景山为安州总管。丁亥日,下诏凡玩赏动物、器物和饮食不许进献。戊子日,放宽对山林川泽采伐的限制。任命上开府、当亭县公贺若弼为楚州总管,和州刺史、新义县公韩擒(虎)为庐州总管。己丑日,鏊屋县进献连生树,种植在官廷内。辛卯日,任命上柱国、神武郡公窦毅为定州总管。戊戌日,任命太子少保苏威兼任纳言、吏部尚书,其余官职依旧不变。庚子日,隋文帝下诏说:"自古帝王改朝换代之际,封侯赐爵,大多根据时势行事。我接受天命,统治天下,深知事物发展变化,不能因循不改。但五帝三王都兼顾前朝之人,对建立功业者仍旧封爵赏赐。只要能对时局有利,其趋向是一致的,什么叫前朝我朝的差异,也不要计较古今的不同。前朝所有品爵,一律照旧。"丁未日,梁主萧岿派遣太宰萧岩、司空刘义前来恭贺隋帝即位。

四月辛乙日,颁布大赦令。壬午日,太白金星、木星在白昼出现。戊戌日,将隶属于太常寺的民间乐工释放出来,恢复其平民百姓身份。禁止民间乐舞杂技表演。辛丑日,陈朝散骑常侍韦鼎和兼任通直散骑常侍的王瑳来访周帝,抵达后皇上已接受帝位,便让他们去周帝的封国介国。当月,调发稽胡修筑长城,干了二十天才结束。

五月戊子(午)日,封邢国公杨雄为广平王,永康郡公杨弘为河间王。辛未日,介国公周帝去世,皇上在朝堂上悼念,让其族人宇文洛继袭介国公的爵位。

六月癸未日,皇上下诏称由于初受天命时赤雀降祥,五行相生,赤色是火的颜色。所以郊庙社稷依照服冕之仪,朝会所穿礼服服色以及旗帜、供祭祀用的牲畜的颜色一律为红色。战服为黄色。

秋季七月乙卯日,皇上开始身穿黄袍,在朝百官一致庆贺。庚午日,靺鞨酋长来进贡特产。

八月壬午日,废省东京官。突厥阿波可汗派使前来贡特产。甲午日,朝廷命行军元帅乐安公元谐在青海讨击吐谷浑,元谐击败并降服了他们。

九月戊申，朝廷派出使臣救济在作战中阵亡者的家属。庚午日，陈朝将领周罗睺攻陷胡墅，萧摩诃入寇江北。辛未日，任命越王杨秀为益州总管，改封蜀王。壬申日，任命上柱国、薛国公长孙览和上柱国、宋安公元景山，同为行军元帅，讨伐陈朝，又命尚书左仆射高颎统领各路兵马。突厥沙钵略可汗派使来纳贡。当月，颁行五铢钱。

冬季十月乙酉日，百济王扶余昌派使来恭贺皇上即位，高祖授与扶余昌上开府、仪同三司、带方郡公的官号。戊子日，颁行新法律。壬辰日，皇上前往岐州。

十一月乙卯日，任命永昌（富）郡公窦荣定为右武侯大将军。丁卯日，派遣兼任散骑侍郎的郑㧑出使陈朝。己巳日，有流星经过，声音洪大，如墙壁倒塌，光焰照地。

十二月戊寅日，任命申州刺史尔朱敞为金州总管。甲申日，任命礼部尚书韦世康为吏部尚书。己丑日，任命柱国元衮为廓州总管，兴势郡公卫玄为淮州总管。庚子日，从岐州回到京师。壬寅日，高丽王高阳遣使来纳贡，皇上任命高阳为大将军、辽东郡公。太子太保柳敏去世。

开皇二年春季正月癸丑日，高祖到上柱国王谊的宅第。庚申日，又到安成长公主的家。陈宣帝去世，其子陈叔宝继立。辛酉日，隋朝在并州设置河北道行台尚书省，任命晋王广为尚书令；在洛州设置河南道行台尚书省，任命秦王俊为尚书令；在益州设置西南道行台尚书省，任命蜀王秀为尚书令。戊辰日，陈朝派使请求媾和，归还侵占的胡墅。辛未日，高丽、百济国都派使者来进贡。甲戌日，下诏举荐贤良。

二月己丑日，命令高颎等班师回朝。庚寅日，任命晋王杨广为左武卫大将军，秦王杨俊为右武卫大将军，其余官职依旧。辛卯日，高祖光临赵国公独孤陀的宅第。庚子日，京师从天降土。

三月戊申日，开通渠道，引杜阳水入三畤原。

四月丁丑日，任命宁州刺史窦荣定为左武侯大将军。庚寅日，大将军韩僧寿和上柱国李充,分别在鸡头山和河北山击败突厥军队。

五月戊申日,任命上柱国、开府长孙平为度支尚书。己酉日,因大旱,皇上亲自视察在押的囚徒。当日,天降大雨。己未日,高宝宁进犯平州,突厥入长城。庚申日,任命豫州刺史皇甫绩为都官尚书。壬戌日,太尉、任国公于翼去世。甲子日,改传国玺为受命玺。

六月壬午,任命太府卿苏孝慈为兵部尚书,雍州牧、卫王杨爽为原州总管。甲申日派使臣前往陈朝吊祭陈宣帝。乙酉日,上柱国李充在马邑击败突厥。戊子日,任命上柱国叱李长叉为兰州总管。辛卯日,任命上开府尔朱敞为徐州总管。

丙申日,下诏说:"朕仅奉上天之命,统治天下,正值百姓疲敝困苦,所以就定居在前代帝王的宫殿中。我常认为营作者辛劳,居住者安逸,所以,有关入建营造之事,一直不在考虑之内。但是,王公大臣们都提议认为自伏羲、神农到周姬、汉刘各朝,有一朝屡次迁都的,却没有改朝换代都不迁移的例子。魏、晋以后,时有因循不改的,那是末代皇帝的安逸,而不是往昔圣主的大义。现在所居的长安城从汉代修成至今,凋敝残破日久,多次沦为战场,几经丧乱。现在的宫室,只是权宜之计,又没有卜筮、测量,不足以建帝王之宫,聚合百姓。百官阐述变通之术和天地之情,齐心恳请,情深意切。但是京师是百官之府、天下归心的地方,不是我一人能独占的,如果对民有利,岂能违背!况且殷代五次迁都,担心人们死尽,土地的吉凶可限定国祚的长短。去旧图新,就像农夫指望秋收一样,虽然一时劳苦,最终可以安居。现在境内统一安宁,阴阳有序,应安然迁都,不让百姓怀怨。龙首山川原秀丽,无论是草木物产丰盛,还是卜筮、测量都适宜建都,国基稳固,则功业无穷。京师之中公私府宅的规模大小、地点远近、营建耗资等事宜,都请随事逐条上奏。"又令左仆射高颎、将作大臣刘龙、钜鹿郡公贺娄子干、太府少卿高龙叉等人创建新都。

秋季八月癸巳日,任命左武侯大将军窦荣定为秦州总管。

十月癸酉日,皇太子杨勇率兵屯守咸阳,防备胡人进犯。庚寅日,皇上病愈,在观德殿设宴款待百官。赏赐钱帛,让他们自取所需,每人尽力负钱帛而出。辛卯日,任命营造新都副监贺娄子干为工部尚书。

十一月丙午日,高丽派使来献土产。

十二月辛未日,皇上在后园讲习武事。甲戌日,上柱国窦毅去世。丙子日,命名新都为大兴城。乙酉日,派遣沁源公虞庆则屯兵弘化郡,防备胡人。突厥入寇周槃,行军总管达奚长儒出击,却被突厥打败。丙戌日,对国子学生徒中能明习经书的人,赐以束帛。丁亥日,皇上亲自审核囚犯的罪状。

开皇三年春季正月庚子日,即将迁入新都,所以大赦天下有罪之人。禁止使用大刀长矛。癸亥日,高丽派使臣来朝见皇上。

二月己巳朔日,有日食。壬申日,宴请北方作战有功的人。癸酉日,陈朝派兼任散骑常侍的贺彻和兼任通直散骑常侍的萧褒来聘。突厥进犯边境。甲戌日,泾阳捕获了毛龟。癸未日,任命左卫大将军李礼成为右武卫大将军。

三月丁未日,上柱国、鲜虞县公谢庆恩去世。己酉日,任命上柱国达奚长儒为兰州总管。丙辰日,下雨,皇上身着便服迁入新都。京师涌出甘美的泉水。丁巳日,下诏在全国重金收买散失的典籍。庚申日,宴请百官,赏赐不等。癸亥日,在榆关修筑城池。

夏季四月己巳日,上柱国、建平郡公于义去世。庚午日,吐谷浑入寇临洮郡,洮州刺史皮子信丧命。辛未日,高丽派使前来朝拜。壬申日,任命尚书右仆射赵煚兼任内史令。丁丑日,任命滕王瓒为雍州牧。己卯日,卫王杨爽在白道击败突厥兵。庚辰日,行军总管阴寿在黄龙击败高宝宁。甲申日,天旱,皇上亲自在都城西南祭祀雨师求雨。丙戌日,下诏鼓励天下人勤学、行礼。任命济北郡公梁远为汶州总管。己丑日,陈朝郢州城主张子讥派使请求归降隋朝,皇上为了与陈和好,遂不纳降。辛卯日,派遣兼任散骑常侍的薛舒和兼任通直散骑常侍的王劢出使陈朝。癸巳日,皇上亲自参加祈雨的祭祀。甲午日，突厥派使臣来朝见。

五月癸卯日，行军总管李晃在摩那渡口击败突厥。甲辰日，高丽派使来朝。乙巳日，梁朝太子萧琮来庆贺高祖迁都。丁未日，靺鞨前来进献土产。戊申日，幽州总管阴寿去世。辛酉日，有事在方泽祭地。壬戌日，行军元帅窦荣定在凉州击败突厥和吐谷浑。丙寅日，赦免黄龙获死罪以下的犯人。

六月庚午日，封卫王杨爽之子杨集为遂安郡王。戊寅日，突厥派使来请求和好。庚辰日，行军总管梁远在尔汗山击败吐谷浑，将其名王斩首。壬申日，任命晋州刺史燕荣为青州总管。己丑日，任命河间王杨弘为宁州总管。乙未日，高祖亲临安成长公主府第。

秋季七月辛丑日，任命豫州刺史周摇为幽州总管。壬戌日，下诏说："实行仁义，教化先行。对于敦行风化的人应予以奖励。过去，山东、河北州郡经过叛乱的洗劫，孤城远守，大多不能保全自身。济阴太守杜猷身陷贼首，生死攸关。郡省事范台玖倾其家产相救，才使其免于一死。回想他的真诚节操，确实可嘉，应破格赏赐，以表明朝廷的奖励和反对。台玖可充任大都督，暂任假湘州刺史。"丁卯日，有日食。

八月丁丑日，靺鞨来进贡。己卯日，任命右武卫大将军李礼成为襄州总管。壬午日，派遣尚书左仆射高颎和内史监虞庆则分别从宁州道、原州道出发，二人同为行军元帅，以讨伐胡人。戊子日，皇上在太社祭祀。

九月壬子日，高祖到城东视察农作物长势。癸丑日，大赦天下有罪之人。

冬季十月甲戌日，废省河南道行台省，任命秦王杨俊为秦州总管。

十一月己酉日，派遣使臣到各地巡察民情，因此下诏称："我统治天下，深思治国之策，想让百姓顺从归化，以德政代替刑罚，搜求未出仕的贤才，表彰民间善行。所有民间情况的真伪，一律禀报于我。我已命令使臣，出使目的是赈济体恤百姓，分为各路巡视，将遍及全国各地，务必成为我的耳目，如果有人文武兼备，尚未为人所知，应依礼发遣，我将予以提拔。如有志节高妙、卓越超群者,也靠使臣就地加以表彰,使每一善行都对人有奖励劝导作用。把远近官府和民间风俗大小事情,一概记录下来,待还朝时向我奏报,使我足不出户,便能坐知天下之事。"庚辰日,陈朝派散骑常侍周坟、通直散骑常侍袁彦来访。陈后主知道高祖的长相与众不同,命令袁彦为高祖画像后带回陈廷。甲午日,撤销全国郡级政区。

闰月十二月乙卯日,派遣兼任散骑常侍曹令则、通直散骑侍魏澹出使陈朝。戊午日,任命上柱国窦荣定为右武卫大将军,刑部尚书苏威为民部尚书。

开皇四年春季正月甲子日,在日食。己巳日,于太庙告祭。辛未日,又在南郊祭祀。壬申日,梁主萧岿来朝见高祖。甲戌日,在北苑为祭祀而举行射礼,十天后结束。壬午日,齐州发水。辛卯日,渝州捕获像麋鹿一样的异兽,独角同蹄。壬辰日,颁行新历法。

二月乙巳日,皇上在坝上为梁主饯行。丁未日,靺鞨进献土产。突厥苏尼部男女上万人来归附朝廷。庚戌日,高祖亲巡陇州。突厥阿史那玷可汗率众前来归降。

夏季四月乙亥日,敕令总管、刺史的父母和十五岁以上的儿子,不得随行赴任。庚子日,任命吏部尚书虞庆则为尚书右仆射,瀛州刺史杨尚希为兵部尚书,毛州刺史刘仁恩为刑部尚书。甲辰日,任命上柱国叱李长叉为信州总管。丁未日,在大兴殿宴请突厥、高丽、吐谷浑的使臣。丁巳日,任命上大将军贺子干为榆关总管。

五月癸酉日,契丹国主莫贺弗遣使请求归附,被拜为大将军。丙子日,任命柱国冯昱为汾州总管。乙酉日,任命汴州刺史吕仲泉为延州总管。

六月庚子日,减轻对囚徒的处罚。乙巳日,任命鸿胪寺卿乙弗实为翼州总管,上柱国豆卢勣为夏州总管。壬子日,开凿水渠,从渭水到黄河,沟通运粮水道。戊午日,秦王杨俊来朝。

秋季七月丙寅日,陈朝派遣兼任散骑常侍的谢泉、兼任通直散骑常侍的贺德基来访。

八月甲午日,派遣十名使臣巡省各地。戊戌日,卫王杨爽来朝。当日,因秦王杨俊纳妃,宴请百官,赏赐不等。壬寅日,上柱国、太傅、邓国公窦炽去世。丁未日,宴请秦王府官,赏赐不等。壬子日,宴请陈朝使臣。乙卯日,陈朝将领夏侯苗请求归降隋朝,皇上为了和陈通好,没有接纳。

九月甲子日,皇上亲至襄国公主宅第。乙丑日,亲临霸水,视察漕渠,对负责修渠的官吏给予不同的赏赐。己巳日,皇上亲自审核在押犯人的罪状。庚午日,契丹归附朝廷。甲戌日,皇上因为关内饥荒而前往洛阳。癸未日,太白星在白天出现。

冬季十一月壬戌日,派遣兼任散骑常侍的薛道衡和通直散骑常侍豆卢责力出使陈朝。癸亥日,任命榆关总管贺娄子干为云州总管。

开皇五年春季正月戊辰日,下诏令颁行新礼。

三月戊午日,任命尚书左仆射高颎为左领军大将军,上柱国宇文忻为右领军大将军。

夏季四月甲午日、契丹国主多弥派使纳贡。壬寅日,上柱国王谊谋反,被杀。乙巳日,下诏征召山东人马荣伯等六位大儒。戊申日,皇上从洛阳返回长安。

五月甲申日,下诏令各地设置义仓,以备荒年。梁主萧岿去世,太子萧琮继立。朝廷命上大将军元契出使面见突厥阿波可汗。

秋季七月庚申日,陈朝派兼任散骑常侍的王话和兼任通直散骑常侍的阮卓来访。丁丑日,任命上柱国宇文庆为凉州总管。壬午日,突厥沙钵略上表向隋主称臣。

八月丙戌日,沙钵略可汗派遣其子库合真特勤来朝见。甲辰日,河南各州发生水灾,派遣民部尚书邳国公苏威赈济灾民。戊申日,有数百颗流星陨落,四散而下。己酉日,皇上到栗园去。

九月丁巳日,从栗园归来。乙丑日,将鲍陂改名为杜陂,霸水改称滋水。

陈将湛文彻进犯和州,被仪同三司费宝首俘获。丙子日,派遣兼任散骑常侍的李若和兼任通直散骑常侍的崔君瞻出使陈朝。

冬季十月壬辰日,任命上柱国杨素为信州总管,朔州总管吐万绪为徐州总管。

十一月甲子日,任命上大将军源雄为朔州总管。丁卯日,晋王杨广来朝。

十二月丁未日,降低对囚徒的处罚。戊申日,任命上柱国达奚长儒为夏州总管。

开皇六年春季正月甲子日,党项羌人归附朝廷。庚午日,在突厥颁行隋朝历法。辛未日,任命柱国韦洸为安州总管。壬申日,派遣民部尚书苏威巡视山东。

二月乙酉日,山南荆州、淅州等七州发生水灾,派遣前任工部尚书长孙毗前往赈济、体恤灾民。丙戌日,规定刺史、上佐每年年末交替入朝,上报本州官吏考课情况。丁亥日,征发十一万丁男修筑长城,工期为二十天。乙未日,任命上柱国崔弘度为襄州总管。庚子日,大赦天下罪人。

三月己未日,洛阳男子高德上疏,请求高祖为太上皇,传帝位给太子。高祖说:"我受天命抚育百姓,每日工作到很晚,孜孜不倦,还唯恐不及。岂能效法近代帝王,而不学习古代圣主,把帝位传给儿子,自求安逸享乐!"癸亥日,突厥沙钵略可汗派使来贡献。

夏季四月己亥日,陈朝派遣兼任散骑常侍的周磻和兼任通直散骑常侍的江椿来访。

秋季七月辛亥日,河南各州发生水灾。乙丑日,京师长安从天降毛,如马的鬃尾毛,长则二尺多,短则六七寸。

八月辛卯日,关内七州大旱,下诏免除其赋税。派散骑常侍裴豪、兼任通直散骑常侍的刘颙出访陈朝。戊申日,上柱国、太师、申国公李穆去世。

闰八月己酉日,任命河州刺史段文振为兰州总管。丁卯日,皇太子出镇洛阳。辛未日,晋王杨广、秦王杨俊一同来朝。丙子日,上柱国、郕国公梁士彦,上柱国、杞国公宇文忻和柱国、舒国公刘昉三人因谋反被杀。上柱国、许国公宇文善因事获罪被除名。

九月辛巳日,皇上素装到射殿,命令百官行射礼,赏赐梁士彦等三家物资。丙戌日,上柱国、宋安郡公元景山去世。庚子日,任命上柱国李询为温州总管。辛丑日,下诏令官府赈济、抚恤自大象元年以来为国死难者的家人。

冬季十月己酉日,任命河北道行台尚书令,并州总管、晋王杨广为雍州牧,其他官职依旧,任命兵部尚书杨尚希为礼部尚书。癸丑日,在襄州设置山南道行台尚书省,任命秦王杨俊为尚书令。丙辰日,任命芳州刺史骆平难为叠州刺史,衡州总管周法尚为黄州总管。甲子日,华林园降甘露。

开皇七年春季正月癸巳日,皇上在太庙祭祀。乙未日,规定各州每年举荐三人。

二月丁巳日,在东郊朝日。己巳日,陈朝派兼任散骑常侍的王亨和兼任通直散骑常侍的王慎来访。壬申日,皇上亲赴醴泉宫。当月,征发丁男十万人修筑长城,为期二十天。

夏季四月己酉日,皇上亲临晋王杨广宅第。庚戌日,在扬州开凿山阳渎,沟通漕运水道。突厥沙钵略可汗去世,其子雍虞闾继立,这就是都蓝可汗。癸亥日,分别以青龙符、白虎符、朱雀符、玄武符颁发给东、西、南、北各方总管、刺史。甲戌日,派遣兼任散骑常侍杨同、兼任通直散骑常侍崔儦出使陈朝。任命民部尚书苏威为吏部尚书。

五月乙亥朔日,有日食。己卯日,在武安到滏阳的十多里之间从天降石。

秋季七月己丑日,卫王杨爽去世,皇上在门下外省发丧。

八月丙午日,任命怀州刺史源雄为朔州总管。庚申日,梁主萧琮来朝。

九月乙酉日,梁国安平王萧岩在国内劫掠后投奔陈朝。辛卯日,高祖废除梁国,特赦江陵。任命梁主萧琮为柱国,封爵为莒国公。

冬季十月庚申日，皇上巡视同州，因该州为先帝所居，遂减轻对囚徒的处罚。癸亥日，皇上亲赴蒲州。丙寅日，设宴招待蒲州父老，皇上非常高兴，说："这里的人衣着艳丽，仪态举止娴雅，的确是仕官之乡陶冶而成的。"

十一月甲午日，皇上巡幸冯翊，亲自祭社。有父老对答不合旨意的，皇上大怒，罢免县官后离去。戊戌日，从冯翊回到京师。

开皇八年春季正月乙亥日，陈朝派散骑常侍袁雅和兼任通直散骑常侍的周止水来访。

二月庚子日，土星进入东井星。辛酉日，陈朝派兵入寇硖州。

三月辛未日，上柱国、陇西郡公李询去世。壬申日，任命成州刺史姜须达为会州总管。甲戌日，派遣兼任散骑常侍的程尚贤和兼任通直散骑常侍的韦悍出使陈朝，戊寅日，高祖颁布诏书说：

过去有苗部落不肯臣服，唐尧便加以讨伐，孙皓过于残暴，晋武帝便兴师问罪。陈朝窃据江表，违背天意，残害众生。我刚受天命即位时，陈顼还在，本打算对他们晓以道理，而不采取讨伐的手段，所以遣使往来通好，指望他能改邪归正。但时间不长，又闻听他的罪行，如厚纳叛逃之人，侵犯边地戍城，勾吴、闽越肆意为虐。当时大举兴兵，准备讨平陈廷，统一天下，陈顼收兵回撤，深怀恐惧，自责请和，不久身亡。我怜悯其国正值丧期，便下令班师还朝。

陈叔宝继位后，因他请求继续和好，所以我停止征伐，互通使节。对彼此往来的使臣，我何尝没有热情周到地教诲，劝诫要改弦更张。但他却是狼子野心，不可驯服。无视正道，诛除骨肉之亲和贤才良臣。仗着所占的巴掌大的地盘和险要地势，劫掠豪夺，使百姓资产耗尽，征发驱使，劳役不止，以至征调女子，营造宫室，日增月益，无休无止，宫中女官，超过万数。珍贵精美的衣食，穷极奢侈，沉湎于淫靡的歌声和宴饮，夜以继日。诛杀直言进谏之臣，泯灭无辜的家族，残酷之极。欺骗上苍，肆意为虐，祭鬼求恩，在大道上欢歌舞蹈，在宫廷内畅饮酣醉。使浓妆艳抹的女子手执干戈，拖着长长的罗绮衣裳，传呼警跸，而陈叔宝自己则快马加鞭，毫无目的地奔驰，从早到晚不息。全副武装的士兵，徒步紧紧跟随，追赶不及便遭到处罚。从古至今没有再比他更昏乱的了。兵士们忍饥受冻，从事各种劳作，在土木营建和开沟挖渠中耗尽力气乃至生命。于是，君子潜逃，小人得志，家家隐藏杀戮之心，人人任意聚敛财富。灾祸横行，士大夫慑于苛政，敢怒而不敢言。人们倾心翘足，企盼归附，有关的奏书连续不断，再加上陈廷背信弃义，骚扰我边境城池，西至巴峡，东到海滨，江南江北无不遭受蹂躏，死者有掘墓之刑，生者遭劫掠之苦，人畜柴草被抄，农商之业渐废。历阳、广陵之人相继窥视中原，阴有异图，有的图谋攻城略地，有的劫掠百官民众，昼伏夜出，鼠窃狗偷。就阵而言，瘦弱士兵，来者必擒；对我而言，重兵把守，捍卫国境。何况普天之下都是我的臣民，所见所闻令我心中悲伤。梁国是我南方的属地，其君主入朝觐见，陈廷便暗中引诱，无视我的恩泽。梁国的人民遭驱迫迁徙，城镇州府沦为废墟。不仅我位居人主，不能忘怀这些事，而且百官和民众多次请求，岂能不诛讨逆贼，忍心让百姓受难而不拯救呢！

近日秋季伊始，打算吊民代罪。益部所有楼船，一律调往东部，一时数十条神龙，在江流中奔腾跳跃，引导伐罪之师，指向金陵，船停则龙止，船行则龙去，四天之内，三军将士都有目共睹，这难道不是苍天怜爱众生，天地发挥作用，降神引路，协赞军威！有上天的威灵，助平陈之力，便可出师，随机诛剿，在此一举，使吴、越永获安宁。出征将士所需的粮饷兵器、水陆所需及出兵期限等，依照另颁敕文行事。

秋季八月丁未日，河北各州发生饥荒，高祖派吏部尚书苏威负责救济灾民。

九月丁丑日，设宴款待准备南征的将帅，分别予以不等的赏赐。癸巳日，嘉州报告说有龙显现。

冬季十月己亥日，金星出现在西方。己未日，在寿春设置淮南行台省，任命晋王杨广为尚书令。辛酉日，陈朝派兼任散骑常侍的王琬、兼任通直散骑常侍的许善心来访，遂被拘留，不许返回。甲子日，因即将伐陈，有事祭于太庙。任命晋王杨广、秦王杨俊,清河公杨素均为行军元帅,以征讨陈朝。于是,晋王杨广、秦王杨俊、清河公杨素、荆州刺史刘仁恩、宜阳公王世积、新义公韩擒虎、襄邑公贺若弼、落丛公燕荣分别从六合、襄阳、信州、江陵、蕲春、庐江、吴州、东海等地出兵,共有九十名总管,五十一万八千兵卒,都归晋王指挥。东至沧海,西到巴、蜀,旌旗舟船连绵几千里。委婉特赦陈国。有彗星见于牵牛星附近。

十一月丁卯日,高祖为即将出发的将士饯行。高祖悬重赏捉拿陈叔宝,凡捕获陈叔宝的人,朝廷授以上柱国、万户公。乙亥日,皇帝亲临定城,列阵誓师。丙子日,高祖视察河东。

十二月庚子日,高祖自河东返回。

开皇九年春季正月己巳日,白虹贯日。辛未日,贺若弼、韩擒虎分别攻克陈朝京口、南豫州。癸酉日,任命尚书右仆射虞庆则为右卫大将军。丙子日,贺若弼在蒋山大败陈朝军队,捕获陈将萧摩诃。韩擒虎进军攻入建邺,俘获将领任蛮奴,生擒后主陈叔宝。陈国平定了,共有三(四)十州、一百郡、四百县并入隋朝版图。癸巳日,高祖遣使持节前往安抚归降的臣民。

二月乙未日,罢废淮南行台省。丙申日,规定每五百家为一乡,设乡正一人;每百家为一里,设里长一人。丁酉日,任命襄州总管韦世康为安州总管。

夏季四月己亥日,高祖至骊山,亲自慰劳凯旋的军队。乙巳日,平陈的军队胜利还师,在太庙献俘。拜晋王杨广为太尉。庚戌日,皇上在广阳门设宴招待将士,分别给予不同等级的赏赐。辛亥日,大赦天下有罪之人。己未日,因陈朝都官尚书孔范、散骑常侍王瑳、王仪、御史中丞沈观等人,邪恶不正,巧言谄媚,导致国家的败亡,一律流放边疆。辛酉日,任命信州总管杨素为荆州总管,吏部侍郎宇文弼为刑部尚书,宗正少卿杨异为工部尚书。壬戌日,高祖颁布诏书说:

以往吴越之地,百姓灾难困苦,经历战争洗劫,人民长期不得安宁。现在国家统一,生灵遂性,太平之法,方能流行。凡属我的臣民,从今以后,应修养德性,增广见闻。自丧乱以来,已近十年,君无君德,臣失臣道,父亲不慈,儿子不孝,兄弟之情淡薄,夫妻之义相违,长幼失序,尊卑错乱。我身为帝王,志在爱护、教诲民众,使成为有道之世,不敢片刻偷安。凡内外官吏,远近百姓,应家家自修,人人自省,使一切不合法度的行为,荡然无存。军队可以树立威严,却不能不有所收敛,刑罚有助于教化,但却不能专行。除警卫、镇守以外,其他一切军队、兵器都应停废。现在世道既平,四境没有战事,行伍之人都应学文,世间的铠甲兵器一律销毁。有功的武臣,应把心思放在文艺上,家族中的子侄辈应各通一经,令海内祥和,仰慕德行。京师乃至州县的学校中,生徒经学习而仕进的人中,没有突出的明经高等人才。原因是教诲不深,考课不精,现明示所以致此之由,要致力于儒学教育。无论在朝之官,还是在野之士,都能直抒胸臆,以宽弘为念,不要居心狭隘,违背我的谋划。

我自登基以来,至今已有九年,广开直言之路,表明没有忌讳之心,为此不辞辛劳。近来关于显露文才、评论功绩等直言很多,但真正推诚切谏的议论却很少。这不是所望于公卿百官和平民百姓的,你们应各说真话,弥补我的不足。凡是有善行和良才的人,一定要举荐,不要沉默不表,留待下面议论。应把这些意思颁告天下,让所有人都知道。

闰月甲子日,任命安州总管韦世康为信州总管。丁丑日,颁给总管、刺史木鱼符,雌雄各一。己卯日,任命吏部尚书苏威为尚书右仆射。

六月乙丑日,任命荆州总管杨素为纳言。丁丑日,任命吏部侍郎卢恺为礼部尚书。

当时朝野议论纷纷,都希望高祖封禅泰山。为此,秋季七月丙午日,高祖下诏说:"岂能因任命一位将军,剿除一个小国,引起远近注意,就称作太平。用这样微薄之德封名山,以虚妄之言冒犯上天,非我所闻。自今以后,再有论及封禅之事的,都应马上禁止。"

八月壬戌日,任命广平王杨雄为司空。

冬季十一月壬辰日,考使定州刺史豆卢通等人上表请求封禅,高祖不允。庚子日,任命右卫大将军虞庆则为右武侯大将军,右领军将军李安为右领军大将军。甲寅日,减轻对囚犯的处罚。

十二月甲子日,下诏说:"我秉承天命,统一天下。处于百世衰敝之后、风俗浮薄之时,圣人的遗训,荡然无存。所以,制礼作乐是当务之急。我崇尚正统的古音雅道,至于郑、卫淫声,以及鱼龙杂戏,乐府之中一律禁止。现在想重新改定雅乐,作乐之术精妙细微,不是光靠教习便能掌握,而乐工世代相传的多是糟粕,不足以传扬神明之德和天地之和。国内技艺超群的奇才,哪朝哪代没有呢!大都是在不适宜的时期晦迹隐名,等到盛世时敢放言高论,应加以搜访,尽快禀报,希望能一睹他们的技能,共同议定雅乐。"随后命令太常寺长官牛弘、通直散骑常侍许善心、秘书丞姚察、通直郎虞世基等人议定作乐。己巳日,任命黄州总管周法尚为永州总管。

开皇十年春季正月乙未日,封皇孙杨昭为河南王,杨楷为华阳王。

二月庚申日,高祖视察并州。

夏季四月辛酉日,从并州返回长安。

五月乙未日,高祖颁诏称:"自从魏末兵兴,死丧祸乱,疆土瓜分,连年不断的兵役征发,令百姓无暇休息。兵士军人,都隶属于临时设置的坊府,南征北伐,没有固定的居处。士卒家园破败,土地荒废,成了长久流徙不定的人,竟然没有乡里的名籍,我非常怜悯他们。从此以后,凡是军人,都可以归属州县,垦田入籍账,与百姓相同。各军府统领办法,仍依旧不改。罢省山东、河南和北方沿边之地新设立的军府。"

六月辛酉日,规定:丁男年满五十岁,就可以免除征役,而以收庸代替。癸亥日,任命灵州总管王世积为荆州总管,浙州刺史元胄为灵州总管。

秋季七月癸卯日,任命纳言杨素为内史令。庚戌日,高祖亲自审核囚犯的罪状。辛亥日,高丽辽东郡公高阳去世。壬子日,吐谷浑派使者来朝见皇上。

八月壬申日，委派柱国、襄阳郡公韦洸和上开府、东莱郡公王景并持节巡查慰抚岭南地区，当地的百越人都归附于朝廷。

冬季十月甲子日，颁给在京五品以上官吏木鱼符。戊辰日，任命永州总管周法尚为桂州总管。

十一月辛卯日，高祖亲临国学，对在学的生徒、学官分别给予不同等级的赏赐。丙午日，契丹国派使朝贡。辛丑日，有事在南郊举行祭祀。当月，婺州人汪文进、会稽人高智慧、苏州人沈玄恷都举兵反叛，自称天子，设置属官。乐安的蔡道人、蒋山的李棱、饶州的吴代华、永嘉的沈孝澈、泉州的王国庆、余杭的杨宝英、交趾的李春等人都自称大都督，攻陷州县。高祖命令上柱国、内史令、赵国公杨素出兵讨平叛乱者。

开皇十一年春季正月丁酉日，因平陈时获得的古器多有灾异，下令全部毁掉。辛丑日，高丽国派使前来纳贡。丙午日，皇太子妃元氏去世，高祖在文思殿举行悼念仪式。

二月戊午日，吐谷浑派使进贡。任命大将军苏孝慈为工部尚书。丙子日，因临颍县令刘旷政绩卓著，提升为莒州刺史。己卯日，突厥派使进献七宝碗。辛巳晦日，有日食。

三月壬午日，派遣通事舍人若干出使吐谷浑。癸未日，任命幽州总管周摇为寿州总管，朔州总管吐万绪为夏州总管。

夏季四月戊午日，突厥雍虞闾可汗派特勤来朝见。

五月甲子日，高丽派使臣来进贡。癸卯日，命令文武百官都到朝堂讨论封禅之事。乙巳日，任命右卫将军元旻为左卫大将军。

秋季七月己丑日，任命柱国杜彦为洪州总管。

八月壬申日，高祖亲临栗园。滕王杨瓚去世。乙亥日，从栗园返回京师。上柱国、沛国公郑译去世。

十二月丙辰日，靺鞨派使臣前来进献特产。

开皇十二年春季正月壬子日,任命苏州刺史皇甫绩为信州总管,宣州刺史席代雅为广州总管。

二月己巳日,任命蜀王杨秀为内史令,兼任右领军大将军,汉王杨谅为雍州牧、右卫大将军。

夏季四月辛卯日,任命寿州总管周摇为襄州总管。

五月辛亥日,广州总管席代雅去世。

秋季七月乙巳日,尚书右仆射、邳国公苏威和礼部尚书、容城县侯卢恺因事获罪除名。壬戌日,高祖到昆明池,当日还宫。己巳日,有事在太庙祭祀。壬申晦日,有日食。

八月甲戌日,规定:全国犯死罪者,各州不许随意处决,都必须由大理寺审核。乙亥日,高祖到龙首池。癸巳日,规定:担任警卫的人不得擅离职守。丁酉日,上柱国、夏州总管、楚国公豆卢勋去世。戊戌日,皇上亲自审查囚犯的罪状。

九月丁未日,任命工部尚书杨异为吴州总管。

冬季十月丁丑日,遂安王杨集改封卫王。壬午日,有事在太庙举行祭祀。在太祖的灵位前,高祖呜咽流泪,不胜其悲。

十一月辛亥日,有事在南郊举行祭典。壬子日,皇上设宴招待群臣,赏赐不等。己未日,上柱国、新义郡公韩擒虎去世。庚申日,任命豫州刺史权武为潭州总管。甲子日,群臣在武德殿举行大射礼。

十二月癸酉日,突厥派使臣前来朝拜。乙酉日,任命上柱国,内史令杨素为尚书右仆射。己酉日,吐谷浑,鞨鞑并派使贡献特产。

开皇十三年春季正月乙巳日,上柱国、郧国公韩建业去世。丙午日,契丹、奚、霫、室韦都派使臣来进贡。壬子日,高祖亲自主持祭祀,以感激上天。己未日,任命信州总管韦世康为吏部尚书。壬戌日,高祖视察岐州。

二月丙子日,下诏营建仁寿宫。丁亥日,高祖自岐州返回长安。戊子日,在嘉则殿设宴招待考使。己卯日,册立皇孙杨暕为豫章王。戊子日,晋州刺史、南阳郡公贾悉达、隰州总管、抚宁郡公韩延等人,因贿赂被杀。己丑日,规定:因事获罪免官者,被发配到边地一年。丁酉日,又规定,私人家中不许隐藏以神学迷信附会儒家经典的纬谶一类的书籍。

夏季四月癸未日,规定:凡阵亡的家庭,免除一年徭役。

五月癸亥日,颁布诏书规定,世间如有撰集国史、品评人物的一律禁止杜绝。

秋季七月戊申日,靺鞨派使臣进献特产。壬子日,左卫大将军、云州总管、钜鹿郡公贺娄子干去世。丁巳日,皇上前往昆明池。戊辰晦日,有日食。

九月丙辰日,减轻对囚犯的处罚。庚申日,邵国公杨纶封为滕王。乙丑日,任命柱国杜彦为云州总管。

冬季十月乙卯日,上柱国、华阳郡公梁彦光去世。

开皇十四年夏季四月乙丑日,高祖下诏说:"以往的圣人,把作乐崇德、移风易俗视为大事。自从东晋流离迁徙,战争不断,雅乐流散,年代久远,国家又不能统一,所以无从辩正。幸赖上天明鉴,神灵赐福,拯救灾难的百姓,使百姓安居乐业,国家统一,治理前代遗留的礼乐典章制度,皆为国有。先前让有关部门进行全面的研究,雅乐正声已详考完毕,应该立即施用,目前实行的一律停废。民间的音乐,流荡邪僻的人,放弃原来的体制,竞相制造繁缛之声,浮荡而不返于正,遂成风俗。应严加限制,禁止流行,以正本清源,恢复其本来面貌。"

五月辛酉日,京师长安发生地震。关内各州发生旱灾。

六月丁卯日,命令所有的省府州县,一律给公廨田,官吏不得经营生计,与百姓争利。

秋季七月乙未日,任命邳国公苏威为纳言。

八月辛未日,关中地区大旱,百姓饥饿。高祖亲自率领饥民往洛阳过活。

九月己未日,任命齐州刺史樊子盖为循州总管。丁巳日,任命基州刺史崔仲方为会州总管。

冬季闰十月甲寅日,下诏说:"齐、梁、陈以往都在南方创业,年代久远,致使宗祀废绝、祭奠无主,人们议论或怜惜之情,都很感伤。所以,对营国公萧琮、高仁英、陈叔宝等人,都应按时祭祀。祭祀中需要的器物,由主管部门供应。"乙卯日,规定九品以上的地方官,不得携带父母和十五岁以上之子赴任。

十一月壬戌日,规定州县佐吏每三年一任,不能连任。癸未日,有彗星入角、亢星。

十二月乙未日,高祖到东方视察和狩猎。

开皇十五年春季正月壬戌日,高祖到达齐州,亲自询问百姓疾苦。丙寅日,行至王符山。庚午日,高祖因当年旱情严重,在泰山举行祭典,向上天谢罪。大赦天下有罪的人。

二月丙辰日,收缴天下兵器,敢有私自制造者,一律依法治罪。关中缘边地区例外。丁巳日,上柱国、蒋国公梁睿去世。三月己未日,高祖从东巡回到长安。祭祀五岳海渎。丁亥日,高祖亲临仁寿宫。营州总管韦艺去世。

夏季四月己丑朔日,大赦天下有罪的人。申辰日,任命赵州刺史杨达为工部尚书。丁未日,任命开府仪同三司韦冲为营州总管。

五月癸酉日,吐谷浑派使来朝贡,丁亥日,规定五品以上的京官,佩带铜鱼符。

六月戊子日,下令开凿底柱山。庚寅日,相州刺史豆卢通进献有彩文的细布,高祖命人在朝堂焚烧。乙未日,林邑派使臣来进贡。辛丑日,下令不在礼仪制度祭祀之内的名山大川,今后都要祭祀。

秋季七月乙丑日,晋王杨广进献毛龟。甲戌日,派邳国公苏威巡查江南。戊寅日,从仁寿宫返回。辛巳日,规定,九品以上官因正常原因离任的允许执笏。

冬季十月戊子日,任命吏部尚书韦世康为荆州总管。

十一月辛酉日,高祖前往温汤。乙丑日,从温汤返回宫中。

十二月戊子日,宣布有盗窃边塞粮一升以上的一律问斩,家中财产全部抄没充公,家口沦为奴婢。已酉日,命文武百官四年一任。

开皇十六年春季正月丁亥日,册封皇孙杨裕为平原王,杨筠为安成王,杨嶷为安平王,杨恪为襄城王,杨该为高阳王,杨韶为建安王,杨煚为颍川王。

夏季五月丁巳日,任命怀川刺史庞晃为夏州总管,蔡阳县公姚辩为灵州总管。

六月甲午日,规定工商之家不得入仕为官。并州发生严重的蝗灾。辛丑日,命令九品以上官的妻子,五品以上官的妾,在丈夫去世后不准改嫁。

秋季八月丙戌日,命令所有判处死刑的人,都要经三奏之后再行刑,以示人命慎重。

冬季十月已丑日,高祖亲临长春宫。

十一月壬子日,从长春宫归来。

开皇十七年春季二月癸未日,太平公史万岁讨平西宁羌人。庚寅日,高祖到仁寿宫。庚子日,上柱国王世积讨平桂州贼李光世。壬寅日,河南王杨昭纳妃,宴请群臣,赏赐不等。

三月丙辰日,高祖颁诏说:"设置文武百官,以共同执掌国家要务,官位有高下不同等级。如果上、下级官之间不相敬惮,自行宽纵,就难以成事。诸如殿廷失礼一事,虽有法令条规约束,有的依律则轻,论情则重,如不马上处罚,便无以惩戒以肃朝纲。此后,上级官论定属官罪过时,允许在法律以外酌情判以杖刑。"辛酉日,皇上亲自审查囚犯的定罪情况。癸亥日,上柱国、彭国公刘昶因罪被处决。庚午日,派治书侍御史柳彧、皇甫诞巡视河南、河北。

夏季四月戊寅日,颁布新历法。壬午日,高祖下诏说:"周氏天下告终,群凶作乱,祸起地方强藩,殃及黎民百姓。我受命于天,统一天下,圣灵保佑,文武同心。申明公李穆、郧襄公韦孝宽、广平王杨雄、蒋国公梁睿、楚国公豆卢勣、齐国公高颎、越国公杨素、鲁国公虞庆则、新宁公叱李长叉、宜阳公王世积、赵国公独孤罗云、陇西公李询、广业公景、真昌公振、沛国公郑译、项城公王子相、巨鹿公贺娄子干等人,为创建帝国基业忠心耿耿,全心为国,建立卓著的功勋。应光大其家门世系,与国同休。其世子世孙中有未经州官的,应量才擢用,使其享受荣宠之位,世代禄位无穷。"

五月,在玉女泉设宴招待百官,分别给予不同等级的赏赐。己巳日,蜀王杨秀来朝。高丽国派使臣来进贡。甲戌日,任命左卫将军独孤罗云为凉州总管。

闰月己卯日,有鹿群闯入殿门,驯扰于侍卫之内。

秋季七月丁丑日,桂州人李代贤造反,高祖派右武侯大将军虞庆则出兵平定了叛乱。丁亥日,上柱国、并州总管秦王杨俊因事获罪被罢免,以王的身份返家。戊戌日,突厥派使来贡献特产。

八月丁卯日,荆州总督、上庸郡公韦世康去世。

九月甲申日,从仁寿宫归来。庚寅日,皇上对侍臣说:"礼以敬为主,应当尽心竭力,祭品不一定芳香,贵在恭敬。庙庭中设乐,本来是为了迎神,斋祭之日,目光所及,多有感触。值此之际,在路奏乐,于礼欠妥,望公卿百官再加审慎。"

冬季十月丁未日,给骠骑、车骑府颁发铜兽(虎)符。戊申日,道王杨静去世。庚午日,高祖下诏称:"三皇五帝时礼乐各有不同,都视具体情况而有所改变。窃思祭祀宗庙好像先帝就在眼前,昊天罔极之感,此日最深。而礼毕升车,则有鼓吹之乐,还入宫门,又有金石之声。这样哀乐同时,心和事矛盾,使人心情不安,在道理上也有失允当。应改革旧制,以弘扬礼教。从今以后,祭庙日不必再置备鼓吹之乐,殿庭中也不得设悬乐。"辛未日,京师大检查。

十一月丁亥日,突厥派使来朝。

十二月壬子日,上柱国、右武侯大将军、鲁国公虞庆则因罪被杀。

开皇十八年春季正月辛丑日,颁布诏书:"吴、越之人,往日因袭弊习,在当地私自建造大船,互相聚众勾结,构成危害。此后江南各州,有如三丈以上长的船只,一律搜刮没官。"

二月甲辰日,高祖亲临仁寿官。乙巳日,委任汉王杨谅为行军元帅,调发水陆三十万人马讨伐高丽。

三月乙亥日,任命柱国杜彦为朔州总管。

夏季四月癸卯日,任命蒋州刺史郭衍为洪州总管。

五月辛亥日,下令凡畜养害人之物,以毒害人,或用迷信的方法祈祷鬼神诅咒害人的人家,一律发配到四方极远的边地去。

六月丙寅日,下诏罢免高丽王高元的官爵。

秋季七月壬申日,下诏因河南八州水灾发生,特免除当地百姓赋役。丙子日,命令在京五品以上官和地方官总管、刺史,以志行修谨、清平干济两科荐举人才。

九月己丑日,汉王杨谅的军队因染上疾病瘟疫被迫回师,士卒病死达十之八九。庚寅日,下令凡收留没有官府证明的旅客住宿者,连同刺史、县令一道治罪。辛卯日,高祖从仁寿官返回。

冬季十一月甲戌日,皇上亲自过问囚犯的判处。癸未日,有事在南郊告祭。

十二月庚子日,上柱国、夏州总管、任城郡公王景因罪被杀。此月,高祖从京师到仁寿官,沿途设置十二处行宫。

开皇十九年春季正月癸酉日,大赦天下罪人。戊寅日,在武德殿行射礼,宴请、赏赐百官。二月乙亥日,晋王杨广来朝。辛丑日,任命并州总管长史宇文弼为朔州总管。甲寅日,高祖到达仁寿官。

夏季四月丁酉日,突厥利可汗归附朝廷。达头可汗侵犯边塞,高祖派行军总管史万岁出兵击败他。

六月丁酉日,任命豫章王杨暕为内史令。

秋季八月癸卯日,上柱国、尚书左仆射、齐国公高颎因事获罪免官。辛亥日,上柱国、皖城郡公张威去世。甲寅日,上柱国、城阳郡公李彻去世。

九月乙丑日,任命太常卿牛弘为吏部尚书。

冬季十月甲午日，册封突厥利可汗为启人可汗，修建大利城以安置突厥部落。庚子日，任命朔州总管宇文弼为代州总管。

十二月乙未日，突厥都蓝可汗被部下所杀。丁丑日，有流星陨落于渤海。

开皇二十年春季正月辛酉朔日，皇上在仁寿宫。突厥、高丽、契丹都派使臣来进贡。癸亥日，任命代州总管宇文弼为吴州总管。

二月己巳日，任命上柱国崔弘度为原州总管。丁丑日，天上无云而响雷。

三月辛卯日，熙州人李英林造反，皇上派行军总管张衡前往镇压了叛乱。

夏季四月壬戌日，突厥进犯边境，皇上任命晋王杨广为行军元帅，击败来犯者。乙亥日，天上有如同泻水的声响，从南到北。

六月丁丑日，秦王杨俊去世。

秋季八月，南极星显现。

九月丁未日，从仁寿宫归来。癸丑日，吴州总管杨异去世。

冬季十月己未日，太白金星在白天显现。乙丑日，皇太子杨勇和他的儿子们一道被废为庶人。将柱国、太平县公史万岁斩首。己巳日，又杀死左卫大将军、五原郡公元旻。

十一月戊子日，天下地震，长安有大风雪。立晋王杨广为皇太子。

十二月戊午日，命令东宫官不许向皇太子称臣。辛巳日，颁诏说："佛法深奥精妙，道教虚无缥缈，都能普降慈爱，济度众生。人们都蒙受其庇护。所以人们才雕铸或绘画神佛形象，供举国瞻仰，以表达真诚的敬意。五岳四镇依时宣散云雨，江、河、淮海，润泽土地，以生养万物，有益于百姓，所以建造庙宇，祭祀神灵，按时敬奉。如果有人胆敢毁坏、偷盗佛道神像或岳镇海渎神位，依十恶之'不道'条论处。僧人、道士如毁坏神像，以'恶逆'条论罪。"

仁寿元年春季正月乙酉朔日,大赦天下罪人,改年号。任命尚书右仆射杨素为尚书左仆射,纳言苏威为尚书右仆射。丁酉日,河南王杨昭改封晋王。突厥进犯恒安,调柱国韩洪讨伐,官军大败。任命晋王杨昭为内史令。辛丑日,高祖下诏称:"君子修身,虽说有多方面的品行,但只有忠诚和孝顺是最首要的。所以投奔明主,为主人殉节。为节义而死,自古以为难能可贵,为君王死难,礼遇增加二等。可是世俗之徒,深明大义,致使为国战死的却不能在坟地安葬。既亏孝子之意,又伤人臣之心,每念及此,无不深深怜悯叹息。何况入庙祭祀,并不废缺,为何惟独战士死亡,不许葬于坟地。从今以后,战亡之人,都应葬入坟地。"

二月乙卯朔日,有日食。辛巳日,任命上柱国独孤楷为原州总管。

三月壬辰日,任命豫章王杨暕为扬州总管。

夏季四月,任命淅州刺史苏孝慈为洪州总管。

五月己丑日,突厥男女九万人前来归降。壬辰日,天降骤雨,雷声震天,大风将树木连根拔起,宜君积水向始平宣泄。

六月癸丑日,洪州总管苏孝慈去世。乙卯日,皇上派十六名使臣到各地巡视,访察民情。乙丑日,颁诏说:"儒学之道,教育民众,使其明白父子君臣之义、尊卑长幼之序,所以入仕为官,能帮助治理朝政,推广教化。我执政以来,考虑弘扬德教,遂广召学生,崇建学校,开拓入仕之途,安置贤良杰出之人。然而进入国学的官宦子弟,将近千人,州县的学生数量也不算少,却空占学籍,虚度时光,没有人以德操为世人楷模,或以才能堪为国用。这是由于设学原则,人多而未能精选。现在应该精简,明加奖励。"于是国子学只留学生七十人,太学、四门学和州县学均废。当日,给各州颁发舍利。

秋季七月戊戌日,改国子学为太学。

九月癸未日,任命柱国杜彦为云州总管。

十一月己丑日,在南郊祭天。壬辰日,任命资州刺史卫玄为遂州总管。

仁寿二年春季二月辛亥日,任命邢州刺史侯莫陈颖为桂州总管,宗正杨祀为荆州总管。

三月己亥日，皇上到仁寿宫。壬寅日，任命齐州刺史张乔为潭州总管。

夏季四月庚戌日，岐州、雍州发生地震。

秋季七月丙戌日，命令内外官吏各举所知。戊子日，任命原州总管独孤楷为益州总管。

八月己巳日，皇后独孤氏去世。

九月丙戌日，从仁寿宫回来。壬辰日，河南、河北各州发大水，皇上派工部尚书杨达赈恤灾民。乙未日，上柱国、襄州总管、金水郡公周摇去世。陇西发生地震。

冬季十月壬子日，特赦益州管辖内所有罪人。癸丑，任命工部尚书杨达为纳言。

闰月甲申日，命令尚书左仆射杨素和精通天文历法之士，订正阴阳的错误。己丑日，下诏说："礼的运用意义重大，用黄琮祭地、苍璧祭天，使天地之神降福，陈列牺牲祭品，以展示对宗庙的尊敬，正父子君臣之序，明婚姻丧事之节。所以，道德仁义，没有礼不成，上安下治，莫过于实行礼制。自从天下动荡，祸患连年不断，致使先王所行正道沦丧，风气大变，精微之言断绝而正道乖违，随着年代的推移，这种弊端日趋严重。至于四时祭祀的节制或修饰以及五服麻葛的轻与重，各说不一，纷繁杂乱，致使圣教衰败错讹，轻重标准无凭。我敬承天命，统治民众，正值动荡不安，战争频仍之际，平定祸乱，只有先用武功，删定常典却无暇顾及。现在天下太平，战争结束，理应整饬风化，用道德和礼义引导百姓，补缀和复兴先代圣主的典章制度。尚书左仆射、越国公杨素，尚书右仆射、邳国公苏威，吏部尚书、奇章公牛弘，内史侍郎薛道衡，秘书丞许善心，内史舍人虞世基，著作郎王劭等人，有的位居宰职，博通古今，有的众望所归，学综经史。委托他们裁定编次，确实符合众议。可以一同修定五礼(吉、嘉、宾、军、凶礼)。"壬寅日，将献皇后安葬在太陵。

十二月癸巳日，上柱国、益州总管蜀王杨秀被废为庶人。交州人李佛子举兵造反,高祖派行军总管刘方讨伐并平定了叛乱。

仁寿三年春季二月己卯日,原州总管、比阳县公庞晃去世。戊子日,任命大将军、蔡阳郡公姚辩为左武侯大将军。

夏季五月癸卯日,下诏说:"每当念及父母生育我的辛劳时,便悲伤不已。想要报答的恩德之大,犹如昊天广袤无穷。只是父母不得我的奉养而先逝,无可挽回,空自哀痛。六月十三日是我的生日,应该让全国百姓为纪念我的父母武元皇帝、元明皇后,而严禁宰杀牲畜。"

六月甲午日,下诏说:

《礼记》说:"为最亲近的人服丧期是一年。"这大概是圣人用来象征四时的变化和万物重新开始。至于有服三年的,则是加重了丧礼。只是家无二尊,母亲的丧礼就要轻些,所以父在母亡,服一年丧,这是服丧的正道。岂能容许期丧中更有"小祥"!然而三年之丧而有小祥的,据《礼记》记载:"期祭是礼,周年后除丧服,是道。"因此,虽没看到第二个期年,但天地一变,不能不祭,不能不除,所以才有小祥之祭,以存丧祭之本。但期丧有小祥不合适。虽说死后十一月而练,却无所取法,既不是周年,也非适当之时机,怎么能除去丧礼之服呢。可儒者却只仿照三年之丧,而建练(周年后祭)禫、(两周年后祭)等除服祭礼,可称得上是只存其变,而失其本,原打算逐渐抑情,却于丧礼反倒菲薄了。致使死者之子在练冠上除去麻带,黄里红边,有经则布葛在身,粗服不改。这难道不是经哀尚存,子情已失,亲疏失序,轻重颠倒!如此不近人情,怎能是圣人之意呢!由此可知,先圣所制的丧礼废弃于人们的错讹,三年之丧尚有不实行的,至于详练等礼节,怎么能不废弃呢?

《礼记》记载:"居父母之丧的礼仪,没有身分贵贱之分。"而士大夫们居父母之丧,却分贵贱有等以及不合礼制的丧服。可见礼坏乐崩,由来已久。所以晏婴服斩衰礼,其家中管事者称之为非礼,滕文公服三年丧,文武百官都不情愿。这大都是由于先王所行正道衰微,诸侯各行其政,将超越法度,讨厌礼制对自己的妨害,遂除去典籍,随意行事。致使对父母之恩,轻重从俗,对先王所创不得更易的正道,随意增损。更何况孔子去世后遂使精微言论引而不发,秦朝泯灭儒学把经籍付之一炬呢!汉朝兴起后,虽广求儒雅之士,但众说纷杂,莫衷一是。再加上近年祸患灾难不断,只注意征战讨伐,对于典礼却无暇顾及。而礼不从天降,不从地出,在于人们内心,即所谓情缘于恩。所以恩厚则礼盛,情轻则礼薄。圣人以此酌情制定礼节,以区别亲疏贵贱。自从君臣上下秩序沦丧,遂造成莫大之恩因情而薄,莫重之礼因时而减。这样便使丧服不符合丧制,仪容不配合丧服,这不是圣人因恩表情、制定礼仪的原则。

然而,就丧礼而言,与其仪文周到,宁可悲哀,这才是丧礼的本质。至于其他的都不如悲哀更重要,即所谓感情真实。现在所行的十一月而练的丧礼,既不是礼的本义,也不是真诚的感情。由此而言,父在母亡地不应再有练祭。只能依照丧礼十三月而祥,十五月而禫。以符合圣人的本意,表达孝子的心意。

秋季七月丁卯日,高祖又下诏说:

上天通过日往月来把握四时依序正常运行,大地借助山镇川流来疏通阴阳之气。四时依序则寒暑无差,气候疏通则云雨有节,所以才能维持天地自然的规律,哺育万物。何况一人统治天下,单靠自己的所见所闻就想治理好国家,而不依靠众人的才能,这是不可能的。所以唐尧明智,让羲、和位居高官,虞舜高明,升元、凯作相。伊尹以厨师的身份作了殷汤的辅佐,吕望以钓鱼之夫成了周武王的尚父。所以有明主在上,下必有贤臣,龙虎从风云,贤臣应明主。君德不邪,臣道遂正,所以能通天地之和,顺阴阳之序的,岂非因英明君主,而有贤良辅臣吗?

自从先王所行正道渐衰,民情也渐失淳厚,君主不能以公正之道统治民众,臣下必然遵循私家之法以迎合当时。上下蒙蔽,君臣之道丧失,由此则治政衰败,百姓困乏。同心之风难袭,离德之轨易随,造成任者不善,善者不任,人言可畏,随时都有可能遭受不测的杀身之祸。所以有人漫步歌吟,逃避世务,或辞去官职,在家种菜,或罢官不悔,或藏身退隐,湮没于江湖河海之中,洁身自好而不懊悔。至于民间杰出的博雅之士,言论足以辅佐朝政,行为足以勉励世人,却被遗弃于民间,不为人知,这类事真是说不胜说!所以看这些古事而令人叹息。

现在国家统一,人烟万里,百姓安定,四夷归顺,这难道是人力所致,实在是天意所为。这只是昼夜忧虑,如何来继承先代圣主完美的德行,因此谨慎自勉,日慎一日。以百姓为念,以政事为怀,担心有丝毫的差失。虽然寻访傅岩,却没有发现隐士,徒想崆峒,却没有听到高明的治国之道。惟恐自荐无路,辞尊居卑,远迹犬羊之间,屈身僮仆之伍。现命州县长官搜访荐举贤人,一律录取那些明晓古今、通识治乱之道的人,以寻求政教礼乐的本源。人数不限,不得不举,限期三旬,都使入仕,征召和送行必须依礼行事。

八月壬申日,上柱国、检校幽州总管、落丛郡公燕荣因罪被杀。

九月壬戌日,设置常平官。甲子日,任命营州总管韦冲为民部尚书。

十二月癸酉日,河南各州发生水灾,高祖派纳言杨达救济灾民。

仁寿四年春季正月丙辰日,大赦天下。甲子日,亲赴仁寿宫。乙丑日,下令凡属赏罚和财政支出等事务,不论大小,都交付皇太子办理。

夏季四月乙卯日,皇上生病。

六月庚申(午)日,大赦天下。有星辰行入月中,几天才退。在雁门出现常人。

秋季七月乙未日,太阳暗淡无光,八天后才恢复。己亥日,任命大将军段文振为云州总管。甲辰日,高祖因病重,躺卧在仁寿宫内,和百官诀别,君臣握手抽咽。丁未日,在大宝殿去世,时年六十四。

乙卯日,将死事通告天下。河间有四株杨柳无故枯黄落叶,不久又重生花叶。

八月丁卯日,灵柩从仁寿宫运回。丙子日,停放在大兴前殿。

冬季十月己卯,与皇后合葬在太陵,同坟异穴。

炀 帝 本 纪

——卷三

【原文】

炀皇帝讳广,一名英,小字阿𤡑,高祖第二子也。母曰文献独孤皇后。上美姿仪,少敏慧,高祖及后于诸子中特所钟爱。在周,以高祖勋,封雁门郡公。

开皇元年,立为晋王,拜柱国、并州总管,时年十三。寻授武卫大将军,进位上柱国、河北道行台尚书令,大将军如故。高祖令项城公韶、安道公李彻辅导之。上好学,善属文,沉深严重,朝野属望。高祖密令善相者来和遍视诸子,和曰:"晋王眉上双骨隆起,贵不可言。"既而高祖幸上所居第,见乐器弦多断绝,又有尘埃,若不用者,以为不好声妓,善之。上尤自矫饰,当时称为仁孝。尝观猎遇雨,左右进油衣,上曰:"士卒皆沾湿,我独衣此乎!"乃令持去。

六年,转淮南道行台尚书令。其年,征拜雍州牧、内史令。八年冬,大举伐陈,以上为行军元帅。及陈平,执陈湘州刺史施文庆、散骑常侍沈客卿、市令阳慧朗、刑法监徐析、尚书都令史暨慧,以其邪佞,有害于民,斩之右阙下,以谢三吴。于是封府库,资财无所取,天下称贤。进位太尉,赐辂车、乘马,衮冕之服,玄珪、白璧各一。复拜并州总管,俄而江南高智慧等相聚作乱,徙上为杨州总管,镇江都,每岁一朝。高祖之祠太山也,领武候大将军。明年归藩。后数载,突厥寇边,复为行军元帅,出灵武,无虏而还。

及太子勇废,立上为皇太子。是月,当受册。高祖曰:"吾以大兴公成帝业。"令上出舍大兴县。其夜,烈风大雪,地震山崩,民舍多坏,压死者百余口。

仁寿初，奉诏巡抚东南。是后高祖每避暑仁寿宫，恒令上监国。

四年七月，高祖崩，上即皇帝位于仁寿宫。八月，奉梓宫还京师。并州总管汉王谅举兵反，诏尚书左仆射杨素讨平之。九月乙巳，以备身将军崔彭为左领军大将军。十一月乙未，幸洛阳。丙申，发丁男数十万掘堑，自龙门东接长平、汲都，抵临清关，度河，至浚仪、襄城，达于上洛，以置关防。癸丑，诏曰：

乾道变化，阴阳所以消息，沿创不同，生灵所以顺叙。若使天意不变，施化何以成四时，人事不易，为政何以厘万姓！《易》不云乎："通其变，使民不倦"；"变则通，通则久。""有德则可久，有功则可大。"朕又闻之，安安而能迁，民用丕变。是故姬邑两周，如武王之意，殷人五徙，成汤后之业。若不因人顺天，功业见乎变，爱人治国者可不谓欤！

然洛邑自古之都，王畿之内，天地之所合，阴阳之所和。控以三河，固以四塞，水陆通，贡赋等。故汉祖曰："吾行天下多矣，惟见洛阳。"自古皇王，何尝不留意，所不都者盖有由焉。或以九州未一，或以困其府库，作洛之制所以未暇也。我有隋之始，便欲创兹怀、洛，日复一日，越暨于今。念兹在兹，兴言感哽！

朕肃膺宝历，纂临万邦，遵而不失，心奉先志。今者汉王谅悖逆，毒被山东，遂使州县或沦非所。此由关河悬远，兵不赴急，加以并州移户，复在河南。周迁殷人，意在于此。况复南服遐远，东夏殷大，因机顺动，今也其时。群司百辟，佥谐厥议。但成周墟堳，弗堪茸宇。今可于伊、洛营建东京，便即设官分职，以为民极也。

夫宫室之制本以便生，上栋下宇，足避风露，高台广厦，岂曰适形。故《传》云："俭，德之共；侈，恶之大。"宣尼有云："与其不逊也，宁俭。"岂谓瑶台琼室方为宫殿者乎，土阶采椽而非帝王者乎？是知非天下以奉一人，乃一人以主天下也。民惟国本，本固邦宁，百姓足，孰与不足！今所营构，务以节俭，无令雕墙峻宇复起于当今，欲使卑宫菲食将贻于后世。有司明为条格，称朕意焉。

十二月乙丑，以右武卫将军来护儿为右骁卫大将军。戊辰，以柱国李景为右武卫大将军。以右卫率周罗睺为右武候大将军。

大业元年春正月壬辰朔，大赦，改元。立妃萧氏为皇后。改豫州为溱州，洛州为豫州。废诸州总管府。丙申，立晋王昭为皇太子。丁酉，以上柱国宇文述为左卫大将军，上柱国郭衍为左武卫大将军，延寿公于仲文为右卫大将军。己亥，以豫章王暕为豫州牧。戊申，发八使巡省风俗。下诏曰：

昔者哲王之治天下也，其在爱民乎？既富而教，家给人足，故能风淳俗厚，远至迩安。治定功成，率由斯道。朕嗣膺宝历，抚育黎献，夙夜战兢，若临川谷。虽则聿遵先绪，弗敢失坠，永言政术，多有缺然。况以四海之远，兆民之众，未获亲临，问其疾苦。每虑幽仄莫举，冤屈不申，一物失所，乃伤和气，万方有罪，责在朕躬，所以寤寐增叹，而夕惕载怀者也。

今既布政惟始，宜存宽大。可分遣使人，巡省方俗，宣扬风化，荐拔淹滞，申达幽枉。孝悌力田，给以优复。鳏寡孤独不能自存者，量加振济。义夫节妇，旌表门闾。高年之老，加其版授，并依别条，赐以粟帛。笃疾之徒，给侍丁者，虽有侍养之名，曾无赒赡之实，明加检校，使得存养。若有名行显著，操履修洁，及学业才能，一艺可取，咸宜访采，将身入朝。所在州县，以礼发遣。其有蠹政害人，不便于时者，使还之日，具录奏闻。

己酉，以吴州总管宇文弼为刑部尚书。

二月己卯，以尚书左仆射杨素为尚书令。

三月丁未，诏尚书令杨素、纳言杨达、将作大匠宇文恺营建东京，徙豫州郭下居人以实之。戊申，诏曰："听采舆颂，谋及庶民，故能审政刑之得失。是知昧旦思治，欲使幽枉必达，彝伦有章。而牧宰任称朝委，苟为徼幸，以求考课，虚立殿最，不存治实，纲纪于是弗理，冤屈所以莫申。关河重阻，无由自达。朕故建立东京，躬亲存问。今将巡历淮海，观省风俗，眷求谠言，徒繁词翰,而乡校之内,阙尔无闻。恇然夕惕,用忘兴寝。其民下有知州县官人政治苛刻,侵害百姓,背公徇私,不便于民者,宜听诣朝堂封奏,庶乎四聪以达,天下无冤。"又于皂涧营显仁宫,采海内奇禽异兽草木之类,以实园苑。徙天下富商大贾数万家于东京。辛亥,发河南诸郡男女百余万,开通济渠,自西苑引谷、洛水达于河,自板渚引河通于淮。庚申,遣黄门侍郎王弘、上仪同于士澄往江南采木,造龙舟、凤䑱、黄龙、赤舰、楼船等数万艘。

夏四月癸亥,大将军刘方击林邑,破之。

五月庚戌,民部尚书义丰侯韦冲卒。

六月甲子,荧惑入太微。

秋七月丁酉,制战亡之家给复十年。丙午,滕王纶、卫王集并夺爵徙边。

闰七月甲子,以尚书令杨素为太子太师,安德王雄为太子太傅,河间王弘为太子太保。丙子,诏曰:

君民建国,教学为先,移风易俗,必自兹始。而言绝义乖,多历年代,进德修业,其道浸微。汉采坑焚之余,不绝如线,晋承板荡之运,扫地将尽。自时厥后,军国多虞,虽复黉宇时建,示同爱礼,函丈或陈,殆为虚器。遂使纡青拖紫,非以学优,制锦操刀,类多墙面。上陵下替,纲维靡立,雅缺道消,实由于此。

朕纂承洪绪,思弘大训,将欲尊师重道,用阐厥繇,讲信修睦,敦奖名教。方今宇宙平一,文轨攸同,十步之内,必有芳草,四海之中,岂无奇秀!诸在家及见入学者,若有笃志好古,耽悦典坟,学行优敏,堪膺时务,所在采访,具以名闻,即当随其器能,擢以不次。若研精经术,未愿进仕者,可依其艺业深浅,门荫高卑,虽未升朝,并量准给禄。庶夫恂恂善诱,不日成器,济济盈朝,何远之有!其国子等学,亦宜申明旧制,教习生徒,具为课试之法,以尽砥励之道。

八月壬寅,上御龙丹,幸江都。以左武卫大将军郭衍为前军,右武卫大将军李景为后军。文武官五品已上给楼船,九品已上给黄蔑。舳舻相接,二百余里。

冬十月己丑,赦江淮已南。扬州给复五年,旧总管内给复三年。十一月己未,以大将军崔仲方为礼部尚书。

二年春正月辛酉,东京成,赐监督者各有差。以大理卿梁毗为刑部尚书。丁卯,遣十使并省州县。

二月丙戌,诏尚书令杨素、吏部尚书牛弘、大将军宇文恺、内史侍郎虞世基、礼部侍郎许善心制定舆服。始备辇路及五时副车。上常服,皮弁十有二琪,文官弁服,佩玉,五品已上给犊车、通幰,三公亲王加油络,武官平巾帻,袴褶,三品已上给鼺螫。下至胥吏,服色皆有差。非庶人不得戎服。戊戌,置都尉官。

三月庚午,车驾发江都。先是,太府少卿何稠、太府丞云定兴盛修仪仗,于是课州县送羽毛。百姓求捕之,网罗被水陆,禽兽有堪毳氄之用者,殆无遗类。至是而成。

夏四月庚戌,上自伊阙陈法驾,备千乘万骑,入于东京。辛亥,上御端门,大赦,免天下今年租税。癸丑,以冀州刺史杨文思为民部尚书。

五月甲寅,金紫光禄大夫、兵部尚书李通坐事免。乙卯,诏曰:"旌表先哲,式存缛祀,所以优礼贤能,显彰遗爱。朕永鉴前修,尚想名德,何尝不兴叹九原,属怀千载。其自古已来贤人君子,有能树声立德、佐世匡时、博利殊功、有益于人者,并宜营立祠宇,以时致祭。坟垄之处,不得侵践。有司量为条式,称朕意焉。"

六月壬子,以尚书令、太子太师杨素为司徒。进封豫章王暕为齐王。

秋七月癸丑,以卫尉卿卫玄为工部尚书。庚申,制百官不得计考增级,必有德行功能,灼然显著者,擢之。壬戌,擢藩邸旧臣鲜于罗等二十七人官爵有差。甲戌,皇太子昭薨。乙亥,上柱国、司徒、楚国公杨素死。

八月辛卯,封皇孙倓为燕王,侗为越王,侑为代王。

九月乙丑,立秦孝王俊子浩为秦王。

冬十月戊子，以灵州刺史段文振为兵部尚书。

十二月庚寅，诏曰："前代帝王，因时创业，君民建国，礼尊南面。而历运推移，年世永久，丘垄残毁，樵牧相趋，茔兆堙芜，封树莫辨。兴言沦灭，有怆于怀。自古已来帝王陵墓，可给随近十户，蠲其杂役，以供守视。"

三年春正月癸亥，敕并州逆党已流配而逃亡者，所获之处，即宜斩决。丙子，长星竟天，出于东壁，二旬而止。是月，武阳郡上言，河水清。

二月己丑，彗星见于奎，扫文昌，历大陵、五车、北河，入太微，扫帝坐，前后百余日而止。

三月辛亥，车驾还京师。壬子，以大将军姚辩为左屯卫将军。癸丑，遣羽骑尉朱宽使于流求国。乙卯，河间王弘薨。

夏四月庚辰，诏曰："古者帝王观风问俗，皆所以忧勤兆庶，安集遐荒。自蕃夷内附，未遑亲抚，山东经乱，须加存恤。今欲安辑河北，巡省赵、魏。所司依式。"甲申，颁律令，大赦天下，关内给复三年。壬辰，改州为郡。改度量权衡，并依古式。改上柱国已下官为大夫。甲午，诏曰：

天下之重，非独治所安，帝王之功，岂一士之略。自古明君哲后，立政经邦，何尝不选贤与能，收采幽滞。周称多士，汉号得人，常想前风，载怀钦伫。朕负扆夙兴，冕旒待旦，引领岩谷，置以周行，冀与群才共康庶绩。而汇茅寂寞，投竿罕至，岂美璞韬采，未值良工，将介石在怀，确乎难拔？永鉴前哲，怃然兴叹！凡厥在位，譬诸股肱，若济巨川，义同舟楫。岂得保兹宠禄，晦尔所知，优游卒岁，甚非谓也。祁大夫之举善，良史以为至公，臧文仲之蔽贤，尼父讥其窃位。求诸往古，非无褒贬，宜思进善，用匡寡薄。

夫孝悌有闻，人伦之本，德行敦厚，立身之基。或节义可称，或操履清洁，所以激贪厉俗，有益风化。强毅正直，执宪不挠，学业优敏，文才美秀，并为廊庙之用，实乃瑚琏之资。才堪将略，则拔之以御侮，膂力骁壮，则任之以爪牙。爰及一艺可取，亦宜采录，众善毕举，与时无弃。以此求治，庶几非远。文武有职事者，五品已上，宜依令十科举人。有一于此，不必求备。朕当待以不次,随才升擢。其见任九品已上官者,不在举送之限。

丙申,车驾北巡狩。丁酉,以刑部尚书宇文弼为礼部尚书。戊戌,敕百司不得践暴禾稼,其有须开为路者,有司计地所收,即以近仓酬赐,务以优厚。己亥,次赤岸泽。以太牢祭故太师李穆墓。

五月丁巳,突厥启民可汗遣子拓特勤来朝。戊午,发河北十余郡丁男凿太行山,达于并州,以通驰道。丙寅,启民可汗遣其兄子毗黎伽特勤来朝。辛未,启民可汗遣使请自入塞,奉迎舆驾。上不许。癸酉,有星孛于文昌上将,星皆动摇。

六月辛巳,猎于连谷。丁亥,诏曰:

聿追孝飨,德莫至焉,崇建寝庙,礼之大者。然则质文异代,损益殊时,学灭坑焚,经典散逸,宪章湮坠,庙堂制度,师说不同。所以世数多少,莫能是正,连室异宫,亦无准定。

朕获奉祖宗,钦承景业,永惟严配,思隆大典。于是询谋在位,博访儒术。咸以为高祖文皇帝受天明命,奄有区夏,拯群飞于四海,革凋敝于百王,恤狱缓刑,生灵皆遂其性,轻徭薄赋,比屋各安其业。恢夷宇宙,混壹车书。东渐西被,无思不服,南征北怨,俱荷来苏。驾鼋乘风,历代所弗至,辫发左衽,声教所罕及,莫不厥角关塞,顿颡阙庭。译靡绝时,书无虚月,韬戈偃武,天下晏如。嘉瑞休征,表里禔福,猗欤伟欤,无得而名者也。

朕又闻之,德厚者流光,治辨者礼缛。是以周之文、武,汉之高、光,其典章特立,谥号斯重,岂非缘情称述,即崇显之义乎?高祖文皇帝宜别建庙宇,以彰巍巍之德,仍遵月祭,用表蒸蒸之怀。有司以时创选,务合典制。又名位既殊,礼亦异等。天子七庙,事著前经,诸侯二昭,义有差降,故其以多为贵。王者之礼,今可依用,贻厥后昆。

戊子,次榆林郡。丁酉,启民可汗来朝。己亥,吐谷浑、高昌并遣使贡方物。甲辰,上御北楼,观渔于河,以宴百僚。

秋七月辛亥,启民可汗上表请变服,袭冠带。诏启民赞拜不名,位在诸侯王上。甲寅，上于郡城东御大帐，其下备仪卫，建旌旗，宴启民及其部落三千五百人，奏百戏之乐。赐启民及其部落各有差。丙子，杀光禄大夫贺若弼、礼部尚书宇文弼、太常卿高颎。尚书左仆射苏威坐事免。发丁男百余万筑长城，西距榆林，东至紫河，一旬而罢，死者十五六。

八月壬午，车驾发榆林。乙酉，启民饰庐清道，以候乘舆。帝幸其帐，启民奉觞上寿，宴赐极厚。上谓高丽使者曰："归语尔王，当早来朝见。不然者，吾与启民巡彼土矣。"皇后亦幸义城公主帐。己丑，启民可汗归蕃。癸巳，入楼烦关。壬寅，次太原。诏营晋阳宫。九月己未，次济源。幸御史大夫张衡宅，宴享极欢。己巳，至于东都。壬申，以齐王𬀩为河南尹、开府仪同三司。癸酉，以民部尚书杨文思为纳言。

四年春正月乙巳，诏发河北诸郡男女百余万开永济渠，引沁水南达于河，北通涿郡。庚戌，百僚大射于允武殿。丁卯，赐城内居民米各十石。壬申，以太府卿元寿为内史令，鸿胪卿杨玄感为礼部尚书。癸酉，以工部尚书卫玄为右候卫大将军，大理卿长孙炽为民部尚书。

二月己卯，遣司朝谒者崔毅使突厥处罗，致汗血马。

三月辛酉，以将作大匠宇文恺为工部尚书。壬戌，百济、倭、赤土、迦罗舍国并遣使贡方物。乙丑，车驾幸五原，因出塞巡长城。丙寅，遣屯田主事常骏使赤土，致罗刹。

夏四月丙午，以离石之汾源、临泉，雁门之秀容，为楼烦郡。起汾阳宫。癸丑，以河内太守张定和为左屯卫大将军。乙卯，诏曰："突厥意利珍豆启民可汗率领部落，保附关塞，遵奉朝化，思改戎俗，频入谒觐，屡有陈请。以毡墙毳幕，事穷荒陋，上栋下宇，愿同比屋。诚心恳切，朕之所重。宜于万寿戍置城造屋，其帷帐床褥已上，随事量给，务从优厚，称朕意焉。"

五月壬申，蜀郡获三足乌，张掖获玄狐，各一。

秋七月辛巳，发丁男二十余万筑长城，自榆谷而东。乙未，左翊卫大将军宇文述破吐谷浑于曼头、赤水。

八月辛酉,亲祠恒岳,河北道郡守毕集。大赦天下。车驾所经郡县,免一年租调。

九月辛未,征天下鹰师悉集东京,至者万余人。戊寅,彗星出于五车,扫文昌,至房而灭。辛巳,诏免长城役者一年租赋。

冬十月丙午,诏曰:"先师尼父,圣德在躬,诞发天纵之姿,宪章文、武之道。命世膺期,蕴兹素王,而颓山之叹,忽逾于千祀,盛德之美,不存于百代。永惟懿范,宜有优崇。可立孔子后为绍圣侯。有司求其苗裔,录以申上。"辛亥,诏曰:"昔周王下车,首封唐虞之胤,汉帝承历,亦命殷周之后。皆所以褒立先代,宪章在昔。朕嗣膺景业,傍求雅训,有一弘益,钦若令典。以为周兼夏、殷,文质大备,汉有天下,车书混一,魏、晋沿袭,风流未远。并宜立后,以存继绝之义。有司可求其胄绪列闻。"乙卯,颁新式于天下。

五年春正月丙子,改东京为东都。癸未,诏天下均田。戊子,上自东都还京师。己丑,制民间铁叉、搭钩、攒刀之类,皆禁绝之。太守每岁密上属官景迹。

二月戊戌,次于阌乡。诏祭古帝王陵及开皇功臣墓。庚子,制魏、周官不得为荫。辛丑,赤土国遣使贡方物。戊申,车驾至京师。丙辰,宴耆旧四百人于武德殿,颁赐各有差。己未,上御崇德殿之西院,愀然不怡,顾谓左右曰:"此先帝之所居,实用增感,情所未安,宜于此院之西别营一殿。"壬戌,制父母听随子之官。

三月己巳,车驾西巡河右。庚午,有司言,武功男子史永遵与从父昆弟同居。上嘉之,赐物一百段,米二百石,表其门闾。乙亥,幸扶风旧宅。

夏四月己亥,大猎于陇西。壬寅,高昌、吐谷浑、伊吾并遣使来朝。乙巳,次狄道,党项羌来贡方物。癸亥,出临津关,渡黄河,至西平,陈兵讲武。

五月乙亥,上大猎于拔延山,长围周亘二千里,庚辰,入长宁谷。壬午,度星岭。甲申,宴群臣于金山之上。丙戌,梁浩亶御马度而桥坏,斩朝散大夫黄亘及督役者九人。吐谷浑王率众保覆袁川,帝分命内史元寿南屯金山,兵部尚书段文振北屯雪山，太仆卿杨义臣，东屯琵琶峡，将军张寿西屯泥岭，四面围之。浑主伏允以数十骑遁出，遣其名王诈称伏允，保车我真山。壬辰，诏右屯卫大将军张定和往捕之。定和挺身挑战，为贼所杀。亚将柳武建击破之，斩首数百级。甲午，其仙头王被围穷蹙，率男女十余万口来降。

六月丁酉，遣左光禄大夫梁默、右翊卫将军李琼等追浑主，皆遇贼死之。癸卯，经大斗拔谷，山路隘险，鱼贯而出。风霰晦冥，与从官相失，士卒冻死者太半。丙午，次张掖。辛亥，诏诸郡学业该通、才艺优洽、膂力骁壮、超绝等伦，在官勤奋、堪理政事，立性正直、不避强御四科举人。壬子，高昌王麴伯雅来朝，伊吾吐屯设等献西域数千里之地。上大悦。癸丑，置西海、河源、鄯善、且末等四郡。丙辰，上御观风行殿，盛陈文物，奏九部乐，设鱼龙曼延，宴高昌王、吐屯设于殿上，以宠异之。其蛮夷陪列者三十余国。戊午，大赦天下。开皇已来流配，悉放还乡，晋阳逆党，不在此例。陇右诸郡，给复一年，行经之所，给复二年。

秋七月丁卯，置马牧于清海渚中，以求龙种，无效而止。

九月癸未，车驾入长安。

冬十月癸亥，诏曰："优德尚齿，载之典训，尊事乞言，义彰胶序。鬻熊为师，取非筋力，方叔元老，克壮其犹。朕永言稽古，用求至治，是以庞眉黄发，更令收叙，务简秩优，无亏药膳，庶等卧治，伫其弘益。今岁者赴集者，可于近郡处置，年七十以上，疾患沉滞，不堪居职，即给赐帛，送还本郡；其官至七品已上者，量给廪，以终厥身。"

十一月丙子，车驾幸东都。

六年春正月癸亥朔，旦，有盗数十人，皆素冠练衣，焚香持华，自称弥勒佛，入自建国门。监门者皆稽首。既而夺卫士仗，将为乱。齐王暕遇而斩之。于是都下大索，与相连坐者千余家。丁丑，角抵大戏于端门街，天下奇伎异艺毕集，终月而罢。帝数微服往观之。己丑，倭国遣使贡方物。

二月乙巳，武贲郎将陈棱、朝请大夫张镇州击流求，破之，献俘万七千口，颁赐百官。乙卯，诏曰："夫帝图草创，王业艰难，咸仗股肱，协同心德，用能拯厥颓运，克膺大宝，然后畴庸茂赏，开国承家，誓以山河，传之不朽。近代丧乱，四海未一，茅土妄假，名实相乖，历兹永久，莫能惩革。皇运之初，百度伊始，犹循旧贯，未暇改作，今天下交泰，文轨攸同，宜率遵先典，永垂大训。自今已后，惟有功勋乃得赐封，仍令子孙承袭。"丙辰，改封安德王雄为观王，河间王子庆为郇王。庚申，征魏、齐、周、陈乐人，悉配太常。三月癸亥，幸江都宫。甲子，以鸿胪卿史祥为左骁卫大将军。

夏四月丁未，宴江淮已南父老，颁赐各有差。

六月辛卯，室韦、赤土并遣使贡方物。壬辰，雁门贼帅尉文通聚众三千，保于莫壁谷。遣鹰扬杨伯泉击破之。甲寅，制江都太守秩同京尹。

冬十月壬申，刑部尚书梁毗卒。壬子，民部尚书、银青光禄大夫长孙炽卒。

十二月乙未，左光禄大夫、吏部尚书牛弘卒。辛酉，朱崖人王万昌举兵作乱，遣陇西太守韩洪讨平之。

七年春正月壬寅，左武卫大将军、光禄大夫、真定侯郭衍卒。

二月己未，上升钓台，临扬子津，大宴百僚，颁赐各有差。庚申，百济遣使朝贡。乙亥，上自江都御龙舟入通济渠，遂幸于涿郡。壬午，诏曰："武有七德，先之以安民；政有六本，兴之以教义。高丽高元，亏失藩礼，将欲问罪辽左，恢宣胜略。虽怀伐国，仍事省方。今往涿郡，巡抚民俗。其河北诸郡及山西、山东年九十已上者，版授太守，八十者，授县令。"

三月丁亥，右光禄大夫、左屯卫大将军姚辩卒。

夏四月庚午，至涿郡之临朔宫。

五月戊子，以武威太守樊子盖为民部尚书。

秋，大水，山东、河南漂没三十余郡，民相卖为奴婢。

冬十月乙卯，底柱山崩，偃河逆流数十里。戊午，以东平太守吐万绪为左屯卫大将军。

十二月己未,西面突厥处罗多利可汗来朝。上大悦,接以殊礼。于时辽东战士及馈运者填咽于道,昼夜不绝,苦役者始为群盗。甲子,敕都尉、鹰扬与郡县相知追捕,随获斩决之。

八年春正月辛巳,大军集于涿郡。以兵部尚书段文振为左候卫大将军。壬午,下诏曰:

天地大德,降繁霜于秋令;圣哲至仁,著甲兵于刑典。故知造化之有肃杀,义在无私,帝王之用干戈,盖非获已。版泉、丹浦,莫匪龚行,取乱覆昏,咸由顺动。况乎甘野誓师,夏开承大禹之业;商郊问罪,周发成文王之志。

永鉴前载,属当朕躬。

粤我有随,诞膺灵命,兼三才而建极,一六合而为家。提封所渐,细柳、盘桃之外,声教爰暨,紫舌、黄枝之域,远至迩安,罔不和会。功成治定,于是乎在。而高丽小丑,迷昏不恭,崇聚勃碣之间,荐食辽濊之境。虽复汉魏诛戮,巢窟暂倾,乱离多阻,种落还集。萃川薮于往代,播实繁以迄今,眷彼华壤,剪为夷类。历年永久,恶稔既盈,天道祸淫,亡征已兆。乱常败德,非可胜图,掩匿怀奸,惟日不足。移告之严,未尝面受,朝觐之礼,莫肯躬亲。诱纳亡叛,不知纪极,充斥边垂,亟劳烽侯,关柝以之不静,生人为之废业。在昔薄伐,已漏天网,既缓前擒之戮,未即后服之诛。曾不怀恩,翻为长恶,乃兼契丹之党,虔刘海戍,习鞨鞨之服,侵轶辽西。又青丘之表,咸修职贡,碧海之滨,同禀正朔,逐复夺攘琛赆,遏绝往来,虐及弗辜,诚而遇祸。轺轩奉使,爰暨海东,旌节所次,途经藩境,而拥塞道路,拒绝王人,无事君之心,岂为臣之礼!此而可忍,孰不可容!且法令苛酷,赋敛烦重,强臣豪族,咸执国钧,朋党比周,以之成俗,贿货如市,冤枉莫申。重以仍岁灾凶,比屋饥馑,兵戈不息,徭役无期,力竭转输,身填沟壑。百姓愁苦,爰谁适从?境内哀惶,不胜其弊。回首面内,各怀性命之图,黄发稚齿,咸兴酷毒之叹。省俗观风,爰届幽朔,吊人问罪,无俟再驾。于是亲总六师,用申九伐,拯厥阽危,协从天意,殄兹逋秽,克嗣先谟。

今宜授律启行，分麾屈路，掩勃澥而雷震，历夫余以电扫。比戈按甲，誓旅而后行，三令五申，必胜而后战。左第一军可镂方道，第二军可长岑道，第三军可海冥道，第四军可盖马道，第五军可建安道，第六军可南苏道，第七军可辽东道，第八军可玄菟道，第九军可扶余道，第十军可朝鲜道，第十一军可沃沮道，第十二军可乐浪道。右第一军可黏蝉道，第二军可含资道，第三军可浑弥道，第四军可临屯道，第五军可候城道，第六军可提奚道，第七军可踏顿道，第八军可肃慎道，第九军可碣石道，第十军可东暆道，第十一军可带方道，第十二军可襄平道。凡此众军，先奉庙略，骆驿引途，总集平壤。莫非如豹如貔之勇，百战百胜之雄，顾眄则山岳倾颓，叱咤则风云腾郁，心德攸同，爪牙斯在。朕躬驭元戎，为其节度，涉辽而东，循海之右，解倒悬于迟窦，问疾苦于遗黎。莫外轻赍游阙，随机赴响，卷甲衔枚，出其不意。又沧海道军舟舻千里，高帆电逝，巨舰云飞，横断浿江，迳造平壤，岛屿之望斯绝，坎井之路已穷。其余被发左衽之人，控弦待发，微、卢、彭、濮之旅，不谋同辞。杖顺临逆，人百其勇，以此众战，势等摧枯。

然则王者之师，义存止杀，圣人之教，必也胜残。天罚有罪，本在元恶，人之多僻，胁从罔治。若高元泥首辕门，自归司寇，即宜解缚焚榇，弘之以恩。其余臣人归朝奉顺，咸加慰抚，各安生业，随才任用，无隔夷夏。营垒所次，务在整肃，刍荛有禁，秋毫勿犯，布以恩宥，喻以祸福。若其同恶相济，抗拒官军，国有常刑，俾无遗类。明加晓示，称朕意焉。

总一百一十三万三千八百，号二百万，其馈运者倍之。癸未，第一军发，终四十日，引师乃尽，旌旗亘千里。近古出师之盛，未之有也。乙未，以右候卫大将军卫玄为刑部尚书。甲辰，内史令元寿卒。

二月甲寅，诏曰："朕观风燕裔，问罪辽滨。文武协力，爪牙思奋，莫不执锐勤王，舍家从役，罕蓄仓廪之资，兼损播殖之务。朕所以夕惕愀然，虑其匮乏。虽复素饱之众，情在忘私，悦使之人，宜从其厚。诸行从一品以下，侪飞募人以上家口，郡县宜数存问。若有粮食乏少，皆宜赈给；或虽有田畴，贫弱不能自耕种,可于多丁富室劝课相助。使夫居者有敛积之丰,行役无顾后之虑。"壬戌,司空、京兆尹、光禄大夫观王雄薨。

三月辛卯,兵部尚书、左候卫大将军段文振卒。癸巳,上御师。甲午,临戎于辽水桥。戊戌,大军为贼所拒,不果济。右屯卫大将军、左光禄大夫麦铁杖,武贲郎将钱士雄、孟金叉等,皆死之。甲午,车驾渡辽。大战于东岸,击贼破之,进围辽东。乙未,大顿,见二大鸟,高丈余,皜身朱足,游泳自若。上异之,命工图写,并立铭颂。

五月壬午,纳言杨达卒。

于时诸将各奉旨,不敢赴机。既而高丽各城守,攻之不下。

六月己未,幸辽东,责怒诸将。止城西数里,御六合城。

七月壬寅,宇文述等败绩于萨水,右屯卫将军辛世雄死之。九军并陷,将帅奔还亡者二千余骑。癸卯,班师。

九月庚辰,上至东都。己丑,诏曰:"军国异容,文武殊用,匡危拯难,则霸德攸兴,化人成俗,则王道期贵。时方拨乱,屠贩可以登朝,世属隆平,经术然后升仕。丰都爱肇,儒服无预于周行,建武之朝,功臣不参于吏职。自三方未一,四海交争,不遑文教,惟尚武功。设官分职,罕以才授,班朝治人,乃由勋叙,莫非拔足行阵,出自勇夫,斅学之道,既所不习,政事之方,故亦无取。是非暗于在己,威福专于下吏,贪冒货贿,不知纪级,蠹政害民,实由于此。自今已后,诸授勋官者,并不得回授文武职事,庶遵彼更张,取类于调瑟,求诸名制,不伤于美锦。若吏部辄拟用者,御史即宜纠弹。"

冬十月甲寅,工部尚书宇文恺卒。

十一月己卯,以宗女华容公主嫁于高昌王。辛巳,光禄大夫韩寿卒。甲申,败将宇文述、于仲文等并除名为民,斩尚书右丞刘士龙以谢天下。是岁,大旱,疫,人多死。山东尤甚。密诏江、淮南诸郡阅视民间童女,姿资端丽者,每岁贡之。

九年春正月丁丑,征天下兵,募民为骁果,集于涿郡。壬午,贼帅杜彦冰、王润等陷平原郡，大掠而去。辛卯，置折冲、果毅、武勇、雄武等郎将官，以领骁勇。乙未，平原李德逸聚众数万，称"阿舅贼"，劫掠山东。灵武白榆妄，称"奴贼"，劫掠牧马，北连突厥，陇右多被其患。遣将军范贵讨之，连年不能克。戊戌，大赦。己亥，遣代王侑、刑部尚书卫玄镇京师。辛丑，以右骁骑将军李浑为右骁卫大将军。

二月己未，济北人韩进洛聚众数万为群盗。壬午，复宇文述等官爵。又征兵讨高丽。

三月丙子，济阴人孟海公起兵为盗，众至数万。丁丑，发丁男十万城大兴。戊寅，幸辽东。以越王侗、民部尚书樊子盖留守东都。庚子，北海人郭方预聚徒为盗，自号卢公，众至三万，攻陷郡城，大掠而去。

夏四月庚午，车驾渡辽。壬申，遣宇文述、杨义臣趣平壤。

五月丁丑，荧惑入南斗。己卯，济北人甄宝车聚众万余，寇掠城邑。

六月乙巳，礼部尚书杨玄感反于黎阳。丙辰，玄感逼东都。河南赞务裴弘策拒之，反为贼所败。戊辰，兵部侍郎斛斯政奔于高丽。庚午，上班师。高丽犯后军，敕右武卫大将军李景为后拒。遣左翊卫大将军宇文述、左候卫将军屈突通等驰传发兵，以讨玄感。

秋七月己卯，令所在发人城县府驿。癸未，余杭人刘元进举兵反，众至数万。

八月壬寅，左翊卫大将军宇文述等破杨玄感于阌乡，斩之，余党悉平。癸卯，吴人朱燮、晋陵人管崇拥众十万余，自称将军，寇江左。甲辰，制骁果之家蠲免赋税。丁未，诏郡县城去道过五里已上者，徙就之。戊申，制盗贼籍没其家。乙卯，贼帅陈瑱等众三万攻陷信安郡。辛酉，司农卿、光禄大夫、葛国公赵元淑以罪伏诛。

九月己卯，济阴人吴海流、东海人彭孝才并举兵为盗，众数万。庚辰，贼帅梁慧尚率众四万陷苍梧郡。甲午，车驾次上谷，以供费不给，上大怒，免太守虞荷等官。丁酉，东阳人李三儿、向但子举兵作乱，众至万余。

闰月己巳，幸博陵。庚午，上谓侍臣曰："朕昔从先朝周旋于此，年甫八岁，日月不居，倏经三纪，追惟平昔，不可复希！"言未卒，流涕呜咽，侍卫者皆泣下沾襟。

冬十月丁丑，贼帅吕明星率众数千围东郡，武贲郎将费青奴击斩之。乙酉，诏曰："博陵昔为定州，地居冲要，先皇历试所基，王化斯远，故以道冠《豳风》，义高姚邑。朕巡抚氓庶，爰届兹邦，瞻望郊廛，缅怀敬止，思所以宣播德泽，覃被下人，崇纪显号，式光令绪。可改博陵为高阳郡。赦境内死罪已下。给复一年。"于是召高祖时故吏，皆量材授职。壬辰，以纳言苏威为开府仪同三司。朱燮、管崇推刘元进为天子。遣将军吐万绪、鱼俱罗讨之，连年不能克。齐人孟让、王薄等众十余万，据长白山，攻剽诸郡，清河贼张金称众数万，渤海贼帅格谦自号燕王，孙宣雅自称齐王，众各十万，山东苦之。丁亥，以右候卫将军郭荣为右候卫大将军。

十一月己酉，右候卫将军冯孝慈讨张金称于清河，反为所败，孝慈死之。

十二月甲申，车裂玄感弟朝请大夫积善及党与十余人，仍焚而扬之。丁亥，扶风人向海明举兵作乱，称皇帝，建元白乌。遣太仆卿杨义臣击破之。

十年春正月甲寅，以宗女为信义公主，嫁于突厥曷娑那可汗。

二月辛未，诏百僚议伐高丽，数日无敢言者。戊子，诏曰："竭力王役，致身戎事，咸由徇义，莫匪勤诚。委命草泽，弃骸原野，兴言念之，每怀愍恻。往年出车问罪，将届辽滨，庙算胜略，具有进止。而谅昏凶，罔识成败，高颎愎很，本无智谋，临三军犹儿戏，视人命如草芥，不遵成规，坐贻挠退，遂令死亡者众，不及埋藏。今宜遣使人分道收葬，设祭于辽西郡，立道场一所。恩加泉壤，庶弭穷魂之冤，泽及枯骨，用弘仁者之惠。"辛卯，诏曰：

黄帝五十二战，成汤二十七征，方乃德施诸侯，令行天下。卢芳小盗，汉祖尚且亲戎，隗嚣余烬，光武犹自登陇，岂不欲除暴止戈，劳而后逸者哉！

朕纂成宝业，君临天下，日月所照，风雨所沾，孰非我臣，独隔声教。蕞尔高丽，僻居荒表，鸱张狼噬，侮慢不恭，抄窃我边陲，侵轶我城镇。是以去岁出军,问罪辽碣,殪长蛇于玄菟,戮封豕于襄平。扶余众军,风驰电逝,追奔逐北,径逾浿水,沧海舟楫,冲贼腹心,焚其城郭,污其宫室。高元伏锧泥首,送款军门,寻请入朝,归罪司寇。朕以许其改过,乃诏班师。而长恶靡悛,宴安鸩毒,此而可忍,孰不可容!便可分命六师,百道俱进。朕当亲执武节,临御诸军,秣马丸都,观兵辽水,顺天诛于海外,救穷民于倒悬。征伐以正之,明德以诛之,止除元恶,余无所问。若有识存亡之分,悟安危之机,翻然北首,自求多福;必其同恶相济,抗拒王师,若火燎原,刑兹无赦。有司便宜宣布,咸使知闻。

丁酉,扶风人唐弼举兵反,众十万推李弘为天子,自称唐王。

三月壬子,行幸涿郡。癸亥,次临渝宫,亲御戎服,祃祭黄帝,斩叛军者以衅鼓。

夏四月辛未,彭城贼张大彪聚众数万,保悬薄山为盗。遣榆林太守董纯击破,斩之。甲午,车驾次北平。

五月庚子,诏举郡孝悌廉洁各十人。壬寅,贼帅宋世谟陷琅邪郡。庚申,延安人刘迦论举兵反,自称皇王,建元大世。

六月辛未,贼帅郑文雅、林宝护等众三万,陷建安郡,太守杨景祥死之。

秋七月癸丑,车驾次怀远镇。乙卯,曹国遣使贡方物。甲子,高丽遣使请降,囚送斛斯政。上大悦。

八月己巳,班师。庚午,右卫大将军、左光禄大夫郑荣卒。

冬十月丁卯,上至东都。己丑,还京师。

十一月丙申,支解斛斯政于金光门外。乙巳,有事于南郊。己酉,贼帅司马长安破长平郡。乙卯,离石胡刘苗王举兵反,自称天子,以其弟六儿为永安王,众至数万。将军潘长文讨之,不能克。是月,贼帅王德仁拥众数万,保林虑山为盗。

十二月壬申,上如东都。其日,大赦天下。戊子,入东都。庚寅,贼帅孟让众十余万,据都梁宫。遣江都郡丞王世充击破之,尽虏其众。

十一年春正月甲午朔，大宴百僚。突厥、新罗、靺鞨、毕大辞、诃咄、传越、乌那曷、波腊、吐火罗、俱虑建、忽论、靺鞨、诃多、沛汗、龟兹、疏勒、于阗、安国、曹国、何国、穆国、毕、衣密、失范延、伽折、契丹等国并遣使朝贡。戊戌，武贲郎将高建毗破贼帅颜宣政于齐郡，虏男女数千口。乙卯，大会蛮夷，设鱼龙曼延之乐，颁赐各有差。

二月戊辰，贼帅扬仲绪率众万余，攻北平，滑公李景破斩之。庚午，诏曰："设险守国，著自前经，重门御暴，事彰往策，所以宅土宁邦，禁邪固本。而近代战争，居人散逸，田畴无伍，郛郭不修，遂使游惰实繁，寇歉未息。今天下平一，海内晏如，宜令人悉城居，田随近给，使强弱相容，力役兼济，穿窬无所厝其奸宄，萑蒲不得聚其逋逃。有司具为事条，务令得所。"丙子，上谷人王须拔反，自称漫天王，国号燕，贼帅魏刁儿自称历山飞，众各十余万，北连突厥，南寇赵。

五月丁酉，杀右骁卫大将军、光禄大夫、郕公李浑，将作监、光禄大夫李敏，并族灭其家。癸卯，贼帅司马长安破西河郡。己酉，幸太原，避暑汾阳宫。

秋七月己亥，淮南人张起绪举兵为盗，众至三万。辛丑，光禄大夫、右御卫大将军张寿卒。

八月乙丑，巡北塞。戊辰，突厥始毕可汗率骑数十万，谋袭乘舆，义成公主遣使告变。壬申，车驾驰幸雁门。癸酉，突厥围城，官军频战不利。上大惧，欲率精骑溃围而出，民部尚书樊子盖固谏乃止。齐王暕以后军保于崞县。甲申，诏天下诸郡募兵，于是守令各来赴难。

九月甲辰，突厥解围而去。丁未，曲赦太原、雁门郡死罪已下。

冬十月壬戌，上至于东都。丁卯，彭城人魏骐驎聚众万余为盗，寇鲁郡。壬申，贼帅卢明月聚众十余万，寇陈、汝间。东海贼帅李子通拥众度淮，自号楚王，建元明政，寇江都。

十一月乙卯，贼帅王须拔破高阳郡。

十二月戊寅，有大流星如斛，坠明月营，破其冲车。庚辰，诏民部尚书樊子盖发关中兵，讨绛郡贼敬盘陀、柴保昌等，经年不能克。谯郡人朱粲拥众数十万，寇荆襄，僭称楚帝，建元昌达，汉南诸郡多为所陷焉。

十二年春正月甲午，雁门人翟松柏起兵于灵丘，众至数万，转攻傍县。

二月己未，真腊国遣使贡方物。甲子夜，有二大鸟似雕，飞入大业殿，止于御幄，至明而去。癸亥，东海贼卢公暹率众万余，保于苍山。

夏四月丁巳，显阳门灾。癸亥，魏刁儿所部将甄翟儿复号历山飞，众十万转寇太原。将军潘长文讨之，反为所败，长文死之。

五月丙戌朔，日有蚀之，既。癸巳，大流星陨于吴郡，为石。壬午，上于景华宫征求萤火，得数斛，夜出游山，放之，光遍岩谷。

秋七月壬戌，民部尚书、光禄大夫济北公樊子盖卒。甲子，幸江都宫，以越王侗、光禄大夫段达、太府卿元文都、检校民部尚书韦津、右武卫将军皇甫无逸、右司郎卢楚等总留后事。奉信郎崔民象以盗贼充斥，于建国门上表，谏不宜巡幸。上大怒，先解其颐，乃斩之。戊辰，冯翊人孙华自号总管，举兵为盗。高凉通守洗蚕彻举兵作乱，岭南溪洞多应之。己巳，荧惑守羽林，月余乃退。车驾次汜水，奉信郎王爱仁以盗贼日盛，谏上请还西京。上怒，斩之而行。

八月乙巳，贼帅赵万海众数十万，自恒山寇高阳。壬子，有大流星如斗，出王良阁道，声如隤墙。癸丑，大流星如瓮，出羽林。

九月丁酉，东海人杜扬州、沈觅敌等作乱，众至数万。右御卫将军陈棱击破之。戊午，有二枉矢出北斗魁，委曲蛇形，注于南斗。壬戌，安定人荔非世雄杀临泾令，举兵作乱，自号将军。

冬十月己丑，开府仪同三司、左翊卫大将军、光禄大夫、许公宇文述薨。

十二月癸未，鄱阳贼操天成举兵反，自号元兴王，建元始兴，攻陷豫章郡。乙酉，以右翊卫大将军来护儿为开府仪同三司、行左翊卫大将军。壬辰，鄱阳人林士弘自称皇帝，国号楚，建元太平，攻陷九江、庐陵郡。唐公破甄翟儿于西河，虏男女数千口。

十三年春正月壬子，齐郡贼杜伏威率众渡淮，攻陷历阳郡。丙辰，勃海贼窦建德设坛于河间之乐寿，自称长乐王，建元丁丑。辛巳，贼帅徐圆朗众数千，破东平郡。弘化人刘企成聚众万余人为盗，傍郡苦之。

二月壬午，朔方人梁师都杀郡丞唐世宗，据郡反，自称大丞相。遣银青光禄大夫张世隆击之，反为所败。戊子，贼师王子英破上谷郡。己丑，马邑校尉刘武周杀太守王仁恭，举兵作乱，北连突厥，自称定杨可汗。庚寅，贼帅李密、翟让等陷兴洛仓。越王侗遣武贲郎将刘长恭、光禄少卿房崱击之，反为所败，死者十五六。庚子，李密自号魏公，称元年，开仓以振群盗，众至数十万，河南诸郡相继皆陷焉。壬寅，刘武周破武贲郎将王智辩于桑乾镇，智辩死之。

三月戊午，庐江人张子路举兵反。遣右御卫将军陈棱讨平之。丁丑，贼帅李通德众十万，寇庐江，左屯卫将军张镇州击破之。

夏四月癸未，金城校尉薛举率众反，自称西秦霸王，建元秦兴，攻陷陇右诸郡。己丑，贼帅孟让，夜入东都外郭，烧丰都市而去。癸巳，李密陷迴洛东仓。丁酉，贼帅房宪伯陷汝阴郡。是月，光禄大夫裴仁基、淮阳太守赵佗等并以众叛归李密。

五月辛酉，夜有流星如瓮，坠于江都。甲子，唐公起义师于太原。丙寅，突厥数千寇太原，唐公击破之。

秋七月壬子，荧惑守积尸。丙辰，武赋人李轨举兵反，攻陷河西诸郡，自称凉王，建元安乐。

八月辛巳，唐公破武牙郎将宋老生于霍邑，斩之。

九月己丑，帝括江都人女寡妇，以配从兵。是月，武阳郡丞元宝藏以郡叛归李密，与贼帅李文相攻陷黎阳仓。彗星见于营室。

冬十月丁亥，太原杨世洛聚众万余人，寇掠城邑。丙申，罗令萧铣以县反，鄱阳人董景珍以郡反，迎铣于罗县，号为梁王，攻陷旁郡。戊戌，武贲郎将高毗，败济北郡贼甄宝车于嵋山。

十一月丙辰，唐公入京师。辛酉，遥尊帝为太上皇，立代王侑为帝，改元义宁。上起宫丹阳，将逊于江左。有乌鹊来巢幄帐，驱不能止。荧惑犯太微。有石自江浮入于扬子。日光四散如流血。上甚恶之。

二年三月，右屯卫将军宇文化及，武贲郎将司马德戡、元礼，监门直阁裴虔通，将作少监宇文智及，武勇郎将赵行枢，鹰扬郎将孟景，内史舍人元敏、符玺郎李覆、牛方裕，千牛左右李孝本、弟孝质，直长许弘仁、薛世良，城门郎唐奉义，医正张恺等，以骁果作乱，入犯宫闱。上崩于温室，时年五十。萧后令宫人撤床箦为棺以埋之。化及发后，右御卫将军陈棱奉梓宫于成象殿，葬吴公台下。发敛之始，容貌若生，众咸异之。大唐平江南之后，改葬雷塘。

初，上自以藩王，次不当立，每矫情饰行，以钓虚名，阴有夺宗之计。时高祖雅信文献皇后，而性忌妾媵。皇太子勇内多嬖幸，以此失爱。帝后庭有子，皆不育之，示无私宠，取媚于后。大臣用事者，倾心与交。中使至第，无贵贱，皆曲承颜色，申以厚礼。婢仆往来者，无不称其仁孝。又常私入宫掖，密谋于献后，杨素等因机构扇，遂成废立。自高祖大渐，暨谅暗之中，烝淫无度，山陵始就，即事巡游。以天下承平日久，士马全盛，慨然慕秦皇、汉武之事，乃盛治宫室，穷极侈靡，召募行人，分使绝域。诸蕃王者，厚加礼赐，有不恭命，以兵击之。盛兴屯田于玉门、柳城之外。课天下富室，益市武马，匹直十余万，富强坐是冻馁者十家而九。帝性多诡谲，所幸之处，不欲人知。每之一所，辄数道置顿，四海珍羞殊味，水陆必备焉，求市者无远不至。郡县官人，竞为献食，丰厚者进擢，疏俭者获罪。奸使侵渔，内外虚竭，头会箕敛，人不聊生。于是军国多务，日不暇给，帝方骄怠，恶闻政事，冤屈不治，奏请罕决。又猜忌臣下，无所专任，朝臣有不合意者，必构其罪而族灭之。故高颎、贺若弼先皇心膂，参谋帷幄，张衡、李金才藩邸惟旧，绩著经纶，或恶其直道，或忿其正议，求其无形之罪，加以刎颈之诛。其余事君尽礼，謇謇匪躬，无辜无罪，横受夷戮者，不可胜纪。政刑弛紊，贿货公行，莫敢正言，道路以目。

六军不息,百役繁兴,行者不归,居者失业。人饥相食,邑落为墟,上不之恤也。东西游幸,靡有定居,每以供费不给,逆收数年之赋。所至惟与后宫流连耽湎,惟日不足,招迎姥媪,朝夕共肆丑言,又引少年,令与宫人秽乱,不轨不逊,以为娱乐。区宇之内,盗贼蜂起,劫掠从官,屠陷城邑,近臣互相掩蔽,隐贼数不以实对。或有言贼多者,辄大被诘责。各求苟免,上下相蒙,每出师徒,败亡相继。战士尽力,必不加赏,百姓无辜,咸受屠戮。黎庶愤怨,天下土崩,至于就擒而犹未之寤也。

【译文】

隋炀帝名杨广,又名杨英,小名叫阿麼,是隋高祖的第二个儿子。母亲是文献独孤皇后。杨广容貌俊美,小时聪明伶俐,在众多儿子中高祖和皇后特别喜爱他。北周时,因为高祖的功勋,杨广被封为雁门郡公。

开皇元年,杨广被立为晋王,任命为柱国、并州总管,那时他才十三岁。不久又授予武卫大将军头衔,后来晋升为上柱国、河北道行台尚书令,仍保留大将军衔。高祖让项城公王韶、安道公李彻辅佐教导杨广。杨广好学,擅长写文章,含蓄深沉,朝野都对他寄予厚望。高祖秘密命令会相面的人来和给所有的儿子相面,来和说:"晋王眼眉上双骨突起,高贵极了。"不久,高祖到杨广住宅来,看见乐器的弦多数都断了,上面又落满灰尘,似乎长期不用,认为杨广不喜欢歌舞女伎,很赞赏他。杨广尤其善于弄虚作假,装得道貌岸然,时人都说他仁义孝顺。他曾参观狩猎,遇上大雨,左右侍臣进献油衣遮雨,他说:"士兵都淋湿了,我能单独穿这个吗!"竟让侍臣拿走。

开皇六年,杨广转任淮南道行台尚书令。这一年,高祖征召杨广回京,拜为雍州牧、内史令。开皇八年冬天,大规模兴兵攻打陈国,杨广为行军元帅。平定陈国之后,活捉了陈国湘州刺史施文庆、散骑常侍沈客卿、市令阳慧朗、刑法监徐析、尚书都令史暨慧,因为他们奸邪谄媚,害国害民,在宫中右阙之下斩首示众,以此向三吴民众谢罪。杨广查封府库,秋毫无犯,天下人都称赞他贤明。他晋升为太尉,高祖赏赐给他辂车、四匹马、礼帽礼服、黑珪白璧各一块又拜高并州总管。不久江南商智慧等聚众造反,高祖调杨广为杨州总管,镇守江都,每年朝见一次。高祖祭泰山的时候,杨广随任武侯大将军,第二年回到封地。过了几年,突厥侵犯边境,杨广又出任行军元帅,从灵武出兵,没有遇上敌人,回来了。

到太子勇被废黜后,杨广被立为皇太子。这一月应当接受册命。高祖说:"我以大兴公的身份成就帝业。"于是让杨广离开京城,住到大兴县去。当夜,狂风大雪,地震山崩,百姓的住宅多数被破坏,压死了一百余人。

仁寿初年,杨广奉诏书巡视安抚东南地区。此后,高祖每到仁寿官避暑,总是让杨广主持国政。

仁寿四年七月,高祖去世,杨广在仁寿官即皇帝位。八月,扶高祖灵柩回京师。并州总管汉王杨谅起兵谋反,命尚书左仆射要素讨伐平定了他。九月乙巳日,任命备身将军崔彭为左领军大将军。十一月乙未日,炀帝驾临洛阳。丙申日,征发数十万男壮丁掘壕,从龙门向东连接长平、汲郡,达临清关,过黄河到浚仪、襄城,抵达上洛,沿途设置关口防御。登丑日,下诏书说:

天道变化,阴阳才能消长;制度不同,百姓才能和顺。如果天的意志不变,所施行的教化怎么形成春、夏、秋、冬?人事如果不变,所施行的政治怎么能区别万姓?《易》不是说过吗:"通过其变化,使民众不疲倦。""变化就能通达,通达就能长久。""有德就能长久,有功就能长壮大。"我又听说,安定天下而能迁都,百姓的财用就能有大的变化。因此,姬氏经营两周都城,合乎武王的心意;殷人五次迁徙,成就商汤的事业。如果不下合民意上顺天时,在变动中形成功业,那么,爱民治国的人能不说话吗?

而洛阳自古便是都城,周围千里之内,是天地交合之处,阴阳调和的地方。三河环绕,四塞巩固,水陆通达,贡赋均等。所以汉高祖说:"我走遍天下,经过的地方可以说很多了,只有洛阳最好。"自古帝王,谁不留心洛阳,之所以不建都于此,都有原因。有的是因为九州尚未统一,有的是因为财政匮乏，无力创建洛阳城。我隋朝建立之始，便想创建这怀、洛城邑，一天一天迁延到今天。朝思暮想，无非此事，说起来不胜感慨。

我恭敬地接受皇位，统治万国，继承先帝意志，遵守而不敢遗忘。如今汉王杨谅叛乱，淆山以东地区遭受毒害，州县沦丧。这就是因为关河阻隔，路途遥远，军队不能赶赴应急，加上并州移民又在河南无法协助。周代把殷人迁往东方，用意就在于此。况且，南方地区遥远，东方地区富庶广大，因势利导，顺时而动，现在正是时候。众官府和百官，都拥护这项动议。但是，成周宫殿废墟，无法修葺，于今可在伊、洛地区营建东京，就地设官府、分职务，树立万民的法则。

宫室的规模制度原本是为了便于生活，上有正梁，下有屋檐，就足以遮蔽风雨、雾露，高楼大厦，难道能够说是合适的形制？所以《传》说："节俭，是德行的总汇；奢侈，是罪恶的大端。"孔子说："与其不恭敬，不如节俭。"难道只有瑶台琼楼才是宫殿？而土墙草屋就不是帝王的住宅了？由此可知，不是用天下财物供奉一人，而是由一人主治天下。民是国家的根本，根本牢固则国家安宁，百姓富足，谁还不富足！现在营建伊洛，务必节俭，不要让雕画的墙壁、崇高的楼房又在今天建起，想让低矮宫殿简陋饭食遗传于后世。有关部门清楚地制定出条例，以便合乎我的心意！

十二月乙丑日，任命右武卫将军来护儿为右骁卫大将军。戊辰日，任命柱国李景炎为右武卫大将军，右卫率同罗睺为右武侯大将军。

大业元年春正月壬辰初一，大赦天下，改年号。立妃子萧氏为皇后。把豫州改名溱州，洛州改名为豫州，废除各州总管府。丙申日，立晋王杨昭为皇太子。丁酉日，任命上柱国宇文述为左卫大将军，上柱国郭衍为左武卫大将军，延寿公于仲文为右卫大将军。己亥日，任命豫章王杨暕为豫州牧。戊申日，派遣八名使臣巡察各地风俗。下诏书说：

从前圣王治时天下，关键在于爱民。先让人民富足然后进行教化，家给人足，所以能风俗淳厚，远方来朝，近得安宁。治理成功，都是循此途径。我继承皇位，抚育黎民。虽然遵守先帝功业，不敢有所闪失，但谈到政治措施，多有缺陷。况且，以四海之遥远，黎民之众多，我不能亲自前往，询问民间疾苦。每每想到，民间隐藏的贤人不能举荐，百姓的冤屈不能申诉，一件事情处置不当，就会伤害和顺的祥气，万方有罪，责任都在我身上。所以我昼夜叹息，早晚挂心。

现在是施政初期，应该宽大。可分头派遣使者，巡察各方风俗，宣扬教化，推荐被埋没的人才，申诉深藏的冤屈。对孝顺父母努力耕种的人，给以优待，免除租赋。鳏寡孤独不能养活自己的人，酌情给予救济。对义士、烈女，赐匾额表彰其门闾。对年高的老人，加官晋爵，并且依据别的条例，赏赐粟米布帛。有残疾的人，供给服侍的壮丁，虽然有侍养的名义，并无赡养的实效，应公开检查核实，使他们得到奉养。名声显赫、品德高尚、操行廉洁以及有学问才能通一经的人，都应该采访到，推荐到朝廷中。所在州县官府，要根据礼仪发送。官员中有政治腐败残害人民妨碍农时的，使者回朝之日，详细记录上奏。

己酉日，任命吴州总管宇文弼为刑部尚书。

二月己卯日，任命尚书左仆射杨素为尚书令。

三月丁未日，命令尚书令杨素、纳言杨达、将作大匠宇文恺营建东京，迁移豫州城郊居民充实东京。戊申日，诏书说："由于听取并采纳公众的意见，政事和平民商议，所以才能清楚政治和刑罚的得失。由此可知，我早晚思虑治国，想使隐藏的冤屈上达朝廷，治国常道得以发扬。但州牧县宰等官职俱是朝廷委任，如果不认真进行考核，空定下优秀、劣等的虚名，不问治理的实际情形，纲纪就会紊乱，冤屈也就不能申诉。地方和朝廷有重重关河阻隔，百姓的意见无法自行上述。我因此建立东京，亲自过问民情。现在我将巡视淮海，观察了解各地风土人情，征求正直的意见，但呈上来的只是繁琐的词章，乡校中议论朝政的话，听不到。我恐惧警惕，废寝忘餐。民众有知道州县官吏为政刻薄、侵害百姓、徇私枉法、刁难民众的，应该听任他们到朝廷申奏,希望能做到广开四方视听,使天下无冤屈。"又在阜涧营建显仁宫,采集海内珍禽奇兽名花异草,充实宫中花园兽苑。迁徙数百家富商大贾到东京。辛亥日,调发黄河以南各郡百余万男女开凿通济渠,从西苑引谷水、洛水抵达黄河,从板渚引黄河水通达淮河。庚申日,派黄门侍郎王弘、上信同于士澄到江南去采集木材,建造了数万艘龙舟、凤艒、黄龙、赤舰、楼船等。

夏四月癸亥日,大将军刘方进攻林邑,攻克了。

五月庚戌日,民部尚书义丰侯韦冲去世。

六月甲子日,火星进入太微星区。

秋七月丁酉日,规定战死的家庭名除十年赋税徭役。丙午日,滕王杨纶、卫王杨集都被剥夺爵位,迁往边境。

闰七月甲子日,任命尚书令杨素为太子太师,安德王杨雄为太子太傅,河间王杨弘为太子太保。丙子日,下诏书说:

治理民众建立国家,应以教学为首要事务,移风易俗,必定由此开始。但圣人的言论断绝,大义遭违背。岁月流逝,虽然努力增进道德进修学业,而治国之道逐渐衰微。汉承秦焚书之后,广集经书,学术不绝如缕,而晋遭社会混乱,学术几乎扫地而尽。从此以后,国家军政忧患甚多,虽然不时兴建学舍,表示喜爱礼仪,但老师虽在,却形同虚设。以至于锦衣玉食的,并非学习优秀者;撰写文章的,多是不学无术之人。上行下效,纲纪无法确立。文化缺少,大道消亡,实在都是这个原因。

我继承皇位,想弘扬教育,尊敬师长,重视道义,发扬此道,讲究信用,谋求亲善,嘉奖礼教。如今天下统一,车同轨、书同文,十步以内一定有优秀人物,四海之中怎能没有奇才!无论是在家中还是入学的,如果有专门学习古代礼仪、埋头经典、品学兼优、能处理政务的人,当地政府应加采访,详细列出名单报上,立即根据其才能越级提拔。如果精通经书而不愿做官,可根据其学业深浅,门第高下,虽然不上朝为官,也酌情给予俸禄。只要循循善诱,他们不日即可成器,不远的将来,朝廷就能人才济济。国子监等学堂,也应讲明旧制度,教育学生,详细规定考试方法,以达到磨练、培育人才的目的。

八月壬寅日,炀帝乘龙舟到达江都。让左武卫大将军郭省做前军统领,右武卫大将军李景做后军统领。文武百官五品以上的,供给楼船,九品以上的供给黄蔑。船只首尾相援,绵延二百余里。

冬十月己丑日,赦免江淮以南的罪人。扬州地区免除五年赋税徭役,旧扬州总管地区免除三年的赋税徭役。十一月己未日,任命大将军崔仲方为礼部尚书。

大业二年春正月辛酉日,东京建成,分别等级赏赐监督工程的人。任命大理卿梁毗为刑部尚书。丁卯日,派遣十名使臣裁减合并州县。

二月丙戌日,命令尚书令杨素、吏部尚书牛弘、大将军宇文恺、内史侍郎虞世基、礼部侍郎许善心制定车服制度。天子的车驾以及春、夏、季夏、秋、冬五个季节的天子侍从车才开始完备。皇帝的常礼服,皮帽子,上面饰有十二块琪玉;文官穿弁服,佩带玉;五品以上文官供给犊牛、挂帐幔,三公亲王车上加挂丝绦;武官戴平头巾,穿裤褶,三品以上武官供给飚槊仪仗;往下直至胥吏,服饰各有差等。平民不能穿军服,戊戌日,设置都尉官。

三月庚午日,炀帝车驾从江都出发。事前,太府少卿何稠、太府丞云定兴大肆准备仪仗,规定各州县送羽毛。百姓寻捕禽兽,水陆遍设网罗,能够提供羽毛装饰的禽兽,几乎一网打尽。到此时,仪仗制成。

夏四月庚戌日,炀帝从伊阙陈列车马,千车万马进入东京。辛亥日,炀帝到端门,大赦天下,免天下百姓当年租税。癸丑日,任命冀州刺史杨文思为民部尚书。

五月甲寅日,金紫光禄大夫、兵部尚书李通因为犯法而被免职。乙卯日,诏书说:"表彰先贤,保存祭祀,是为了优待礼遇贤人,明显地表示对他们的敬爱。我永远借鉴前代的事业思念先贤的功德,无时无刻不感叹九州土地上的贤哲,千载怀念。自古以来的圣贤君子,凡是能树立名声建立功德,辅佐朝政挽救时弊、获巨大利益、有特殊功劳,对人民有益的人,都应该营造祠庙,按时祭祀。他们的坟墓,不许侵犯践踏。有关官府酌情订立条例,以符合我的心意。"

六月壬子,任命尚书令、太子太师杨素为司徒。进封豫章王杨暕为齐王。

秋七月癸丑日,任命卫尉卿卫玄为工部尚书。庚申日,规定百官不能累计考绩升级,一定要德行、功劳、才能明显优秀的人才能提拔。壬戌日,提拔晋王府的旧臣鲜于罗等二十七人,授予不同等级的官爵。甲戌日,皇太子杨昭去世。乙亥日,上柱国、司徒、楚国公杨素去世。

八月辛卯日,封皇孙杨倓为燕王,封杨桐为越王,封杨侑为代王。

九月乙丑日,立秦孝王杨俊的儿子杨浩为秦王。

冬十月戊子,任命灵州刺史段文振为兵部尚书。

十二月庚寅日,诏书说:"前代帝王借时势创立基业,治理人民,建立邦国,南面而坐,受群臣礼拜。但随着岁月推移,世代久远,帝王的坟茔遭到毁坏,砍柴放牧者竞相光顾,坟墓荒芜废弃,坟堆和标志都分辨不出。谈到这种沦丧,不胜感慨。自古以来帝王的陵墓,可免除附近十户人家的杂役,让他们守护看视。"

大业三年春正月癸亥日,命令对并州叛党已逮捕发配而逃亡的,一旦捉到,就地斩首。丙子日,满天出现长星,出自东壁星,二十天后停止。这一月,武阳郡上奏,黄河水清。

二月己丑日,彗星出现于奎宿,扫过文昌星,经过大陵、五车、北河星等,进入太微星区,扫过帝座星,前后历时一百余天才停止。

三月辛亥日,炀帝车驾回到京师。壬子日,任命大将军姚辩为左屯卫将军。癸丑日,派遣羽骑尉朱宽出使流球国。己卯日,河间王杨弘去世。

夏四月庚辰日,诏书说:"古代帝王观察访问民间风俗,都是因为忧虑百姓,安抚边远地区。自从蛮夷归附,没来得及亲自安抚,淆山以东历经战乱,也须加以抚恤。现在想安定黄河以北,巡视赵、魏地区。有关官可依惯例安排。"甲申日,颁布法令,大赦天下,关内人民免除三年赋税徭役。壬辰日,把州改为郡。改变度量衡制度，完全按照古代的标准。把上柱国以下的官改为大夫。甲午日，诏书说：

天下的重大，不是一人专制就能安定的；帝王的功德，也并非一人的谋略所能完成。自古以来圣明的，推行政事，经略邦国，何尝不是选举贤才，收罗隐士。周朝号称多士，汉代号称得人，我常常思念前代风范，肃然起敬。我早起南面而坐，头戴皇冠等待天明，遥望山谷隐士，希望他们出任朝官，以便和众多贤人共同治国。然而，贤人很少进用，招贤很少有人来，难道是美好的璞玉未碰到优秀的工匠，就像怀藏珍宝，难以选拔？在鉴于前代圣贤，不胜感慨。皇帝在位，贤臣就像大腿和胳膊，左右辅佐；又像渡河，贤臣就像船和桨。岂能保守俸禄，隐瞒自己知道的情况，悠哉悠哉地度日。那就太没意思了。祁奚大夫推举贤人，史学家认为非常公正，臧文仲埋没贤人，孔子讥笑他窃取职位。借鉴古代，并不是没有表扬和批评，所以应该进用贤人，以辅助我能力的不足。

孝顺父母友爱兄弟，是人道的根本；品行忠诚厚道，是立身的基础。或是节烈忠义值得称赞，或者是品行操守高尚廉洁，都能用来遏止贪欲净化风俗，有助于社会风气的改进。刚强正直，执法不屈，学业优秀，方思敏捷，都可为朝廷所用，实为栋梁之材。才能可任将帅的，就提拔他去抵御外侮；体壮力大的，就委他去做士卒。至于有一技之长的，也应该录用！务使贤人全部举荐，无所遗弃。用这种办法治国，大约就离天下太平不远了。凡有文武官职者，五品以上的，都应该依照法令推举十科的人才。只要有一科才能就行，不必求全责备。我会越级提拔，根据才能任用。现在已经担任九品以上官职的，不在举荐范围之中。

丙申日，炀帝车驾往北方巡行。丁酉日，任命刑部尚书宇文弼为礼部尚书。戊戌日，命令各级官府不准摧毁庄稼，必须开农田为道路时，有关官府要根据土地的收成，用附近的粮仓赏赐粮食，务必优厚。己亥日，驻扎赤岸泽。用太牢祭祀原太师李穆的坟墓。

五月丁巳日,突厥启民可汗派儿子拓特勤来朝拜。戊午日,调发黄河以北十余郡的男丁开凿太行山,直达并州,以便通驰道。丙寅日,启民可汗派遣侄子毗黎特勤来朝拜。辛未日,启民可汗派遣使臣琛请求允许他亲自进边塞迎接炀帝车驾。炀帝不准。癸酉日,有彗星进入文昌上将星,星都动摇了。

六月辛巳日,在连谷打猎。丁亥日,诏书说:

孝敬祭礼祖先,德行最高;兴建寝庙,礼仪最大。然而,不同时代的制度,有的华丽,有的质朴,有的多,有的少。秦代焚书坑儒后学术湮灭,经典散佚,法令消失,关于庙堂的制度,传说不一。应立多少代祖先,无人能说正确;祖先庙是连室而居还是各自分立,也没有定准。

我得以奉祀祖宗,敬承大业,常想严格配享制度,使祭祀盛典更加隆重。于是咨询官员,访问儒师,都认为高祖文皇帝接受天命,拥有天下,拯救四海黎民,革除百代弊病,缓用刑罚,百姓都自由发展,减轻徭役赋税,民众都安居乐业。统一天下,车同轨道,书同文字,东西扩展,无处不归附,南北征讨,解除百姓疾苦。乘风驾鸟,历代没到的地方都到了,各种各样的少数民族,教化从未施行到的人,也都来边塞、对朝廷叩头礼拜。翻译无时不再进行,书信月月都有,收起武器,天下太平。吉祥的预兆、福瑞的标志所在多有,其伟大雄壮难以言表。

我又听说,品德淳厚的人福泽流传后世;治国不表明的人礼仪繁缛。因此,周朝的文王、武王,汉代的高祖、光武帝,法令制度非常健全,谥号特别尊贵,难道这不是根据实际情况加以称赞,也就是合乎道义地推崇和表彰吗?高祖文皇帝应该另外兴建庙宇,以便表彰他崇高的德行,仍然按规定每月祭祀,以表示对他的怀念。有关官府按时兴建,务必合乎规定。此外,名分不同,礼仪也不一样。天子有七代祖庙,前代经典已经著明,诸侯有二昭二穆庙,从道理上讲比天子要低,所以庙宇是以多为贵。王者的礼仪,现在可以依照使用,以便留存后世。

戊子日,驻扎榆林郡。丁酉日,启民可汗来朝拜。己亥日,吐谷浑、高昌都派遣使臣贡献地方特产。甲辰日,炀帝到在北楼,到黄河去看捕鱼,宴请百官。

秋七月辛亥日,启民可汗上书请求改变服装,戴帽子,束腰带。命令启民可汗朝拜时不用报名了,地位在诸侯王之上。甲寅日,炀帝在郡城东设大帐,全部仪仗护卫,竖立旌旗,宴请启民可汗及其部落三千五百人,演奏百戏。按不同级别赏赐启民及其部落。丙子日,杀死光禄大夫贺若弼、礼部尚书宇文弼、太常卿高颖。尚书右仆射苏威因犯罪被免职。征发百余万男丁修筑长城,西到榆林,东到紫河,十天修完,死去的男丁占十分之五六。

八月壬午日,炀帝车驾从榆树启程。乙酉日,启民可汗修饰庐舍清扫道路,迎接车驾。炀帝到启民帐中,启民举杯祝寿,炀帝的宴请和赏赐都极丰厚。炀帝对高丽使臣说:"回去告诉你们国王,应早早前来朝见。不然的话,我和启民可汗将到你们国土巡察。"皇后也到义城公主帐中。己丑日,启民可汗回国。癸巳日,炀帝进入楼烦关。壬寅日,驻扎太原。下令营建晋阳宫。九月己未日,驻扎济源。到御史大夫张衡家中,饮酒吃饭极尽欢乐。己巳日,到达东都。壬申日,任命齐王暕为河南尹、开府仪同三司。癸酉日,任命民部尚书杨文思为纳言。

大业四年春正月乙巳日,下诏书征发黄河以北各郡百余万男女开凿永济渠,引沁水向南到达黄河,向北通到涿郡。庚戌日,文武百官在允武殿举行射礼。丁卯日,赏赐京城内居民每人十石米。壬申日,任命太府卿元寿为内史令,鸿胪卿杨玄感为礼部尚书。癸酉日,任命工部尚书卫玄为右候卫大将军,大理卿长孙炽为民部尚书。

二月己卯日,派遣司朝谒者崔毅出使突厥处罗,招致汗血马。

三月辛酉日,任命将作大匠宇文恺炎工部尚书。壬戌日,百济、倭、赤土、迦罗舍等国一齐派遣使臣贡献土产。乙丑日,炀帝车驾到五原,趁机出边塞巡视长城。丙寅日,派遣屯田主事常骏出使赤土,招到罗刹。

夏四月丙午日,把离石的汾源、临泉二县、雁门的秀容县,划为楼烦郡。

兴建汾阳宫。癸丑日,任命河内太守张定和为左屯卫大将军。乙卯日,诏书说:"突厥意利珍豆启民可汗率领部落归附我朝,保护关塞,遵奉我朝礼仪,想改变戎狄习俗,频繁地入朝谒见礼拜,多次陈述请求。因为毡墙羽帐,极其简陋,愿意建造有梁有檐的房屋。心诀恳切,我很重视。应该在万寿戍建造城墙房屋,根据情况供给帷帐床被等物品,待遇务必优厚,以合乎我的心意。"

五月壬申日,蜀郡捕获一只三脚乌鸦,张掖郡捕获一只黑狐狸。

秋七月辛巳日,征发二十余万男丁修筑长城,自榆谷向东延伸。乙未日,左翊卫大将军宇文述在曼头、赤水大破吐谷浑军。

八月辛酉日,炀帝亲自到恒岳祭祀,河北道的郡守全部到场。大赦天下。车驾经过的郡肥县,免除一年的租赋。

九月辛未日,征集全国的鹰师到东京集中,来了一万多人。戊寅日,彗星从五车星流出,扫过文昌星,到房星消失。辛巳日,下诏书对修长城的役夫免征一年租税。

冬十月丙午日,诏书说:"先师孔子,道德圣明,发扬天赋英姿,效法文武之道。治理国家,承受天命,孕育了这位素王,而圣人去世时的悲叹,很快就超过千年,崇高的德行,并没保存一百代。常常思念,他美好的风范应该加以推崇。可立孔子后代为绍圣侯。有关官府寻求其嫡系后裔,把名字报上来。"辛亥日,诏书说:"从前,周王即位,首先封唐尧虞舜的后代,汉高祖即位,也赐给殷周的后裔名号,这都是为了表彰先代,效法古圣贤。我继承帝位,寻求文雅的教诲,凡有大益处的,都敬遵如法令。周代兼有夏、殷两朝传统,文质都具备,汉代拥有天下,统一车轨文字,魏晋沿袭汉朝,遗风仍在。这些朝代都应立其后裔,以便保存绝世的大义。有关官府应该寻求其后代,开列姓名上报。"乙卯日,向天下颁布新的度量衡规格。

大业五年春正月丙子日,把东京改为东都。癸未日,下诏书在全国实行均田制。戊子日,炀帝从东都回到京师。乙丑日,规定民间禁止收藏铁叉、搭钩、刀矛之类。太守每年都秘密奏报其属官的行踪。

二月戊戌日,炀帝驻扎阌乡。命令祭祀古代帝王陵墓以及开皇年间功臣坟墓。庚子日,规定北魏、北周官吏的子孙不能因父辈功勋而赏赐官爵。辛丑日,赤土国派遣使臣贡献土产。戊申日,车驾到达京师。丙辰日,在武德殿宴请四百名故旧老人,按不同等级进行赏赐。己未日,炀帝到崇德殿西院,心中很不高兴,回头对左右说:"这是先帝居住的地方,确实增添伤感,心中不安,应该在此院的西边另外建造一殿。"壬戌日,规定听任父母跟随儿子到任职官府去。

三月己巳日,炀帝车驾向西巡视黄河右边。庚午日,有关官吏说,武功男子史永遵和叔父堂兄弟等住在一起。炀帝很赞赏他。赐给一百段布帛、二百石米,表彰他的门第。乙亥日,炀帝到扶风旧居去。

夏四月己亥日,在陇西大举狩猎。壬寅日,高昌、吐谷浑、伊吾都派遣使臣来朝见。乙巳日,驻扎狄道,党项疬来贡献土产。癸亥日,由临津关出发,渡过黄河,到达西平,排兵布阵演习军事。

五月乙亥日,炀帝在拔延山大举围猎,狩猎圈周围绵延二千里。庚辰日,进入长宁谷。壬午日,渡过星岭。甲申日,在金山上宴请群臣。丙戌日,在浩亹架桥,炀帝马过桥后桥坏了,朝散大夫黄亘及监督工程的九人被斩首。吐谷浑王率众屯守覆袁川,炀帝分别派内史元寿从南边驻扎金山,兵部尚书段文振从北边驻扎雪山,太仆卿义臣从东边驻扎琵琶峡,将军张寿从西边驻扎泥岭,四面包围住。吐谷浑王优允率数十名骑兵逃走,派他的名王假称优允,屯守车我真山。壬辰日,命右屯卫大将军张定和前往追捕。定和挺身出战,被吐谷浑杀死。副将柳武建击败吐谷浑军,杀死数百人。甲午日,吐谷浑被围走投无路,仙头王率十余万口男女来投降。

六月丁酉日,派左光禄大夫梁默、右翊卫将军李琼等追击吐谷浑王,二人都战死。癸卯日,炀帝经过大斗拔谷,山路险要狭隘,大军鱼贯而出。风雪交加,天气阴暗,炀帝和随从官员走散,士兵冻死大半。丙午日,驻扎张掖。辛亥日,命令诸郡推举贤才,分四科:学业贯通,才能优异;身强力壮武艺高超;任职勤奋善理政务;秉性正直不畏强暴。壬子日,高昌王麹伯雅来朝拜,伊吾吐屯设等献上西域数千里土地,炀帝十分高兴。癸丑日,设置西海、河源、鄯善、且末等四郡。丙辰日,炀帝到观风行殿,大量陈列文物,演奏九部乐,表演幻术魔法,在殿上宴请高昌王、吐屯设,表示特别优待。有三十余国少数民族使臣陪席。戊午日,大赦天下,开皇元年以来流放发配的罪人,全部放回故乡,但晋阳叛党不在内。陇西各郡,免除一年赋税徭役,炀帝车驾经过的地方,免除两年赋税徭役。

秋七月丁卯日,在青海渚中放牧马,以此寻求优良的龙种马,没取得成效,停止了。

九月癸亥,炀帝车驾进入长安。

冬十月癸亥,诏书说:"优待推崇年老德高者,典籍中都有记载,尊敬顾问,表彰学校。鬻熊做周文王师,并非因为力气大,方叔是元老,计谋深沉。我常说要考察古代,寻求达到天下大治的途径。因此,对年老的人,重新起用,事情要少,待遇要优厚,不要缺了药和饭,希望能睡卧床上,治理好百姓,收到大的效益。今年集合起来的老人,可在附近州郡安置,七十岁以上有疾病行动不便,不能任职的,赏赐布帛送回本郡。官职在七品以上的,酌情给予俸禄,一直到死。"

十一月丙子日,炀帝车驾到东都。

大业六年春正月癸亥日初一,清晨有数十名强盗,白衣白帽,烧着香手里拿着花,自称是弥勒佛,从建国门进来。守门人都跪下叩头。不一会他们夺下卫士的武器,企图谋反。齐王暕遇上,杀死了他们。于是京城大肆搜索,牵连犯罪的有一千余家。丁丑日,在端门街上演角抵大戏,天下的奇异伎艺全部集中于此,演了一个月才停止。炀帝多次穿便服前往观看。己丑日,日本派遣使臣贡献土产。

二月乙巳,武贲郎将陈棱、朝请大夫张镇州进攻流球,打败了他们。献上俘虏一万七千口,炀帝赏赐百官。乙卯日,诏书说:"国家草创时期,王业艰难,全仗大臣辅佐,同心协力,才能拯救衰败的国运,荣登皇位,然后酬报功劳、赏赐功臣,开国建家,以山河宣誓,传山河于万代。近代以来天下混乱,四海未能统一,土地随便封赐,名实不符,很长时期未能改革。我朝开国之初,诸事都刚开始,还遵循旧规矩,来不及改制。现在天下太平,文字、车轨都已统一,应该遵奉先朝旧典,把先圣的教训永远流传后代。从此以后,只有功劳的人才能有赐封,其子孙可以继承封爵。"丙辰日,安德王杨雄改封为观王,河间王之子杨庆改封为郇王。庚申日,征集魏、齐、周、陈等地尔人,全部分配给太常。三月癸亥日,炀帝到江都官。甲子日,任命鸿胪卿史祥为左骁卫大将军。

夏四月丁未日,宴请江淮以南的父老,分等级进行赏赐。

六月辛卯日,室韦、赤土都派遣使臣贡献土产。壬辰日,雁门盗贼头目尉文通聚集三千人马,驻守莫壁谷。派鹰扬杨伯泉打败了他。甲丙日,规定江都太守官秩和京尹相同。

冬十月壬申,刑部尚书梁毗去世。壬子日,民部尚书、银青光禄大夫长孙炽去世。

十二月己未,左光禄大夫、吏部尚书牛弘去世。辛酉,朱崖人王万昌兴兵作乱,派陇西太守韩洪平定了他。

大业七年春正月壬寅日,左武卫大将军、光禄大夫、真定侯郭衍去世。

二月己未日,炀帝登上钓台,面对扬子津,大宴百官,分不同等级进行赏赐。庚申日,百济派遣使臣朝拜进贡。乙亥日,炀帝从江都乘龙舟进入通济渠,到达涿郡。壬午日,诏书说:"军事有七德,首称是安定百姓。政治有六本,应以教育振兴。高丽国高元,有失藩国礼仪,我将赴辽东问罪,宣扬宏图大略。虽然想讨伐敌国,仍然要巡礼四方。现在到涿郡,巡视民间风俗,黄河以北各郡以及太行山以西、以东地区,年九十以上的人授太守衔,八十的人授县令衔。"

三月丁亥日，右光禄大夫、左屯卫大将军姚辩去世。

夏四月庚午，炀帝到涿郡的临朔宫。

五月戊子，任命武威太守樊子盖为民部尚书。

秋天，发生大水灾，太行山东及黄河以南淹没了三十余郡，民众都卖身为奴婢。

冬十月乙卯，底柱山崩溃，堵住黄河水向上倒流数十里。戊午日，任命东平太守吐万绪为左屯卫大将军。

十二月乙未日，西面突厥处罗多利可汗前来朝拜，炀帝十分高兴，用特殊礼仪接见。那时，辽东的战士以及运送给养的人，挤满道路，昼夜不断，苦于服役的人开始聚众为盗。甲子日，命令都尉、鹰扬和郡县相互联系追捕盗贼，随捕获随处决。

大业八年春正月辛巳日，大军在涿郡集中。任命兵部尚书段文振为左侯卫大将军。壬午日，下诏书说：

天地德行极大，却在秋天降下严霜；圣贤十分仁爱，却在刑法上著有杀伐。由此可知，天地造化有杀气，道理在于大公无私；帝王使用武器，乃是出于不得已。版泉、丹浦之战，无非是替天行道，勘定昏乱，应天顺人。何况在甘地野外誓师，夏启继承了大禹的事业，在商城郊外兴兵问罪，周武王完成文王的志向。永远借鉴前代，是我的职责。

从我隋朝接受天命以来，兼具天、地、人三才而建立中正的准则，统一天下而成为一家。封地扩展到细柳、盘桃以外，教化达到了紫舌、黄枝地区。远人来朝，近人安定，无人不团结和睦，大功告成、治理成功就在于此。然而高丽这跳梁小丑，迷乱狂妄，团聚在渤海、碣石之间，侵犯辽东、狣狶土地。虽经汉、魏两代诛伐，巢穴暂时捣毁，但战乱频仍，道路阻隔，他们的部落又聚集起来。他们在前代汇聚山川草泽，而在现代结成恶果。想那华夏土地，竟全是蛮夷。年代久远，恶贯满盈，天道惩罚淫乱，他们的败亡已显露征兆。他们破坏道德伦常，难以谋取，收藏奸徒，惟恐不足。送去的庄严书信,他们从不当面接受,朝见的礼仪,他们从不亲自参加。招降纳叛,不知法纪,聚集在边境,使了望的烽燧极端疲劳,边关巡夜木梆为此不得安静,边民无法耕种。古代的征伐,他们是漏网之鱼。既未遭前代俘虏,又没受到后代诛杀,他们从不感谢,反而更加作恶,兼并契丹党徒,劫掠海边,改穿鞲鞨服装,侵犯辽西,又青丘之外,都按时朝贡,碧海之边,都接受我朝治理,而他们却夺取宝物,断绝往来,无辜的人受害,诚实的人遭祸。使臣奉使前往海东,沿路停留,途径藩国土地,而他们堵塞道路,拒绝王使,没有事奉君王的忠心,哪有做臣的礼节!是可忍,孰不可忍。而且,他们法令严酷,赋税繁重,强臣和豪族执掌国政,结党营私,朋比为奸,形成风气,贿赂公行,冤屈不伸。再加上连年灾荒,户户饥饿,战乱不止,徭役没有期限,百姓输送给养竭尽全力,死尸填满沟壑。百姓忧愁悲苦,又能听从谁?境内一片哀叹,不胜凋敝。回头观看境内,人人都担心生命不保,老人孩子,无不感叹残酷毒烈。我观察风俗来到幽州,悲悯百姓兴师问罪,不须等待再次动身了。于是亲统六军,进行制裁违犯王命的九伐之征,拯救危机,顺从天意,消灭这些丑类,继承先代的谋略。

现在应该传令动身,兵分数路,以雷霆之势占领勃澥,以闪电之速横扫夫余。整装振戈,誓师之后动身,三令五申,有必胜把握之后再战。左第一军当镂方道,第二军当长岑道,第三军当海冥道,第四军当盖马道,第五军当建安道,第六军当南苏道,第七军当辽东道,第八军当玄菟道,第九军当扶余道,第十军当朝鲜道,第十一军当沃沮道,第十二军当乐浪道。右第一军当黏蝉道,第二军当含资道,第三军当浑弥道,右第四军当临屯道,第五军当候城道,第六军当提奚道,第七军当踏顿道,第八军当肃慎道,第九军当碣石道,第十军当东暆道,第十一军当带方道,第十二军当襄平道。所有这些军队,先接受朝廷谋略,再络绎前往,在平壤集合,战士无不像豺、象貔一样勇猛,有百战百胜之雄风,回头一看就使山岳倒塌,开口一呼就使风云郁聚,同心同德,猛士俱在。我亲自统率士兵,节制军队,向东走过辽地,沿海右岸前行,解除远方百姓的疾苦,询问海外黎民的苦难。另外有轻装游击部队,随机应变,人猿甲马衔枚,出其不意,袭击敌人。还有海路大军,舟船千里,帆船疾驰,巨舰云飞,横断坝江,径至平壤,岛屿绝望,废井无路。其他随军异族士兵,手持弓矢等待出发,各种异民族军队,不用协商,众口一辞。顺天行军,面对叛逆,人人勇气百倍,用这样的军队作战,势必如摧枯拉朽一般。

然而,王者的军队,照理不行杀戮,圣人的教化,一定要改造恶人。上天惩罚罪人,只惩办首恶,至于为奸邪的众人,胁从不问。如果高元用泥涂首辕门请罪,自行到司法部门投案,就应该解开绳索,焚烧棺木,宽大处理以表示恩惠。其余的臣民如能归顺我朝,一律加以安抚,各自照旧生产,根据其才能录用为官,不问是蛮夷还是华夏。军营驻扎,一定要整齐严肃,不准放牧、砍柴,要做到秋毫无犯。对高丽百姓要施加恩惠,晓以利害。如果他们共同作恶,抗拒官兵,国家有一定的刑法,斩草除根。希望明白告知,合乎我的心意。

总计一百一十三万三千八百兵马,号称二百万,运送给养的人多一倍。癸未日,第一军出发,四十天以后,所有的军队才都走光,旌旗绵延千里。近代出兵,没有像此次这样盛大的。乙未日,任命右兵卫大将军卫玄为刑部尚书。甲辰日,内史令元寿去世。

二月甲寅日,诏书说:"我到燕地边境观察风俗,到辽东海滨兴师问罪。文臣武将协力同心,战士努力,无不手执武器为君王尽力,舍家从军,以致粮食很少积蓄,耕种受到损失。我因此朝夕忧虑,担心他们穷困。虽然饱食的兵众,理应公而忘私,但对踊跃服役之人,应该待遇优厚。随行人员中,从一品以下至伙飞骑士、召募士以上的人家,郡县都应该经常慰问。如果缺乏粮食,就应救济;有人虽有土地但无劳力不能耕种,可以劝说或者规定劳力多的富家帮助。让住家者有积蓄,行役者无后顾之忧。"壬戌日,司空、京兆尹、光禄大夫观王杨雄去世。

三月辛卯日,兵部尚书、左候卫大将军段文振去世。癸巳日,炀帝亲临大军。甲午日，率军到辽水桥。戊戌日，大军遇到贼兵阻挡，不能渡河。右屯卫大将军、左光禄大夫麦铁杖、武贲郎将钱士雄、孟金叉等，都战死。甲午日，车驾渡过辽水，在东岸大战，击败贼兵，进而包围辽东。乙未日，大军驻屯，看见两只大鸟，一丈多大，白身红足，自由翱翔。炀帝十分惊奇，让画师画下来，并且写文章赞颂。

五月壬午日，纳言杨达去世。

那时，各将领都接到圣旨，遇事必须奏报，故不敢出战。不久，高丽各城都固守，攻不下来。

六月己未日，炀帝到辽东，愤怒地责备各将领。车驾在城西数里停止，到达六合城。

七月壬寅日，宇文述等在萨水战败，右屯卫将军辛世雄战死。九路军队都战败，将帅逃回来的只有两千多人。癸卯日，班师回朝。

九月庚辰日，炀帝到东都。己丑日，诏书说："军事和政治内容不同，文臣和武将用途各异，拯救危难，则霸道兴起，教化民俗，则王道贵显。在平定战乱的时代，屠夫可以做官，太平盛世，则须学习经书才能升职。在丰都开创之始，周朝官员中没有儒生，在建武朝廷之中，则有军功的不能担任官职。自从国家分裂为三，四海交争，顾不上教化，只崇尚武功。设置官职，很少根据才能委任，朝中官员，都是因有功而录用的，无一不是从部队中选拔的。出身勇士，教学的内容从未学习，执政的方法也一无可取。自己是非不明，属下吏员就作威作福，贪污腐化贿赂公行，无法无天，腐蚀政府，残害人民，原因都在于此。从此以后，因功授爵的，不得同时委任文武官职，希望改弦更张，就像调瑟一样，让从政者不是实习生，以便不伤害国政。如果吏部擅自任用，御史就应该弹劾纠察。"

冬十月甲寅日，工部尚书宇文恺去世。

十一月己卯日，皇族女儿华容公主嫁给高昌王。辛巳日，光禄大夫韩寿去世。甲申日，败将宇文述、于仲文等人被削职为民，把尚书右丞刘士龙斩首以向天下谢罪。这一年大旱,又发生瘟疫、死人很多,崤山以东地区尤其厉害。秘密命令长江、淮河以南各郡查看民间童女,有容貌美丽的,每年进贡。

大业九年春正月丁丑日,征集天下士兵,召募民众做骁勇骑士,在涿郡集合。壬午日,盗贼头目杜彦冰、王润等攻陷平原郡,大肆抢劫而去。辛卯日,设置折冲、果毅、武勇、雄武等郎将官,统领骁果骑士。乙未日,平原李德逸聚集数万人,被称为"阿舅贼",抢劫崤山以东地区。灵武白榆妄,被称为"奴贼"抢劫牧马,向北勾结突厥,陇右地区大都遭其祸害。派遣将军前往讨伐,几年不能平定。戊戌日,大赦天下。己亥日,派代王杨侑、刑部尚书卫玄镇守京师。辛丑日,任命右骁骑将军李浑为右骁卫大将军。

二月己未日,济北人韩进洛聚集数万人作强盗。壬午日,恢复宇文述等人官职。又征兵讨伐高丽。

三月丙子日,济阳人孟海公起兵作强盗,人数达到数万。丁丑日,征发十万男丁修建大兴城。戊寅日,炀帝到辽东。让越王杨侗、民部尚书樊子益留守东都。庚子日,北海人郭方预聚众作强盗,自称卢公,人数达三万,攻下郡城,大肆抢劫而去。

夏四月庚午日,炀帝车驾渡过辽水。壬申日,派遣宇文述、杨义臣到平壤。

五月丁丑日,火星进入南斗星。己卯日,济北人甄宝车聚集一万余人,抢掠城镇村落。

六月乙巳日,礼部尚书杨玄感在黎阳造反。丙辰日,杨玄感进逼东都。河南赞务裴弘策率兵抵御,反而被贼兵击败。戊辰日,兵部侍郎斛斯政逃奔高丽。庚午日,炀帝班师回国。高丽侵犯断后部队,炀帝命令右武卫大将军李景断后抵御。派遣左翊卫大将军宇文述、左候卫将军屈突通等乘驿车调发军队,讨伐杨玄感。

秋七月己卯日,命令所在地方征发民夫,修筑县城、府城、驿站。癸未日,余杭人刘元进举兵谋反,人数达数万。

八月壬寅日，左翊卫大将军宇文述等在阌乡击败杨玄感，杀死了他。玄感余党全部被平定。癸卯日，吴地人朱燮、晋陵人管崇聚集十万余人，自称将军，抢掠江南。甲辰日，规定骁果骑士家庭免除赋税徭役。丁未日，命令郡县城离开道路超过五里的，都迁往道旁。戊申日，规定凡盗贼其家庭财产没收入官。乙卯日，盗贼头目陈瑱等率三万余人攻下信安郡。辛酉日，司农卿、光禄大夫、葛国公赵元淑因犯罪被诛杀。

九月己卯日，济阴人吴海流、东海人彭孝才一齐起兵作盗贼，人数达数万。庚辰日，盗贼头目梁慧尚率四万人攻下苍梧郡。甲午日，炀帝车驾驻扎上谷，由于供应不足，炀帝大怒，罢免太守虞荷等人的官职。丁酉日，东阳人李三儿、向但子兴兵作乱，人数达一万余。

闰月己巳，炀帝到博陵。庚午日，炀帝对侍从官员说："我从前跟随先帝在此地盘桓，年刚八岁，日月如梭，不觉已经三十年，追忆往昔生活，一去不复返了。"话未说完，呜咽流泪，侍卫人员都哭了，眼泪沾湿衣裳。

冬十月丁丑日，盗贼头目吕明星率数千人包围东郡。武贲郎将费青奴迎击，杀死了他。乙酉日，诏书说："博陵从前是定州，地处交通要道，是先皇出任官职的基地，皇统教化源远流长，所以道高于周之豳风，义高于舜之姚邑。我巡视黎民，来到此地，瞻望城乡，缅怀先人，充满敬意，就想传播宣扬先人的福泽恩德，广泛地施给下层人民。应取一崇高的名号，以发扬光大先人的功业，可把博陵改为高阳郡。赦免境内死罪以下囚犯。百姓免除一年赋税徭役。"于是招来高祖时候的旧官吏，根据其才能授予官职。壬辰日，任命纳言苏威为开府仪同三司。朱燮、管崇推出刘元进当皇帝。派将军吐万绪、鱼俱罗讨伐，接连几年不能平定。齐地人孟让、王薄等十余万人占据长白山，攻打抢劫各郡。清河盗贼张金称等数万人，渤海盗贼头目格谦自称燕王，孙宣雅自称齐王，人数各有十万，崤山以东地区都受到骚扰。丁亥日，任命右侯卫将军郭荣为右侯卫大将军。

十一月己酉，右侯卫将军冯孝慈在清河讨伐张金称，反被张军打败，孝慈战死。

十二月甲申日，把杨玄感弟弟朝请大夫积善以及党徒十余人车裂，尸体焚烧后随风扬散。丁亥日，扶风人向海明起兵谋反，自称皇帝，年号为白乌。派遣太仆卿杨义臣前往攻打，平定了他。

大业十年春正月甲寅日，把一皇族女封为信义公主，嫁给突厥曷婆那可汗。

二月辛未日，命令百官商议讨伐高丽，接连几天没人敢发言。戊子日，诏书说："战士尽力为国服役，献身战争，都是因为深明大义，忠诚勤劳，丧命于草莽，弃尸于原野，想起这些，心中充满悲伤。往年兴师问罪，将到辽海之滨，计谋深远，进退都有安排。但是杨谅凶恶昏愦，不懂军事，高颎固执偏狭，有勇无谋，率领三军犹如儿戏，视人命如草芥，不遵守定好的计策，招致失败，使战士大批死亡，来不及埋藏。现在应派人分头收葬，在辽西郡建一所道场，祭祀亡灵。让恩德施于九泉之下，消除穷鬼的冤屈，恩泽加于枯骨之上，以弘扬仁者的恩德。"辛卯日，诏书说：

黄帝进行五十二次战斗，商汤进行二十七次征伐，然后才恩德遍施诸侯，号令行于天下。卢芳不过一名小盗，汉高祖还亲自征战；隗嚣不过是复燃的死灰，光武帝还亲自赴陇西讨伐；难道不是想铲除强暴制止战乱，先劳苦而后安逸吗！

我登上皇位，治理天下，日月照到的地方，风雨淋到的地方，谁不是我的臣民？谁又能独不接受教化？高丽小丑，居住在偏远荒僻地区，气焰嚣张，态度傲慢，抢掠我边境，侵略我城镇。因此去年出动大军，到辽东、碣石问罪，在玄菟杀死长蛇，在襄平屠戮封豕。扶余各路兵马，风驰电掣，追奔逐北，越过肃洌水。大海舟船，直捣贼人心脏，焚烧其城池，毁坏其宫殿。高元用泥涂首，伏在刀下，到军营前请罪，接着又请求进京朝见，到司法部门投案。我准许他改过，就下令班师回朝。不料他竟怙恶不悛，真是贪图安逸反遭毒害，是可忍，孰不可忍！可命令六军，后分百路，一齐进发。我应亲自出征,监领各军,在丸都喂马,在辽水观兵,顺应天意在海外诛杀凶顽,拯救苦难的穷苦百姓。用征伐来匡救时弊,用明德来诛杀坏人,只除首恶,胁从不问。如果有人认识生死的区别,明白安危的关键,翻然悔悟,自然能够获得福泽;如果一定要共同作恶,抗拒我朝大军,那就像烈火燎原,格杀无赦。有关官府要趁便宣布此意,让人人都知道。

丁酉日,扶风人唐弼起兵谋反,人数有十万,推李弘做皇帝,自称唐王。

三月壬子日,炀帝到涿郡。癸亥日,住在临渝宫,炀帝身穿军服,对黄帝进行祃祭,杀死叛逃军人衅鼓。

夏四月辛未日,鼓城贼人张大彪聚集数万人,屯守悬薄山为强盗。派遣榆林太守董纯去攻打,杀死了他。甲午日,车驾驻扎北平。

五月庚子日,命令各郡推举孝悌、廉洁的人各十名。壬寅日,盗贼头目宋世谟攻下琅琊郡。庚申日,延安人刘迦论起兵谋反,自称皇王,年号是大世。

六月辛未日,盗贼头目郑文雅、林宝护等三万人,攻下建安郡。太守杨景祥战死。

秋七月癸丑日,炀帝车驾驻扎怀远镇。乙卯日,曹国派遣使臣贡献土产。甲子日,高丽派遣使臣请求投降,把斛斯政囚禁送来,炀帝十分高兴。

八月己巳日,班师回朝。庚午日,右卫大将军、左光禄大夫郑荣去世。

冬十月丁卯日,炀帝到东都。己丑日,回到京城。

十一月丙申日,在金光门外肢解了斛斯政。乙巳日,在南郊祭祀。己酉日,盗贼头目司马长安攻破长平郡。乙卯日,离石胡刘苗王起兵谋反,自称天子,让他弟弟六儿做永安王,人数达数万。将军潘长文前往讨伐,不能战胜。这月,盗贼头目王德仁聚集数万人驻守林虑山做强盗。

十二月壬申日,炀帝去东都。这一天,大赦天下。戊子日,进入东都。庚寅,盗贼头目孟让率十余万人占据都梁宫。派遣江都郡丞王世充打败了他,把他的部众全部俘虏了。

大业十一年春正月甲午日初一,设盛大宴席宴请百官。突厥、新罗、靺鞨、毕大辞、诃咄、传越、乌那曷、波腊、吐火罗、俱虑建、忽论、靺鞨诃多、沛汗、龟兹、疏勒、于阗、安国、曹国、何国、穆国、毕、衣密、失范延、伽折、契丹等国都派遣使臣朝见进贡。戊戌日,武贲郎将高建毗在齐郡打败盗贼头目颜宣政,俘虏数千名男女。乙卯日,大会蛮夷各国,表演幻术戏乐,按不同等级进行赏赐。

二月戊辰日,盗贼头目杨仲绪率一万余人攻打北平,滑公李景击败并斩杀了他。庚午日,诏书说:"设置险关保卫国家,前代经典早有著录;牢固防守抵御强暴,事情将载入史册流传后世。这样做的目的在于安邦定国,禁止奸邪,巩固根基。但近年的战争,居民流散,田地荒芜,城廓破坏,使游手好闲的人增加,而盗匪骚扰不停。现在天下平定,海内安乐,应该让人全部住进城中,就近拨给土地,使得强弱互相包容,徭役相互援助,小偷无法行窃,强盗无法聚集。有关官府详细开列条目,务必让百姓各得其所。"丙子日,上谷人王须拔造反,自称漫天王,国号为燕;盗贼头目魏刁儿自称历山飞,人数都达到十余万,向北勾结突厥,向南侵略赵地。

五月丁酉日,杀死右骁卫大将军、光禄大夫、郇公李浑,将作监、光禄大夫李敏,并且灭掉二人家族。癸卯日,盗贼头目司马长安攻下西河郡。乙酉日,炀帝到太原,在汾阳宫避暑。

秋七月已亥日,淮南人张起绪起兵谋反,人数达三万。辛丑日,光禄大夫、右御卫大将军张寿去世。

八月乙丑日,炀帝巡视北部边塞。戊辰日,突厥始毕可汗计划率领数十万骑兵袭击炀帝车驾,义成公主派使者告知。壬申日,车驾奔到雁门。癸酉日,突厥包围雁门城,官军屡战屡败。炀帝十分恐惧,想率领精兵突围出城,民部尚书樊子盖坚决劝阻,没突围。齐王暕率后军守崞县。甲申日,命令全国各郡召募军队,于是各郡太守、县令纷纷前来救驾。

九月甲辰日,突厥解围回去。丁未日,因特殊情况赦免太原、雁门郡死罪以下囚徒。

冬十月壬戌日,炀帝到东都。丁卯日,鼓城人魏骐驎聚集一万余人作强盗,侵犯鲁郡。壬申日,盗贼头目卢明月聚集十余万人侵犯陈、汝地区。东海盗贼头目李子通率部众渡过淮河,自称楚王,年号为明政,侵犯江都。

十一月乙卯日,盗贼头目王须拔攻下高阳郡。

十二月戊寅日,一颗像斛一样大的流星坠落在卢明月军营,砸破他的冲车。庚辰日,命令民部尚书樊子盖征发关中士兵,讨伐绛郡盗贼敬盘陀、柴保昌等,打了一年也没能平定。谯郡人朱粲率数十万部众侵犯荆襄,妄称楚帝,年号为昌达。汉南各郡大多被他攻下。

大业十二年春正月甲午日,雁门人翟松柏在灵丘起兵,人数达到数万,辗转进攻附近县城。

二月己未日,真腊国派遣使臣贡献土产。甲子日夜晚,有两只像老鹠的大鸟飞进大业殿,落在炀帝的帷帐上,到天明才飞去。癸亥日,东海盗贼卢公暹率万余部众,屯守苍山。

夏四月丁巳,显阳门发生火灾。癸亥日,魏刁儿部将甄翟儿又自称历山飞,部众达十万,辗转进攻太原。将军潘长文讨伐,反被打败,长文战死。

五月丙戌日初一,发生日食,日食现象很快过去了。癸巳日,大流星坠落到吴郡,成了石头。壬午日,炀帝在景华宫征求萤火虫,获得好几斛,夜晚到山上游玩,放出萤火虫,满山谷都照亮了。

秋七月壬戌,民部尚书、光禄大夫济北公樊子盖去世。甲子日,炀帝到江都宫,让越王侗、光禄大夫段达、太府卿元文都、检校民部尚书韦津、右武卫将军皇甫无逸、右司郎卢楚等留守总管政事。奉信郎崔民象因盗贼充斥,在建国门上奏章,劝谏说外出巡视不合适。炀帝大怒,先卸下他的面颊,然后杀死他。戊辰日,冯翊人孙华自称总管,起兵谋反。高凉通守冼珤彻兴兵作乱,岭南各溪洞多数响应。己巳日,火星守在羽林星旁,一月多才消失。炀帝车驾驻扎汜水,奉信郎王爱仁因为盗贼一天天厉害,劝谏炀帝回西京。

炀帝生气,杀死他,然后继续走。

八月乙巳日,贼帅赵万海率数十万部众,从恒山进犯高阳。壬子日,一颗象斗一样大的流星,从王良星阁道星中出来,声音大得像墙壁倒塌。癸丑日,像瓮一样大的流星从羽林星出来。

九月丁酉日,东海人杜扬州、沈觅敌等谋反,人数达数万。右御卫将军陈棱击败他们。戊午日,有两颗枉矢星,从北斗星魁星中出来,弯弯曲曲地流入南斗星。壬戌日,安定人荔非世雄杀死临泾县令,起兵谋反,自称将军。

冬十月己丑,开府仪同三司、左翊卫大将军、光禄大夫、许公宇文述去世。

十二月癸未,鄱阳盗贼操天成起兵造反,自称元兴王,年与为始兴,攻下豫章郡。乙酉日,任命右翊卫大将军来护儿为开府仪同三司、行左翊卫大将军。鄱阳人林士弘自称皇帝,国号称楚,年号为太平,攻下九江、庐陵郡。唐公李渊在西河打败甄翟儿,俘虏数千名男女。

大业十三年春正月壬子日,齐郡盗贼头目杜伏威率领部众渡过淮河,攻下历阳郡。丙辰日,渤海盗贼窦建德在河间乐寿地方设坛,自称长乐王,年号为丁丑。辛巳日,盗贼头目徐圆郎率数千部众攻下东平郡。弘化人刘企成聚集一万余人作强盗,附近郡县都受他的害。

二月壬午日,朔方人梁师都杀死郡丞唐世宗,占领朔方郡谋反,自称大丞相。派银青光禄大夫张世隆攻打,反而被他打败。戊子日,盗贼头目王子英攻下上谷郡。己丑日,马邑校尉刘武周杀死太守王仁恭,兴兵谋反,向北勾结突厥,自称定阳可汗。庚寅日,盗贼头目李密、翟让等攻下兴洛仓。越王侗派遣武贲郎将刘长恭、光禄少卿房崷攻打,反被他们打败,士兵战死十分之五六。庚子日,李密自称魏公,改年号,称元年,打开粮仓赈济众盗贼,人数达到数十万,黄河以南各郡相继失陷。壬寅日,刘武周在桑乾镇打败武贲郎将王智辩,王智辩战死。

三月戊午日,庐江人张子路起兵谋反,派右御卫将军陈棱讨伐平定了他。丁丑日,盗贼头目李通德率十万部众进犯庐江,左屯卫将军张镇州打败了他。

夏四月癸未日,金城校尉薛举率部众谋反,自称西秦霸王,年号为秦兴,攻下陇右各郡。己丑日,盗贼头目孟让夜晚进入东都外城,烧毁丰都市然后离去。癸巳日,李密攻下回洛东仓。丁酉日,盗贼头目房宪伯攻下汝阴郡。这月,光禄大夫裴仁基、淮阳太守赵佗等都率众背叛,投奔李密。

五月辛酉日,夜晚有流星像瓮一样大,坠落在江都。甲子日,唐公在太原起义。丙寅日,数千名突厥人侵犯太原,唐公打败了他们。

秋七月壬子日,火星守在积尸星旁。丙辰日,武威人李轨起兵谋反,攻下河西各郡,自称凉王,年号是安乐。

八月辛巳日,唐公在霍邑打败武牙郎将宋老生,杀死了他。

九月己丑日,炀帝搜刮江都少女和寡妇,匹配给随军士兵。这月,武阳郡丞元宝藏率全郡造反,投奔李密,和盗贼头目李文相一起攻下黎阳仓。彗星在营室星出现。

冬十月丁亥日,太原杨世洛聚集一万多人,抢劫城乡。丙申日,罗县县令萧铣率全县谋反,鄱阳人董景珍率全郡谋反,董到罗县迎接萧铣,号称梁王,攻下邻近的郡。戊戌日,武贲郎将高毗在嵫山打败济北郡盗贼甄宝车。

十一月丙辰日,唐公进入京师。辛酉日,把炀帝遥尊为太上皇,立代王侑为皇帝,改年号为义宁。炀帝在丹阳兴建宫室,想在江南退位。有黑喜鹊来帷帐上居住,赶不走。火星侵入太微星。有石头从长江漂流到扬子津。太阳光四散,就像流血一样,炀帝十分厌恶。

义宁二年三月,右屯卫将军于文化及,武贲郎将司马德戡、元礼,监门直阁裴虔通,将作少监宇文智及,武勇郎将赵行枢,鹰扬郎将孟京,内史舍人元敏,符玺郎李覆、牛方裕,千牛左右李孝本及其弟李质,直长许弘仁、薛世良,城门郎唐奉义,医正张恺等人,率骁果骑士造反,进入宫廷。炀帝在温室去世,享年五十岁。萧后命宫女撤去床席作棺材,埋葬了炀帝。宇文化及发掘出来,右御卫将军陈棱从成像殿护送灵柩,埋葬在吴公台下。开棺入殓时,炀帝面容就像活人一样,大家都很惊奇,大唐平定江南以后,改葬炀帝到雷塘。

　　最初,炀帝因为是诸侯王,按继承顺序不应做皇帝,所以常常虚情假意装正经,沽名钓誉,阴谋夺取皇位。那时高祖十分信任文献皇后,而生性嫉恨妃妾。皇太子杨勇内宫有很多宠爱的妾,因此高祖不喜欢他。炀帝时对妾生的儿子,一概不抚养,表示不宠爱妾,以此讨好文献皇后。对掌权的大臣,炀帝全力交往。宫中使臣到炀帝家,不论地位高低,炀帝都竭力讨好,厚礼相待。宫中奴仆往来炀帝家中的,无不称赞炀帝仁义孝顺。炀帝又常常私自进入宫中,和文献皇后密谋策划,杨素等人趁机煽动,终于废除太子杨勇,立炀帝为太子。从高祖病危至去世,在居丧期中炀帝就纵情淫乐,高祖陵墓一修成,炀帝更四处巡游。因天下长期安定,兵马强盛,炀帝赞叹羡慕秦始皇、汉武帝的功业,就大量地兴建宫殿,极端豪华,招募使者,出使到偏远国家。异族国家来朝见的,都送给很厚的礼,有不恭敬听命的,就派兵攻打。在玉门、柳城以外,大规模屯田。向天下富户征取钱财,大量购置军马,每匹马价值十余万,富户因此十家有九家破产。炀帝生性诡诈,所到的地方,不想让人知道。每去一个地方,总是要在几条路上设置安歇地点,准备山珍海味、水陆珍品,为购买这些东西,多远的地方都去到了。郡县的官吏,竞相进献食物,进献丰富的提拔,进献贫乏的有罪。贪官污吏鱼肉百姓,朝廷和地方国库空虚,按人头向百姓征税,弄得民不聊生。那时国家军事、政治事务繁忙,从早到晚忙不过来,而炀帝骄傲懒惰,不愿过问政务,百姓冤屈得不到申诉,奏报的事情很少得到裁决。炀帝又猜疑臣子,用人不专,朝廷大臣有不合心意的,一定罗织罪名诛灭九族。高颎、贺若弼是先皇的心腹,为先皇运筹帷幄,张衡、李金才是炀帝做诸侯王时的旧臣,满腹经纶,有的因为正直而遭炀帝厌恶,有的因为发表正确的意见而激怒炀帝,都被加上莫须有的罪名,加以诛杀。其余的人,事侍奉君王尽力符合礼仪、正直勤恳、没有罪过而横遭杀害的,数不胜数。政治紊乱,贿赂公行,无人敢发表正确的意见，人们在路上用目光表示不满。军队连年作战，各种劳役频繁征调，服役的人不能回家，留在家里的人失去工作。饥荒严重，以至于人吃人，村庄变成废墟。而炀帝并不体恤民情，东西游玩，没有固定的居住地，常常因为供给不足，提前收取数年的赋税。每到一地，只是沉湎于和后宫妃妾淫乐，从到晚犹觉不足。招进一些老年妇女，早晚说一些淫秽的话，又引进少年，命令他们和宫女发生关系，违法乱纪，以此取乐。全国盗贼风起云涌，抢劫官府，攻打城乡，屠杀百姓。朝廷大臣隐瞒欺骗，不据实奏报盗贼的人数。有人说盗贼很多，总要被大加训斥，于是各自求得平安。上下欺骗。出兵作战，不断地吃败仗，士兵死的死逃的逃。尽力作战的士兵，得不到奖赏，无罪的百姓，都受到屠杀。黎民百姓愤恨抱怨，天下土崩瓦解，以至于被人逮捕之后还不明白是什么原因。

史官评论说：炀帝早在幼年时就有好的名声，向南平定吴郡、会稽，向北打败匈奴，在弟兄们中，他最有功劳。于是他假装正派，施展奸计，博得献后的欢心，高祖也改变了看法，正值天下变乱，他就做了太子，继承皇位，登上皇帝宝座。隋朝国土开拓超过三代，威名远振八方，匈奴单于叩头称臣，越裳国通过重重翻译前来朝贡。货币源源流入京城府库，粮食堆积边塞至于腐烂。炀帝依仗国力富强，一心满足其贪婪的欲望，认为商、周制度狭小，崇尚秦、汉的宏伟规模。恃才傲物，憎恨美德，内藏奸诈，外表端庄，用华丽的衣服掩饰其诡诈，用罢免谏官来掩盖其罪过。荒淫无度，法律增多，礼义、廉耻的教化根绝，酷刑超过断耳、截鼻、宫、髌、和大辟，诛杀同胞兄弟，屠戮忠臣良将，受赏的不是功臣，被杀的没有罪过。屡屡因激怒而发兵，不停地兴建土木工程，多次出兵朔方，三次御驾亲征到辽东，旌旗排列万里，赋税多如牛毛，奸猾官吏鱼肉百姓，人民难以忍受。炀帝又急忙命令用残暴的条例骚扰，用严刑峻法威逼，用雄兵甲士管理，由此全国骚动，民不聊生。

不久，杨玄感发动黎阳叛乱，匈奴包围雁门，炀帝远离中原，到扬州、吴越地区去。奸盗乘机恃强凌弱，关河闭塞不通，皇帝车驾一去不回。再加上军队出征、灾害饥荒，百姓在逃亡道路上颠沛流离，十有八九死在沟中。于是人民相聚起义，多如牛毛，大的占领几个州郡，小的则聚集千百人，攻打城镇，抢劫乡村，血流成河，杀人如麻。百姓用死人骨头烧火，交换亲生儿子当饭吃。茫茫大地，都成了豢养麋鹿的牧场，哀哀百姓，都充当了野兽的食物。四面八方万里路途书信不断，还说是小偷小盗，不值得担心，上下相互欺瞒，不肯考虑如何平乱，姑且张开蜉蝣的翅膀，漫漫长夜寻欢作乐。土崩瓦解，恶贯满盈，普天之下都是仇人，左右臣民都是敌国。炀帝却始终不醒悟，就像望夷宫前的秦二世一样，以帝王之尊竟死于一人之手。

亿万民众没有一个感恩的人，九州太守没有来救护帝王的军队。兄弟子女一同被诛杀，尸骨抛弃无人掩埋，国家覆亡，宗族灭绝。从有历史记载到现在，宇宙崩溃，生灵涂炭，丧命灭国，没有像隋炀帝这样厉害的。《书》说："天降灾害，还可以逃避；自己造成的灾害，无法逃脱。"《传》说："吉凶都是由人造成的，祸难并不随便降临。"又说："战争就像火，不能灭掉，就会烧死自己。"看一下隋朝的灭亡，这些话确实是有根据的。

文献独孤皇后传

——卷三六

【原文】

文献独孤皇后，河南洛阳人，周大司马、河内公信之女也。信见高祖有奇表，故以后妻焉，时年十四。高祖与后相得，誓无异生之子。后初亦柔顺恭孝，不失妇道。后姊为周明帝后，长女为周宣帝后，贵戚之盛，莫与为比，而后每谦卑自守，世以为贤。及周宣帝崩，高祖居禁中，总百揆，后使人谓高祖曰："大事已然，骑兽之势，必不得下，勉之！"高祖受禅，立为皇后。

突厥尝与中国交市，有明珠一箧，价值八百万，幽州总管阴寿白后市之。后曰："非我所须也。当今戎狄屡寇，将士罢劳，未若以八百万分赏有功者。"百僚闻而毕贺。高祖甚宠惮之。上每临朝，后辄与上方辇而进，至阁乃止。使宦官伺上，政有所失，随则匡谏，多所弘益。候上退朝，而同返燕寝，相顾欣然。后早失二亲，常怀感慕，见公卿有父母者，每为致礼焉。有司奏以《周礼》百官之妻，命于王后，宪章在昔，请依古制。后曰："以妇人与政，或从此渐，不可开其源也。"不许。后每谓诸公主曰："周家公主，类无妇德，失礼于舅姑，离薄人骨肉，此不顺事，尔等当诫之。"大都督崔长仁，后之中外兄弟也，犯法当斩。高祖以后之故，欲免其罪。后曰："国家之事，焉可顾私！"长仁竟坐死。后异母弟陀，以猫鬼巫蛊，呪诅于后，坐当死。后三日不食，为之请命曰："陀若蠹政害民者，妾不敢言。今坐为妾身，敢请其命。"陀于是减死一等。后每与上言及政事，往往意合，宫中称为二圣。

后颇仁爱，每闻大理决囚，未尝不流涕。然性尤妒忌，后宫莫敢进御。尉迟迥女孙有美色，先在宫中。上于仁寿宫见而悦之，因此得幸。后伺上听朝,阴杀之。上由是大怒,单骑从苑中而出,不由径路,入山谷间二十余里。高颎、杨素等追及上,扣马苦谏。上太息曰:"吾贵为天子,则不得自由!"高颎曰:"陛下岂以一妇人而轻天下!"上意少解,驻马良久,中夜方始还宫。后俟上于阁内。及上至,后流涕拜谢,颎、素等和解之。上置酒极欢,后自此意颇衰折。初,后以高颎是父之家客,甚见亲礼。至是,闻颎谓己为一妇人,因此衔恨。又以颎夫人死,其妾生男,益不善之,渐加谮毁,上亦每事惟后言是用。后见诸王及朝士有妾孕者,必劝上斥之。时皇太子多内宠,妃元氏暴薨,后意太子爱妾云氏害之。由是讽上黜高颎,竟废太子立晋王广,皆后之谋也。

仁寿二年八月甲子,月晕四重,己巳,太白犯轩辕。其夜,后崩于永安宫,时年五十。葬于太陵。其后,宣华夫人陈氏、容华夫人蔡氏俱有宠,上颇惑之,由是发疾。及危笃,谓侍者曰:"使皇后在,吾不及此"云。

【译文】

文献皇后姓独孤,河南洛阳人,是北周大司马、河内公独孤信的女儿。独孤信看到高祖杨坚长得相貌奇特,因此把皇后嫁给他作妻,这时皇后才十四岁。高祖和皇后相互情投意合,发誓不要别人生的孩子。皇后当初的性情,也很温柔,为人恭敬孝顺,遵守妇道。当时皇后的姐姐做了北周明帝皇后,大女儿又做了北周宣帝皇后,皇亲国戚的尊荣显贵,没有人能够与她相比,可是皇后还是能守住自己的节操,保持着谦逊卑下的风度,社会上认为她是个贤德的人。到了北周宣帝死后,高祖在皇宫中掌握了朝政,皇后派人对高祖说道:"国家的事态已经是这样的结果了,就如同骑在虎背上,一定无法下来,你要尽力而为!"高祖杨坚接受禅让,做了隋文帝以后,把她立为皇后。

北方的突厥曾经和中国作互市贸易,有一箱明珠,价值八百万,幽州总管阴寿把这事禀告皇后,劝她买下那箱明珠。皇后说:"那不是我需要用的。

现在,北方的戎狄一再地侵犯我国疆域,作战的将士们疲惫劳碌,不如拿这八百万分赏给作战有功的将士。"所有的官员们听说这件事以后,都对皇后的行为表示庆贺。高祖非常宠爱皇后,又畏惧她。文帝每次去上朝处理国事的时候,皇后都要把自己乘坐的车,和文帝乘坐的车并列着,一同前往,直到阁门才止步。皇后还派宦官注意文帝的事情,政治上有了过失的地方,就及时规劝匡正文帝,对他有很多补益。等到望见文帝退朝回来了,皇后又和文帝一道返回他们居住的寝宫中,相互看着,心里非常愉快。皇后因为自己早年丧失了父母,经常怀念自己的亲人,而爱慕着家族的情谊,看到公侯贵族中那些有父母的人们,常常让他们代向他们的父母行礼问候。有关官署的负责官员上奏:按照《周礼》,百官的妻子品级,要由皇后来任命,这个制度在以前就订立下了,请求依照古代的旧例去做。皇后说:"让妇人参与管理国家的事情,或许就是由这里而逐渐发展出来的,我不能开这个头。"没有答应。皇后经常对各位公主说:"北周的公主,大多丧失妇德,对舅姑不以礼相待,挑拨离间宗室之间的情谊,这样不孝顺的行为,你们应当把她们当作借鉴。"大都督崔长仁,是皇后的表兄弟,做了犯法的事,应当判死刑。高祖因为他是皇后亲戚的缘故,打算免除他的死罪。皇后对高祖说:"关系到国家的事情,怎么可以顾念私情!"崔长仁终于被定罪,处死了。皇后有个同父异母的兄弟叫独孤陀,因为用猫鬼巫术诅咒皇后,犯了法,应当被判处死罪。皇后为此三日不肯吃东西,为了保全独孤陀的性命,向文帝乞求道:"独孤陀如果做了损害国家、危害人民的事情,我不敢替他求情。现在,他犯罪是因为我的缘故,我才敢乞求免除她的死罪。"独孤陀减轻为比死罪轻一等的刑罚。皇后每逢与文帝谈到国家的政务,她的想法和主张,常常符合文帝的心意,皇宫中的人们称颂他们是二位圣人。

皇后为人非常仁慈,每次听到大理寺处决囚犯,她都要掉眼泪。可是她的性情好妒忌,后宫中的妃嫔们,没有谁敢与文帝共寝。尉迟迥的孙女长得十分美丽,原来住在宫中。一次文帝在仁寿宫见到了她,非常喜欢,她因此得到文帝的宠爱。皇后就乘文帝上朝听政的机会暗地里把她杀了。文帝知道这件事后,大发脾气,一个人骑着马从宫苑中跑出去,不择道路,跑进山谷中二十多里。高颎、杨素等人骑着马,追赶到文帝面前,牵住他的马再三规劝,请他回宫去。文帝长长叹息了一声,说道:"我作为高贵的天子,竟然不能得到自由!"高颎说:"陛下,您难道就因为一个妇人而轻弃天下吗!"文帝的怒气稍稍地消了一些,停住马在山谷中站立了很长时间,半夜才刚返回宫中。皇后在阁内等候着文帝。等到文帝回来时,皇后流着眼泪,跪在地上向他谢罪。在高颎、杨素等人的劝说下,文帝和皇后才重归于好。文帝设置了酒宴,喝得非常高兴。皇后从这件事以后,心中受到很大的打击。当初,皇后因为高颎是她父亲家的宾客,对他非常亲近有礼。这时,听说高颎在文帝面前称自己是一个妇人,由此怀恨在心。又因为高颎的妻子死了以后,他的妾为他生了个男孩,更不喜欢他。逐渐对他加以诋毁,诬陷高颎。文帝也是所有的事情完全按照皇后说的去办。皇后只要看到诸王和朝中官员们中,谁的妾怀了身孕,就必定劝说文帝废黜他们。当时,皇太子杨勇内宫中宠幸的女人很多,太子妃元氏突然死去了,皇后认为是被皇太子的爱妾云氏所害。于是,暗中劝说文帝,罢免了高颎,最终废掉皇太子杨勇,而立了晋王杨广,这些事情,都是出自皇后的计谋。

隋朝的仁寿二年八月甲子那天,环绕月亮周围的光气有四圈,己巳那天,金星的星光冲犯了轩辕星。这天夜里,皇后在永安宫去世,当时五十岁。埋葬在太陵。在她以后,宣华夫人陈氏、容华夫人蔡氏都受到文帝的宠爱,文帝被她们迷惑得很深,由此得了疾病。到病重垂危的时候,文帝对在身边服侍他的人说道:"如果皇后还在的话,我不会到了这样的地步啊。"

中国古典名著精华

宣华夫人陈氏传

——卷三六

【原文】

宣华夫人陈氏,陈宣帝之女也。性聪慧,姿貌无双。及陈灭,配掖庭,后选入宫为嫔。时独孤皇后性妒,后宫罕得进御,惟陈氏有宠。晋王广之在藩也,阴有夺宗之计,规为内助,每致礼焉。进金蛇、金驼等物,以取媚于陈氏。皇太子废立之际,颇有力焉。及文献皇后崩,进位为贵人,专房擅宠,主断内事,六宫莫与为比。及上大渐,遗诏拜为宣华夫人。

初,上寝疾于仁寿宫也,夫人与皇太子同侍疾。平旦出更衣,为太子所逼,夫人拒之得免,归于上所。上怪其神色有异,问其故。夫人泫然曰:"太子无礼。"上恚曰:"畜生何足付大事,独孤诚误我!"意谓献皇后也。因呼兵部尚书柳述、黄门侍郎元严曰:"召我儿!"述等将呼太子,上曰:"勇也。"述、严出阁为敕书讫,示左仆射杨素。素以其事白太子,太子遣张衡入寝殿,遂令夫人及后宫同侍疾者,并出就别室。俄闻上崩,而未发丧也。夫人与诸后宫相顾曰:"事变矣!"皆色动股慄。晡后,太子遣使者赍金合子,帖纸于际,亲署封字,以赐夫人。夫人见之惶惧,以为鸩毒,不敢发。使者促之,于是乃发,见合中有同心结数枚。诸宫人咸悦,相谓曰:"得免死矣!"陈氏恚而却坐,不肯致谢。诸宫人共逼之,乃拜使者。其夜,太子烝焉。

及炀帝嗣位之后,出居仙都宫。寻召入,岁余而终,时年二十九。帝深悼之,为制《神伤赋》。

【译文】

宣华夫人姓陈,是南朝陈宣帝陈顼的女儿。禀性聪慧,姿态和容貌举世无双。到了陈朝被隋文帝灭掉以后,她被发配在掖庭,后来被选入宫中做隋文帝的嫔妃。当时,因为独孤皇后性情妒忌,后宫中的妃嫔们,很少有人能接近文帝,只有陈氏受到文帝的宠爱。晋王杨广在他的封国,暗中策划夺取皇太子地位的办法,谋求让陈氏在宫中相助,常常向她表现礼敬。进献金蛇、金驼等珍奇宝物,来讨取她的欢心。后来,皇太子杨勇被废掉,而立了晋王杨广的时候,陈氏果真出了不小的力气。到了文献皇后去世以后,陈氏被晋封为贵人,她独自占有和享受着文帝的宠爱。掌握决断内宫的一切事情,后宫中的妃嫔们,没有谁可与她的地位相比。到了文帝病重的时候,遗留下诏书,封她为宣华夫人。

当初,文帝因患病卧床,住在仁寿宫内,夫人和皇太子杨广都住在那里服侍文帝。一天清晨,夫人从文帝寝殿中出来,去上厕所,被太子杨广逼迫,要奸污她。夫人极力抵抗,才脱出身来,回到文帝的寝殿中。文帝见她的神色反常,忙询问她出了什么事。夫人流着眼泪对文帝说:"太子对我无礼。"文帝听后,大怒说:"杨广这个畜生,哪里值得交给他关系国家命运的大事,独孤实在是害了我呀!"心中指的是文献皇后。于是,呼唤兵部尚书柳述、黄门侍郎元严进殿,对他们说:"我要召见我的儿子!"柳述等人将要叫太子杨广,文帝又说;"是杨勇。"柳述、元严走出阁门,按照文帝的旨意,拟写完敕书后,又把敕给左仆射杨素看了。杨素很快把这件事禀告皇太子杨广。于是,太子派了他手下的张衡到文帝的寝殿去,便命令夫人和那些在文帝身边服侍的妃嫔们,都从寝殿中出去,到另外的房里去。不一会儿,就听说文帝去世了,可是却没有把这事公布。夫人和各位妃嫔们,相互看着说:"事态发生变化了!"她们全都惊恐得变了脸色,害怕得腿直发抖。晚饭后,皇太子派来了一个使者。那人手里捧着一个金盒子,盒盖的四周贴着封纸,上面有皇太子亲笔写的封字,把它赐给夫人。夫人看见金盒子,非常惊慌和恐惧,以为那里面装的是毒酒,不敢打开。使者催促她,于是才打开盒子,看到那里面放着几枚同心结。在场的各位宫人们见后,都很高兴,对夫人说:"可以不死了。"陈氏大怒,退回去坐下,不肯表示谢意。周围的那些宫人们一起逼迫她,夫人不得已,只好跪下谢了使者。这天夜里,太子杨广奸污了她。

到了隋炀帝杨广即位以后,夫人从原来住的宫中搬出去,自己住在了仙都宫。不久,又被炀帝召入宫中。一年多以后,就去世了。当时夫人二十九岁。炀帝十分悲伤,为了悼念她,而写了那篇《神伤赋》。

炀帝萧皇后传

——卷三六

【原文】

炀帝萧皇后，梁明帝岿之女也。江南风俗，二月生子者不举。后以二月生，由是季父岌收而养之。未几，岌夫妻俱死，转养舅氏张轲家。然轲甚贫窭，后躬亲劳苦。炀帝为晋王时，高祖将为王选妃于梁，遍占诸女，诸女皆不吉。岿迎后于舅氏，令使者占之，曰："吉。"于是遂策为王妃。

后性婉顺，有智识，好学解属文，颇知占候。高祖大善之，帝甚宠敬焉。及帝嗣位，诏曰："朕祗承丕绪，宪章在昔，爰建长秋，用承飨荐。妃萧氏，夙禀成训，妇道克修，宜正位轩闱，式弘柔教，可立为皇后。"

帝每游幸，后未尝不随从。时后见帝失德，心知不可，不敢厝言，因为《述志赋》以自寄。其词曰：

承积善之余庆，备箕帚于皇庭。恐修名之不立，将负累于先灵。乃夙夜而匪懈，实寅惧于玄冥。虽自强而不息，亮愚矇之所滞。思竭节于天衢，才追心而弗逮。实庸薄之多幸，荷隆宠之嘉惠。赖天高而地厚，属王道之升平。均二仪之覆载，与日月而齐明。乃春生而夏长，等品物而同荣。愿立志于恭俭，私自兢于诫盈。孰有念于知足，苟无希于滥名，惟至德之弘深，情不迩于声色。感怀旧之余恩，求故剑于宸极。叨不世之殊盼，谬非才而奉职。何宠禄之逾分，抚胸襟而未识。虽沐浴于恩光，内惭惶而累息。顾微躬之寡昧，思令淑之良难。实不遑不启处，将何情而自安！若临深而履薄，心战慄其如寒。

夫居高而必危，虑处满而防溢。知恣夸之非道，乃慑生于冲谧。嗟宠辱之易惊，尚无为而抱一。履谦光而守志，且愿安乎容膝。珠帘玉箔之奇，金屋瑶台之美,虽时俗之崇丽,盖吾人之所鄙。愧缔绤之不工,岂丝竹之喧耳。知道德之可尊,明善恶之由己。荡嚣烦之俗虑,乃伏膺于经史。综箴诫以训心,观女图而作轨。遵古贤之令范,冀福禄之能绥。时循躬而三省,觉今是而昨非。嗤黄老之损思,信为善之可归。慕周姒之遗风,美虞妃之圣则。仰先哲之高才,贵至人之休德。质菲薄而难踪,心恬愉而去惑。乃平生之耿介,实礼仪之所遵。虽生知之不敏,庶积行以成仁。惧达人之盖寡,谓何求而自陈。诚素志之难写,同绝笔于获麟。

及帝幸江都,臣下离贰,有宫人白后曰:"外闻人人欲反。"后曰:"任汝奏之。"宫人言于帝,帝大怒曰:"非所宜言!"遂斩之。后人复白后曰:"宿卫者往往偶语谋反。"后曰:"天下事一朝至此,势已然,无可救也。何用言之,徒令帝忧烦耳。"自是无复言者。

及宇文氏之乱,随军至聊城。化及败,没于窦建德。突厥处罗可汗遣使迎后于洺州,建德不敢留,遂入于虏庭。大唐贞观四年,破灭突厥,乃以礼致之,归于京师。

【译文】

炀帝萧皇后,是梁朝明帝萧岿的女儿。按照当时长江以南地区的风俗,凡是在二月出生的孩子,不能由父母家里养育。皇后因为出生在二月里,所以由她的叔父萧岌家里收留和抚养她。没过多久,萧岌夫妇二人都去世了,皇后就转由她的舅舅张轲家里抚养。因为张轲家里十分贫穷,皇后就亲自辛勤劳作。炀帝在做晋王的时候,高祖打算替他在梁朝选妃子,让人占卜了梁明帝的各个女儿,然而这些女儿都被认为不吉利。梁明帝萧岿派人把皇后从舅舅张轲家里接回来,命令使者为她占卜,占卜的人看过后,说:"吉利。"高祖就把她封为晋王妃。

皇后的性情很温顺,聪明又有见识。爱好文学,又懂得做文章,能够观察天象变化预测吉凶。高祖十分喜欢她。炀帝也非常地宠爱和敬重她。到了隋炀帝杨广即位以后，下诏书说："我承袭了前人留下的大业，有关的典章制度，在从前已被制订，在宫闱中建立皇后的名位，用来承续祖先的祭祀。我的妃子萧氏，一向受到良好的教育，能够按照妇女的道德规范进行修养，应该处在宫闱的正位，使妇女的教化发扬光大，可以立为皇后。"

炀帝每次出游各地，皇后总是跟随在她身边。当时皇后眼看着炀帝越来越荒淫暴虐，失去了德行，心中明白，这样下去，社稷难保，可是又不敢在他面前直言规劝，因此作了篇《述志赋》，用来寄托自己的心意。词中写道：

接受前人积累善行的恩泽，我以帝王之妻的身份侍奉皇廷。恐怕盛美的名誉不能建立，将使先王的神灵蒙受罪名。于是昼夜不敢松懈，心中惧怕上天的威灵。虽然努力自求上进决不停息，让愚昧阻滞的思想豁然贯通。想在这皇宫中竭尽自己全部的节操，只是才能远远达不到心灵的内衷。实在是平庸渺小又那么的幸运，接受皇帝无比宠爱的美好恩惠。仰赖着如天地般深厚的恩情，享受先王之道的盛世太平。让天覆地载的恩泽广为布施，万物共享日月的灿烂光明。于是生灵在春天有了生机，在夏季得以成长，世间万物一齐繁荣。我愿意立下恭敬节俭的志向，自己内心时时警惕，防止发生贪求富贵的事情。心中常常想着告诫自己知道满足，对于不实际的名望不会去追求。至高无上的帝王德行博大精深，不沉溺于声色。感激您怀念旧人的余恩，在帝王的地位上仍寻求过去的情人。蒙受到世上无双的特殊看顾，使没有才能的我错误地承担了皇后的职责。为什么给我的恩宠和俸禄超过了按名分所应有的，我扪心自问也找不到答案。虽然沐浴在恩惠的光芒中，但心中惭愧惶恐，喘息不一。回顾自己的愚昧无德，想到成为完美善良的人实在困难。确实没有时间安居闲处，将怎么样才能使自己心安。就好像面临深渊、足履薄冰，心中战栗，直打冷战。

处在高高的地方，一定会有危难祸害。想到水积满了，一定要防止它溢出来。知道放纵奢侈是无道的，才应在淡泊宁静中保养身心。叹息宠爱和羞辱都容易使人惊恐,提倡不做什么追求,保守住天然的本性。躬行谦逊礼让的风度,矢志不渝,只希望在可以容下膝盖的小家中安居乐业。奇异的珠帘玉箔,华美的金屋瑶台,虽然世俗崇尚它们的华丽,可是我却鄙视它们。世人为粗布的不够工巧而羞愧,难道只是丝竹乐器的喧闹声而已。懂得了道德的准则可以遵守,明白了行善或是作恶都由自己决定。荡涤喧嚣烦躁的世俗意念,才能把经史书籍的说解牢记在心。综合先人的规劝告诫来训练自己的意志,观看女子的途经作为操守的法则。遵循古代先贤好的模范,希望福禄能安稳地传续。时常追思自己的行为,三省吾身,感到现在正确而过去不对。嗤笑黄老的学说损害了古人的思想,信奉做善事就可到达美好的境界。仰慕周姒遗留下来的风尚,赞美虞妃圣明的准则。敬仰古代贤人的高尚才智,重视道德修养极好的人那种美德。本质微薄浅陋不易去追随,心中恬静愉快就能去除疑惑。平生做事光明正大,实在是遵守礼仪的结果。虽然天生的本质不够聪明敏捷,也希望积累善行变成仁人。害怕达天知命的人太少了,恐怕别人认为我有什么谋求才这样表白自己。平素的志向实在是难以写尽,和孔子听到捕获麒麟时一样放下了笔。

到了隋炀帝去江都的时候,朝中官吏有了反叛的念头。有宫人禀告皇后说:"外面传说许多人都想反叛。"皇后说:"随便你对皇帝讲这些事。"宫人向皇帝进言,炀帝听后大怒,说:"这不是你该讲的。"于是把那个工人杀了。后来,有人又对皇后禀告:"宫中宿卫的官兵们,常常在私下里相互议论,说的都是关于反叛的事情。"皇后说:"天下的事情,一个早晨就到了这步田地,已是大势所趋,没有办法挽救了。还有什么必要向皇帝进言,只是白白让皇帝忧愁烦恼罢了。"此后,再也没有人对皇后说这样的事了。

到了宇文氏叛乱的时候,皇后跟随军队到了聊城。后来宇文化及被打败,皇后落入窦建德手中。突厥的处罗可汗派使者到洺州迎接皇后,窦建德不敢挽留,于是皇后被带往突厥的住地。到了唐朝的贞观四年,唐朝派军队大败突厥,就用优厚的礼仪接待了皇后,让她返回京师居住。

高颎传

——卷四一

【原文】

高颎，字昭玄，一名敏，自云渤海蓨人也。父宾，背齐归周，大司马独孤信引为僚佐，赐姓独孤氏。及信被诛，妻子徙蜀。文献皇后以宾父之故吏，每往来其家。宾后官至郑州刺史。及颎贵，赠礼部尚书、渤海公。

颎少明敏，有器局，略涉书史，尤善词令。初，孩孺时，家有柳树，高百许尺，亭亭如盖。里中父老曰："此家当出贵人。"年十七，周齐王宪引为记室。武帝时，袭爵武阳县伯，除内史上士，寻迁下大夫。以平齐功，拜开府。寻从越王盛击隰州叛胡，平之。

高祖得政，素知颎强明，又习兵事，多计略，意欲引之入府，遣邗国公杨惠谕意。颎承旨欣然曰："愿受驱驰。纵令公事不成，颎亦不辞灭族。"于是为相府司录。时长史郑译、司马刘昉并以奢纵被疏，高祖弥属意于颎，委以心膂。尉迟迥之起兵也，遣子惇率步骑八万，进屯武陟。高祖令韦孝宽击之，军至河阳，莫敢先进。高祖以诸将不一，令崔仲方监之，仲方辞父在山东。时颎又见刘昉、郑译并无去意，遂自请行，深合上旨，遂遣颎。颎受命便发，遣人辞母，云忠孝不可两兼，歔欷就路。至军，为桥于沁水，贼于上流纵火筏，颎预为土狗以御之。既渡，焚桥而战，大破之。遂至邺下，与迥交战，仍共宇文忻、李询等设策，因平尉迟迥。军还，侍宴于卧内，上撤御帷以赐之。进位柱国，改封义宁县公，迁相府司马，任寄益隆。

高祖受禅，拜尚书左仆射，兼纳言，进封渤海郡公，朝臣莫与为比，上每呼为独孤而不名也。颎深避权势，上表逊位，让于苏威。上欲成其美，听解仆射。数日,上曰:"苏威高蹈前朝,颍能推举。吾闻进贤受上赏,宁可令去官!"于是命颍复位。俄拜左卫大将军,本官如故。时突厥屡为寇患,诏颍镇遏缘边。及还,赐马百余匹,牛羊千计。领新都大监,制度多出于颍。每坐朝堂北槐树下以听事,其树不依行列,有司将伐之。上特命勿去,以示后人,其见重如此。又拜左领军大将军,余官如故。母忧去职,二旬起令视事。颍流涕辞让,优诏不许。

开皇二年,长孙览、元景山等伐陈,令颍节度诸军。会陈宣帝薨,颍以礼不伐丧,奏请班师。萧岩之叛也,诏颍绥集江、汉,甚得人和。上尝问颍取陈之策,颍曰:"江北地寒,田收差晚,江南土热,水田早熟。量彼收获之际,微征士马,声言掩袭。彼必屯兵御守,足得废其农时。彼既聚兵,我便解甲,再三若此,贼以为常。后更集兵,彼必不信,犹豫之顷,我乃济师,登陆而战,兵气益倍。又江南土薄,舍多竹茅,所有储积,皆非地窖。密遣行人,因风纵火,待彼修立,复更烧之。不出数年,自可财力俱尽。"上行其策,由是陈人益敝。九年,晋王广大举伐陈,以颍为元帅长史,三军谘禀,皆取断于颍。及陈平,晋王欲纳陈主宠姬张丽华。颍曰:"武王灭殷,戮妲己。今平陈国,不宜取丽华。"乃命斩之,王甚不悦。及军还,以功加授上柱国,进爵齐国公,赐物九千段,定食千乘县千五百户。上因劳之曰:"公伐陈后,人言公反,朕已斩之。君臣道合,非青蝇所间也。"颍又逊位,诏曰:"公识鉴通远,器略优深,出参戎律,廓清淮海,入司禁旅,实委心腹。自朕受命,常典机衡,竭诚陈力,心迹俱尽。此则天降良辅,翊赞朕躬,幸无词费也。"其优奖如此。

是后右卫将军庞晃及将军卢贲等,前后短颍于上。上怒之,皆被疏黜。因谓颍曰:"独孤公犹镜也,每被磨莹,皎然益明。"未几,尚书都事姜晔、楚州行参军李君才并奏称水旱不调,罪由高颍,请废黜之。二人俱得罪而去,亲礼逾密。上幸并州,留颍居守。及上还京,赐缣五千匹,复赐行宫一所,以为庄舍。其夫人贺拔氏寝疾,中使顾问,络绎不绝。上亲幸其第,赐钱百万,绢万匹,复赐以千里马。上尝从容命颍与贺若弼言及平陈事,颍曰:"贺若弼先献十策,后于蒋山苦战破贼。臣文吏耳,焉敢与大将军论功!"帝大笑,时论嘉其有让。寻以其子表仁取太子勇女，前后赏赐不可胜计。时荧惑入太微，犯左执法。术者刘晖私言于颎曰："天文不利宰相，可修德以禳之。"颎不自安，以晖言奏之。上厚加赏慰。突厥犯塞，以颎为元帅，击贼破之。又出白道，进图入碛，遣使请兵。近臣缘此言颎欲反，上未有所答，颎亦破贼而还。

时太子勇失爱于上，潜有废立之意。谓颎曰："晋王妃有神凭之，言王必有天下，若之何？"颎长跪曰："长幼有序，其可废乎！"上默然而止。独孤皇后知颎不可夺，阴欲去之。初，夫人卒，后言于上曰："高仆射老矣，而丧夫人，陛下何能不为之娶！"上以后言谓颎，颎流涕谢曰："臣今已老，退朝之后，惟斋居读佛经而已。虽陛下垂哀之深，至于纳室，非臣所愿。"上乃止。至是，颎爱妾产男，上闻之极欢，后甚不悦。上问其故，后曰："陛下当复信高颎邪？始陛下欲为颎娶，颎心存爱妾，面欺陛下。今其诈已见，陛下安得信之！"上由是疏颎。会议伐辽东，颎固谏不可。上不从，以颎为元帅长史，从汉王征辽东。遇霖潦疾疫，不利而还。后言于上曰："颎初不欲行，陛下强遣之，妾固知其无功矣。"又上以汉王年少，专委军于颎。颎以任寄隆重，每怀至公，无自疑之意。谅所言多不用，甚衔之。及还，谅泣言于后曰："儿幸免高颎所杀。"上闻之，弥不平。俄而上柱国王世积以罪诛，当推核之际，乃有宫禁中事，云于颎处得之。上欲成颎之罪，闻此大惊。时上柱国贺若弼、吴州总管宇文弼、刑部尚书薛胄、民部尚书斛律孝卿、兵部尚书柳述等明颎无罪，上逾怒，皆以之属吏。自是朝臣莫敢言者。颎竟坐免，以公就第。

未几，上幸秦王俊第，召颎侍宴。颎歔欷悲不自胜，独孤皇后亦对之泣，左右皆流涕。上谓颎曰："朕不负公，公自负也。"因谓侍臣曰："我于高颎胜儿子，虽或不见，常似目前。自其解落，瞑然忘之，如本无高颎。不可以身要君，自云第一也。"

顷之，颎国令上颎阴事，称："其子表仁谓颎曰：'司马仲达初托疾不朝，遂有天下。公今遇此，焉知非福！'"于是上大怒，囚颎于内史省而鞫之。宪司复奏颎他事，云："沙门真觉尝谓颎云：'明年国有大丧。'尼令晖复云：'十

七、十八年,皇帝有大厄。十九年不可过。'"上闻而益怒,顾谓群臣曰:"帝王岂可力求! 孔子以大圣之才,作法垂世,宁不欲大位邪? 天命不可耳。颍与子言,自比晋帝,此何心乎?"有司请斩颍。上曰:"去年杀虞庆则,今兹斩王世积,如更诛,天下其谓我何?"于是除名为民。颍初为仆射,其母诫之曰:"汝富贵已极,但有一斫头耳,尔宜慎之!"颍由是常恐祸变。及此,颍欢然无恨色,以为得免于祸。

炀帝即位,拜为太常。时诏收周、齐故乐人及天下散乐。颍奏曰:"此乐久废。今若征之,恐无识之徒弃本逐末,递相教习。"帝不悦。帝时侈靡,声色滋甚,又起长城之役。颍甚病之,谓太常丞李懿曰:"周天元以好乐而亡,殷鉴不遥,安可复尔!"时帝遇启民可汗恩礼过厚,颍谓太府卿何稠曰:"此虏颇知中国虚实、山川险易,恐为后患。"复谓观王雄曰:"近来朝廷殊无纲纪。"有人奏之,帝以为谤讪朝政,于是下诏诛之,诸子徙边。

颍有文武大略,明达世务。及蒙任寄之后,竭诚尽节,进引贞良,以天下为己任。苏威、杨素、贺若弼、韩擒虎等,皆颍所推荐,各尽其用,为一代名臣。自余立功立事者,不可胜数。当朝执政将二十年,朝野推服,物无异议。治致升平,颍之力也,论者以为真宰相。及其被诛,天下莫不伤惜,至今称冤不已。所有奇策密谋及损益时政,颍皆削稿,世无知者。

其子盛道,官至莒州刺史,徙柳城而卒。次弘德,封应国公,晋王府记室。次表仁,封渤海郡公,徙蜀郡。

【译文】

高颍,字昭玄,又名敏,自称是渤海蓚人。父亲高宾,背叛北齐投奔北周,大司马独孤信招引他作僚佐,赐姓独孤氏。等到独孤信被杀,妻儿迁往蜀郡。文献皇后因为高宾曾是其父旧时的属吏,所以常常往来于他家。高宾后来官职做到了邳州刺史。等后来高颍显赫之后,又追赠礼部尚书、渤海公。

高颍幼年聪明敏慧,有才识度量,大致阅览了有关的经史典籍,尤其善于应对言词。当初,高颎还是孩子时,家中有棵柳树,高达百余尺,耸立的样子犹如车盖,乡里的父老说:"这家应当出现贵人。"十七岁时,北周齐王宪召引他作了记室参军。武帝时期,高颎继袭武阳县伯的爵位,授职内史上士,不久升任下大夫。因平齐之功,拜开府。不久跟随越王盛讨伐隰州叛胡,平定了叛乱。

高祖杨坚当政时,一向了解高颎的精明强干,以及熟谙军事,足智多谋,想把他引入相府做幕僚。就派邗国公杨惠向高颎说明他的心意,高颎得知高祖意图后欣然应允,说:"情愿为你尽力效命。纵使公事业不成,我高颎甘愿受杀身灭族之祸也在所不辞。"于是任命他为相府司录参军。当时相府长史郑译、司马刘昉都因奢侈放纵被疏远,高祖更加信任高颎,把他视为心腹。尉迟迥起兵叛乱,派其子尉迟惇率领步兵、骑兵共八万人,进驻武陟。高祖命令韦孝宽前去讨击,军队行进到河阳,不敢先进。高祖因各位将领不能统一,派崔仲方监督,仲方借口父亲在山东而不想前往。当时高颎又见刘昉、郑译也都没有前往的意思,就自己请求出行,非常符合皇上心意,遂派高颎监军。高颎接受命令后即刻动身,派人向母亲告辞,表示忠孝不能两全,遂落泪悲叹上了路。到达军中后,就在沁水上建造桥梁。叛军在河的上游放火栰,高颎事先制造了堵水的土袋来对付,这种土袋前尖后宽,前高后低,状如蹲坐的狗。等过河后,便焚毁桥梁与叛军交战,大破尉迟迥的军队。于是,进军邺下,和尉迟迥交锋。高颎又和宇文忻、李询等人筹划对策,于是平定了尉迟迥的叛乱。官军班师回朝,高颎在高祖寝室中陪宴,高祖撤下帷帐赐给高颎。高颎进位柱国,改封义宁县公,升任相府司马,更受皇上信赖。

高祖受禅登基后,拜高颎为尚书左仆射,兼任纳言,进封渤海郡公,在朝百官没人能比,皇上每次招呼他,只叫他的独孤姓,而不唤他的名字,高颎极力躲避权柄势力,上表请求辞去官位,让给苏威。高祖想成全他的美意,允许他卸任仆射之职。几天后,高祖说:"苏威在前朝隐居不出,高颎能推举他做官。我听说进荐贤能之人理应受到嘉奖,岂能让他离任!"遂让高颎官复原职。不久,拜任左卫大将军,原官职不变。当时,突厥多次侵犯边境骚扰边民,高祖派高颎驻守边境。

待高颎还朝后,皇上赐给他一百多匹马,还有数以千计的牛羊,作为对他戍边有功的奖赏。高颎又兼领新都大监,营造中的法则、规定大多出自高颎之手。他每次都坐在朝堂北面的槐树下受理辞章、处理政事,因此树不依行列,主管部门想伐掉它。高祖特意命令不要伐树,昭示后人,由此可见他对高颎的敬重程度。不久又拜任左领军大将军,其他官职依旧不改。后因母亲去世而解职,二十天后又命他返职办公,高颎流泪推辞,高祖优诏不允。

开皇二年,长孙、元景山等人出兵伐陈,高祖命令高颎总辖各路兵马。适逢陈宣帝去世,高颎认为依照礼仪对方在服丧期内不能讨伐,遂上奏请求回师。萧岩叛乱时,高祖命高颎安抚和召集江汉民众,高颎的所作所为深得人心。高祖曾向高颎询问攻取陈朝的策略,高颎回答:"江北之地寒冷,田中作物收获较晚,江南气候水土炎热,水田早熟。我们可以估计在陈收获的时候,稍稍征集兵马,声称要出兵袭击陈朝,他们必定会屯兵防御,这足以让他荒废农时。等到陈朝集结好兵力后,我方便解甲收兵,这样屡次三番地重复,他们必定会习以为常。待他们习惯后再聚集兵马出击时,他们一定不信,在犹豫不定之际,我军就能渡江登陆而战,士气会加倍增长。此外,江面土薄,房舍多以竹子茅草搭成,所有的积蓄也都没用地窖储藏。我们可以秘密地派人因风纵火,将其烧毁,待他们修葺后再烧。不出几年,自会使他们财力耗尽。"皇上用了他的计谋后,陈人从此更加衰败。开皇九年,晋王杨广大举伐陈,任命高颎为元帅长史,军队中所有事务的征询禀报,都由高颎决断。平定陈朝以后,晋王广想娶陈后主的宠姬张丽华,高颎说:"当年武王灭殷,将妲己杀死。现在平定陈国,也不应娶丽华。"遂命人将其斩首,晋王大为不快。待还师返朝后,高颎因功加授上柱国,晋爵为齐国公,赐物九千段,定食千乘县封户一千五百户。皇上于是慰劳他说:"公伐陈以后,有人说公谋反,我已将其斩首。我们君臣之道和谐,不是由进谗的佞人所能离间的。"高颎又请求退职,皇上下诏说:"公远见卓识,器度优异而谋略深远。出则检阅军令,肃清淮海,入则执掌禁旅,实为腹心之任。自从我受天命登位以来,高颎常主管机要,竭心尽力,无论是居心还是行事都不遗余力。这是上天降下的良辅,辅佐我治理朝政。希望公不要再为辞职费口舌了。"可见皇上对他的优待和褒奖。

此后右卫将军庞晃和将军卢贲等人,前后几次在皇上面前说高颎的坏话。高祖大怒,庞晃、卢贲等都遭贬黜。皇上遂对高颎说:"独孤公犹如一面镜子,每被摩擦一次,就更加洁白光亮。"没过多久,尚书都事姜晔、楚州行参军李君才都上书说水旱不调是高颎的罪责,请求皇上废黜他的相职,二人也都获罪而去,皇上与高颎关系更加亲密。皇上巡幸并州时,委托高颎留守京师。待皇上还京后,赏赐他细绢五千匹,又把一所行宫赐给他作庄舍。高颎的夫人贺拔氏卧病后,皇上派出问病的宦官往来于道,络绎不绝。皇上还亲临高颎的府第,赏赐他铜钱百万,绢万匹,又赐以千里马。高祖曾从容地让高颎和贺若弼讨论平陈的事,高颎说:"贺若弼先前献上十项计策,之后又在蒋山苦战打败陈军。我身为文臣,岂敢和大将军评论军功!"皇上大笑,当时舆论也都称赞他谦让的美德。不久又因其子表仁娶皇太子杨勇之女,高祖前后赏赐他的又不可胜数。当时火星入太微星,冲犯左执法星。精通术数的刘晖私下对他说:"这些天体运行的现象对宰相不利,可以靠完善德行来消灾免祸。"高颎心中不安,将刘晖的话上奏给高祖,皇上对他厚加赏赐、宽慰。突厥进犯边境,皇上任命高颎为元帅,将其击败。高颎又出兵白道,谋划入碛,遂派使请求朝廷增兵。皇上身边的侍臣中有人因此说高颎要谋反,皇上未作答复,而高颎也破贼而回。

当时太子杨勇失宠于皇上,高祖暗中有了废旧立新的心思,就对高颎说:"晋王妃有神凭依,说晋王必能拥有天下,怎么办?"高颎庄重地直身而跪,对皇上说:"长幼有序,岂能废长!"高祖默不作声,遂停止了废立举动。独孤皇后深知高颎志不可夺,暗地里想除掉他。起初,高颎夫人过世,皇后对高祖说:"高仆射年事已高,而丧夫人,陛下怎能不替他再娶呢!"高祖把皇后的话告诉了高颎,高颎流泪致谢,说:"臣现已年迈,退朝以后,只在书房中读佛经而已。尽管陛下哀怜之深,至于纳妻之事则非我所愿。"高祖这才作罢。至此,高颎的爱妾生下男孩,皇上得知后极为欢喜,皇后却颇为不悦。皇上问其缘故,皇后说:"陛下还应相信高颎吗?当初陛下要为他娶妻,高颎心中只有爱妾,所以欺骗陛下说他不愿再娶。现在他的谎言已经揭穿,陛下怎能再信任他!"高祖从此便疏远高颎。适逢商讨伐辽东之事,高颎坚决规劝不要兴兵,高祖不听,任命高颎为元帅长史,跟随汉王杨谅出征辽东。遇上大雨成灾,兵士疾病流行,官军不利而回。皇后对高祖说:"高颎起初就不愿出兵,陛下强行派他去,我就知道他不会得胜回来。"此外,皇上因为汉王年轻,军事要务专门委任高颎处理。高颎见皇上器重自己,所以心中总想用最公正的态度行事,全无半点疑心。杨谅因为自己所说的大多不被采纳,心中嫉恨高颎。等到从辽东回朝后,杨谅哭着对皇后说:"儿子侥幸没被高颎杀死。"皇上闻听后,心中更加愤愤不平。不久上柱国王世积因罪被杀,正当推鞫审核之际,却有宫中之事,说是从高颎处得到的。皇上想构织高颎的罪行,闻听此事后大为惊骇。当时,上柱国贺若弼、吴州总管宇文弼、刑部尚书薛胄、民部尚书斛律孝卿、兵部尚书柳述等人都作证说高颎无罪,皇上更怒,把他们都交给主管官吏处理。从此,文武百官没人再敢进言。高颎最终获罪免官,以国公的身份返家。

没过多久,高祖到秦王杨俊府第,召高颎陪宴。高颎哭泣抽噎,悲不自胜,独孤皇后也相对而哭,左右侍臣都随之落泪。高祖对高颎说:"我没有亏待了你,是你背弃了自己。"遂对身边的侍臣们讲:"我对高颎胜过对自己的儿子,虽然有时见不到他,却常感到他就在眼前。自从他解职后,我闭目后就忘记他,就象原本没有高颎一样。不能以身要君,自称第一啊。"

不久,高颎的国令上奏高颎的秘事,说:"高颎的儿子表仁对他说:'司马仲达当年称病不肯朝见皇上,于是拥有了天下。您现在也遇到这种情况,怎么能知道这不是福气呢!'"于是高祖大怒,将高颎囚禁在内史省审问。宪司又奏报了高颎的其他事,说:"僧人真觉曾对高颎说:'明年国家将有大丧事。'尼姑令晖也说:'十七、十八年皇帝有大难。过不去十九年。'"皇上听说后更加气愤,回头对群臣们讲:"帝王怎能是靠争取得来的,孔子以大圣之才,制定法则流传于世,他难道不想登上帝位吗? 只是命中注定不成罢了。高颎和他儿子的谈论,把自己比作晋帝,是何居心?"主管部门请求将高颎斩首。高祖说:"去年杀了虞庆则,今年斩了王世积,若再杀高颎,天下人会怎么说我?"高颎于是被除名为平民。高颎初任仆射时,他的母亲就告诫他说:"你现在已经富贵之极,只差砍头了,你应慎重从事!"高颎从此常担心招致祸患。等到获罪以后,高颎很高兴,全无不满的表情,他认为经历此事就能幸免于祸了。

隋炀帝即位后,高颎官拜太常。皇上当时下令聚集北周、北齐两朝的乐人,以及全国民间乐舞。高颎上奏说:"此乐久已废弃。现在如果征集,恐怕无知之徒会弃本逐末,更想教习。"皇上不快。炀帝当时奢侈过度,更加喜好声色,又兴役修建长城。高颎深为忧患,对太常丞李懿说:"周朝因好乐而亡国,殷鉴不远,岂能再这样!"当时炀帝对启民可汗恩遇礼节太厚,高颎对太府卿何稠说:"这个突厥人对中原的虚实、山川险易都非常熟悉,恐怕要成为今后的祸患。"又对观王杨雄说:"近来朝廷非常缺乏法纪。"有人把他的话报告了皇上,皇上以为他诽谤朝政,就下令将他处死,所有儿子都迁往边地。

高颎有文武谋略,明晓世事。在深受皇上器重之后,竭尽忠心,举荐招引贤才,以天下为己任。苏威、杨素、贺若弼、韩擒虎等人,都是由高颎推荐为官的,各尽其才,成为一代名臣。至于其他经他引荐后为国建功立业的就不可胜数了。在朝执政将近二十年,朝野无不推崇佩服,没人有相反意见。国家治理得精密周到,歌舞升平,这是高颎的功劳,所以人们公认他是真正的宰相。等到他被杀之后,天下百姓无不悲伤痛惜,至今称冤不止。而当时所有奇策密谋以及对政策的增减改动,高颎上奏后都将草稿毁掉,以示慎密,因此世间无人知道。

高颎之子盛道,官职作到莒州刺史,迁往柳城后去世。次子弘德,封爵为应国公,曾担任晋王杨广的记室参军。次子表仁,封爵为渤海郡公,后徙居蜀郡。

杨 勇 传
——卷四五

【原文】

　　房陵王勇字睍地伐，高祖长子也。周世以太祖军功，封博平侯。及高祖辅政，立为世子，拜大将军、左司卫，封长宁郡公。出为洛州总管、东京小冢宰，总统旧齐之地。后征还京师，进位上柱国、大司马，领内史御正，诸禁卫皆属焉。高祖受禅，立为皇太子，军国政事及尚书奏死罪已下，皆令勇参决之。上以山东民多流冗，遣使按检，又欲徙民北实边塞。勇上书谏曰："窃以导俗当渐，非可顿革，恋土怀旧，民之本情，波迸流离，盖不获已。有齐之末，主暗时昏，周平东夏，继以威虐，民不堪命，致有逃亡，非厌家乡，愿为羁旅。加以去年三方逆乱，赖陛下仁圣，区宇肃清，锋刃虽屏，疮痍未复。若假以数岁，沐浴皇风，逃窜之徒，自然归本。虽北夷猖獗，尝犯边烽，今城镇峻峙，所在严固，何待迁配，以致劳扰。臣以庸虚，谬当储贰，寸诚管见，辄以尘闻。"上览而嘉之，遂寝其事。是后时政不便，多所损益，上每纳之。上尝从容谓群臣曰："前世皇王，溺于嬖幸，废立之所由生。朕傍无姬侍，五子同母，可谓真兄弟也。岂若前代多诸内宠，孽子忿净，为亡国之道邪！"

　　勇颇好学，解属词赋，性宽仁和厚，率意任情，无矫饰之行。引明克让、姚察、陆开明等为之宾友。勇尝文饰蜀铠，上见而不悦，恐致奢侈之渐，因而诫之曰："我闻天道无亲，惟德是与。历观前代帝王，未有奢华而得长久者。汝当储后，若不上称天心，下合人意，何以承宗庙之重，居兆民之上？吾昔日衣服，各留一物，时复看之，以自警戒。今以刀子赐汝，宜识我心。"

　　其后经冬至，百官朝勇，勇张乐受贺。高祖知之，问朝臣曰："近闻至节，内外百官相率朝东宫，是何礼也？"太常少卿辛亶对曰："于东宫是贺，不得言朝。"高祖曰："改节称贺，正可三数十人，逐情各去。何因有司征召，一时普集，太子法服设乐以待之？东宫如此，殊乖礼制。"于是下诏曰："礼有等差，君臣不杂，爰自近代，圣教渐亏，俯仰逐情，因循成俗。皇太子虽居上嗣，义兼臣子，而诸方岳牧，正冬朝贺，任土作贡，别上东宫。事非典则，宜悉停断。"自此恩宠始衰，渐生疑阻。

时高祖令选宗卫侍官，以入上台宿卫。高颍奏称，若尽取强者，恐东宫宿卫太劣。高祖作色曰："我有时行动，宿卫须得雄毅。太子毓德东宫，左右何须强武？此极敝法，甚非我意。如我商量，恒于交番之日，分向东宫上下，围伍不别，岂非好事？我熟见前代，公不须仍踵旧风。"盖疑高颍男尚勇女，形于此言，以防之也。

勇多内宠，昭训云氏尤称嬖幸，礼匹于嫡。勇妃元氏无宠，尝遇心疾，二日而薨。献皇后意有他故，甚责望勇。自是云昭训专擅内政，后弥不平，颇遣人伺察，求勇罪过。晋王知之，弥自矫饰，姬妾但备员数，惟共萧妃居处。皇后由是薄勇，愈称晋王德行。其后晋王来朝，车马侍从，皆为俭素，敬接朝臣，礼极卑屈，声名籍甚，冠于诸王。临还扬州，入内辞皇后，因进言曰："臣镇守有限，方违颜色，臣子之恋，实结于心。一辞阶闼，无由侍奉，拜见之期，杳然未日。"因哽咽流涕，伏不能兴。皇后亦曰："汝在方镇，我又年老，今者之别，有切常离。"又泫然泣下，相对歔欷。王曰："臣性识愚下，常守平生昆弟之意，不知何罪，失爱东宫，恒蓄盛怒，欲加屠陷。每恐谗谮生于机杼，鸩毒遇于杯勺，是用勤忧积念，惧履危亡。"皇后忿然曰："睍地伐渐不可耐，我为伊索得元家女，望隆基业，竟不闻作夫妻，专宠阿云，使有如许豚犬。前新妇本无病痛，忽尔暴亡，遣人投药，致此夭逝。事已如是，我亦不能穷治，何因复于汝处发如此意？我在尚尔，我死后，当鱼肉汝乎？每思东宫竟无正嫡，至尊千秋万岁之后，遣汝等兄弟向阿云儿前再拜问讯，此是几许大苦痛邪！"晋王又拜，呜咽不能止，皇后亦悲不自胜。

此别之后，知皇后意移，始构夺宗之计。因引张衡定策，遣褒公宇文述深交杨约，令喻旨于越国公素，具言皇后此语。素瞿然曰："但不知皇后如何？必如所言，吾又何为者！"后数日，素入侍宴，微称晋王孝悌恭俭，有类至尊，用此揣皇后意。皇后泣曰："公言是也。我儿大孝顺，每闻至尊及我遣内使到，必迎于境首。言及违离，未尝不泣。又其新妇亦大可怜，我使婢去，常与之同寝共食。岂若睍地伐共阿云相对而坐，终日酣宴，昵近小人，疑阻骨肉。我所以益怜阿㦖者，常恐暗地杀之。"素既知意，因盛言太子不才。皇后遂遗素金。始有废立之意。

勇颇知其谋，忧惧，计无所出。闻新丰人王辅贤能占候，召而问之。辅贤曰："白虹贯东宫门，太白袭月，皇太子废退之象也。"以铜铁五兵造诸厌胜。又于后园之内作庶人村，屋宇卑陋，太子时于中寝息，布衣草褥，冀以当之。高祖知其不安，在仁寿宫，使杨素观勇。素至东宫，偃息未入，勇束带待之，故久不进，以激怒勇。勇衔之，形于言色。素还，言勇怨望，恐有他变，愿深防察。高祖闻素谮毁，甚疑之。皇后又遣人伺觇东宫，纤介事皆闻奏，因加媒蘖，构成其罪。高祖惑于邪议，遂疏忌勇。乃于玄武门达至德门量置候人，以伺动静，皆随事奏闻。又东宫宿卫之人，侍官已上，名籍悉令属诸卫府，有健儿者，咸屏去之。晋王又令段达私于东宫幸臣姬威，遗以财货，令取太子消息，密告杨素。于是内外喧谤，过失日闻。段达胁姬威曰："东宫罪过，主上皆知之矣，已奉密诏，定当废立。君能告之，则大富贵。"威遂许诺。

九月壬子，车驾至自仁寿宫，翌日，御大兴殿，谓侍臣曰："我新还京师，应开怀欢乐，不知何意，翻邑然愁苦？"吏部尚书牛弘对曰："由臣等不称职，故至尊忧劳。"高祖既数闻谗谮，疑朝臣皆具委，故有斯问，冀闻太子之愆。

弘为此对，大乖本旨。高祖因作色谓东宫官属曰："仁寿宫去此不远，而令我每还京师，严备仗卫，如入敌国。我为患利，不脱衣卧。昨夜欲得近厕，故在后房，恐有警急，还移就前殿。岂非尔辈欲坏我国家邪？"于是执唐令则等数人，付所司讯鞫。令杨素陈东宫事状，以告近臣。素显言之曰："臣奉敕向京，令皇太子检校刘居士余党。太子奉诏，乃作色奋厉，骨肉飞腾，语臣云："居士党尽伏法，遣我何处穷讨？尔作右仆射，委寄不轻，自检校之，何关我事？"又云："若大事不遂，我先被诛。今作天子，竟乃令我不如诸弟。一事以上，不得自由。"因长叹回视云："我大觉身妨。'"高祖曰：

此儿不堪承嗣久矣。皇后恒劝我废之，我以布素时生，复是长子，望其渐改，隐忍至今。勇昔从南衮州来，语卫王云："阿娘不与我 – 好妇女，亦是可恨。"因指皇后侍儿曰："是皆我物。"此言几许异事。其妇初亡，即以斗帐安余老妪。新妇初亡，我深疑使马嗣明药杀。我曾责之，便怼曰："会杀元孝矩。"此欲害我而迁怒耳。

初，长宁诞育，朕与皇后共抱养之，自怀彼此，连遣来索。且云定兴女，在外私合而生，想此由来，何必是其体胤！昔晋太子取屠家女，其儿即好屠割。今俔非类，便乱宗社。又刘金骓，谄佞人也，呼定兴作亲家翁，定兴愚人，受其此语。我前解金骓者，为其此事。勇尝引曹妙达共定兴女同谶，妙达在外说云："我今得劝妃酒。"直以其诸子偏庶，畏人不服，故逆纵之，欲收天下之望耳。我虽德惭尧、舜，终不以万姓付不肖子也。我恒畏其加害，如防大敌，今欲废之，以安天下。

左卫大将军、五原公元旻谏曰："废立大事，天子无二言，诏旨若行，后悔无及。谗言罔极，惟陛下察之。"旻辞直争强，声色俱厉，上不答。

是时姬威又抗表告太子非法。高祖谓威曰："太子事迹，宜皆尽言。"威对曰："皇太子由来共臣语，惟意在骄奢，欲得从樊川以至于散关，总规为苑。兼云：'昔汉武帝将起上林苑，东方朔谏之，赐朔黄金百斤，几许可笑。我实无金辄赐此等。若有谏者，正当斩之，不过杀百许人，自然永息。'前苏孝慈解左卫率，皇太子奋髯扬肘曰：'大丈夫会当有一日，终不忘之，决当快意。'又宫内所须，尚书多执法不与，便怒曰：'仆射以下，吾会戮一二人，使知慢我之祸。'又于苑内筑一小城，春夏秋冬，作役不辍，营起亭殿，朝造夕改。每云：'至尊嗔我多侧庶，高纬、陈叔宝岂是孽子乎？'尝令师姥卜吉凶，语臣曰：

'至尊忌在十八年,此期促矣。'"高祖泫然曰:"谁非父母生,乃至于此!我有旧使妇女,令看东宫,奏我云:'勿令广平王至皇太子处。东宫憎妇,亦广平教之。'元赞亦知其阴恶,劝我于左藏之东,加置两队。初平陈后,宫人好者悉配春坊,如闻不知厌足,于外更有求访。朕近览《齐书》,见高欢纵其儿子,不胜忿愤,安可效尤邪!"于是勇及诸子皆被禁锢,部分收其党与。杨素舞文巧诋,锻炼以成其狱。勇由是遂败。

居数日,有司承素意,奏言左卫元旻身备宿卫,常曲事于勇,情存附托。在仁寿宫,裴弘将勇书于朝堂与旻,题封云勿令人见。高祖曰:"朕在仁寿宫,有纤小事,东宫必知,疾于驿马。怪之甚久,岂非此徒耶?"遣武士执旻及弘付法治其罪。

先是,勇尝从仁寿宫参起居还,途中见一枯槐,根干蟠错,大且五六围,顾左右曰:"此堪作何器用?"或对曰:"古槐尤堪取火。"于时卫士皆佩火燧,勇因令匠者造数千枚,欲以分赐左右。至是,获于库。又药藏局贮艾数斛,亦搜得之。大将为怪,以问姬威。威曰:"太子此意别有所在。比令长宁王已下,诣仁寿宫还,每尝急行,一宿便至。恒饲马千匹,云径往捉城门,自然饿死。"素以威言诘勇,勇不服曰:"窃闻公家马数万匹,勇忝备位太子,有马千匹,乃是反乎?"素又发泄东宫服玩,似加雕饰者,悉陈之于庭,以示文武群官,为太子之罪。高祖遣将诸物示勇,以诮诘之。皇后又责之罪。高祖使使责问勇,勇不服。太史令袁充进曰:"臣观天文,皇太子当废。"上曰:"玄象久见矣,群臣无敢言者。"

于是使人召勇。勇见使者,惊曰:"得无杀我耶?"高祖戎服陈兵,御武德殿,集百官,立于东面,诸亲立于西面,引勇及诸子列于殿庭。命薛道衡宣废勇之诏曰:

"太子之位,实为国本,苟非其人,不可虚立。自古储副,或有不才,长恶不悛,仍令守器,皆由情溺宠爱,失于至理,致使宗社倾亡,苍生涂地。由此言之,天下安危,系乎上嗣,大业传世,岂不重哉!皇太子勇,地则居长,情所钟爱，初登大位，即建春宫，冀德业日新，隆兹负荷。而性识庸暗，仁孝无闻，昵近小人，委任奸佞，前后愆衅，难以具纪。但百姓者，天之百姓，朕恭天命，属当安育，虽欲爱子，实畏上灵，岂敢以不肖之子，而乱天下。勇及其男女为王、公主者，并可废为庶人。顾惟兆庶，事不获已，兴言及此，良深愧叹！"令薛道衡谓勇曰："尔之罪恶，人神所弃，欲求不废，其可得耶？"勇再拜而言曰："臣合尸之都市，为将来鉴诫，幸蒙哀怜，得全性命。"言毕，泣下流襟，既而舞蹈而去。左右莫不悯默。又下诏曰：

自古以来，朝危国乱，皆邪臣佞媚，凶党扇惑，致使祸及宗社，毒流兆庶。若不标明典宪，何以肃清天下！左卫大将军、五原郡公元旻，任掌兵卫，委以心膂，陪侍左右，恩宠隆渥；乃包藏奸伏，离间君亲，崇长厉阶，最为魁首。太子左庶子唐令则，策名储贰，位长宫僚，谄曲取容，音技自进，躬执乐器，亲教内人，赞成骄侈，导引非法。太子家令邹文腾，专行左道，偏被亲昵，心腹委付，巨细关知，占问国家，希觊灾祸。左卫率司马夏候福，内事谄谀，外作威势，凌侮上下，亵渎宫闱。典膳监元淹，谬陈爱憎，开示怨隙，妄起讪谤，潜行离阻，进引妖巫，营事厌祷。前吏部侍郎萧子宝，往居省阁，旧非宫臣，禀性浮躁，用怀轻险，进画奸谋，要射荣利，经营间构，开造祸端。前主玺下士何竦，假托玄象，妄说妖怪，志图祸乱，心在速发，兼制奇器异服，皆竦规摹，增长骄奢，糜费百姓。凡此七人，为害乃甚，并处斩，妻妾子孙皆悉没官。

车骑将军阎毗、东郡公崔君绰、游骑尉沈福宝、瀛州民章仇太翼等四人，所为之事，皆是悖恶，论其状迹，罪合极刑。但朕情存好生，未能尽戮，可并特免死，各决杖一百，身及妻子资财田宅，悉可没官。副将作大匠高龙义，豫追番丁，辄配东宫使役，营造亭舍，进入春坊。率更令晋文建、通直散骑侍郎、判司农少卿事元衡，料度之外，私自出给，虚破丁功，擅割园地。并处尽。

于是集群官于广阳门外，宣诏以戮之。广平王雄答诏曰："至尊为百姓割骨肉之恩，废黜无德，实为大庆，天下幸甚！"乃移勇于内史省，立晋王广为皇太子，仍以勇付之，复囚于东宫。赐杨素物三千段，元胄、杨约并千段，杨难敌五百段,皆鞠勇之功赏也。

时文林郎杨孝政上书谏曰:"皇太子为小人所误,宜加训诲,不宜废黜。"上怒,挝其胸。寻而贝州长史裴肃表称:"庶人罪黜已久,当克己自新,请封一小国。"高祖知勇之黜也,不允天下之情,乃征肃入朝,具陈废立之意。

时勇自以废非其罪,频请见上,面申冤屈。而皇太子来遏之,不得闻奏。勇于是升树大叫,声闻于上,冀得引见。素因奏言:"勇情志昏乱,为癫鬼所著,不可复收。"上以为然,卒不得见。素诬陷经营,构成其罪,类皆如此。

高祖寝疾于仁寿宫,征皇太子入侍医药,而奸乱宫闱,事闻于高祖。高祖抵床曰:"枉废我儿!"因遣追勇。未及发使,高祖暴崩,秘不发丧。遽收柳述、元岩系于大理狱,伪为高祖敕书,赐庶人死。追封房陵王,不为立嗣。

勇有十男:云昭训生长宁王俨、平原王裕、安城王筠,高良娣生安平王嶷、襄城王恪,王良媛生高阳王该、建安王韶,成姬生颖川王煚,后宫生孝实、孝范。

长宁王俨,勇长子也。诞乳之初,以报高祖,高祖曰:"此即皇太孙,何乃生不得地?"云定兴奏曰:"天生龙种,所以因云而出。"时人以为敏对。六岁,封长宁郡王。勇败,亦坐废黜。上表乞宿卫,辞情哀切,高祖览而悯焉。杨素进曰:"伏愿圣心同于螫手,不宜复留意。"炀帝践极,俨常从行,卒于道,实鸩之也。诸弟分徙岭外,仍敕在所皆杀焉。

【译文】

房陵王杨勇字睍得代,高祖杨坚的长子。北周之时,杨勇以太祖立下军功,被封为博平侯。及高祖杨坚辅政,杨勇被立为世子,拜大将军、左司卫,封为长宁郡公。后出为洛州总管,东京小冢宰,总统原来属于北齐统治的地区。后被征还京师,进位为上柱国、大司马,领内史御政,京师各禁卫军都属杨勇统领。高祖杨坚取代北周即皇帝位之后,杨勇被立为皇太子,国家军政事务和尚书台所奏的死罪以下各案件,都令杨勇参加处断。杨坚以山东地区民众多流亡不在原籍,派遣使者按察检验,又想迁徙民户到北方边境,以充实边防。杨勇向杨坚上书,劝谏说:"臣私下认为引导民俗应当渐进,而不能骤然使其改革更新。贪恋家土,怀念旧居,原是民之本情;四处奔散流亡,本来是他们不得已的事情。北齐末年时,君主昏昧,时政暴虐。北周平定山东之后,又继之以威虐严酷,民不堪命,以致百姓流亡。然百姓不是厌弃家乡,甘心情愿在外边流浪。加上去年尉迟炯、司马消难等三方作乱,赖陛下神圣仁智,得以平定叛乱,肃清海内。如今战争虽然停止,但创伤未曾恢复。如果给以数年的时间,使天下得以沐浴皇风,在外流亡之民,自然会归本业农,回到家乡。北方的突厥人虽然猖獗,曾经屡次犯我边境,现在我北方边境城镇城高池深,防守严固,用不着迁徙百姓,以致百姓劳顿骚扰。臣平庸无知,不够为储君太子的资格,但愿陈寸诚管见,请陛下留意体察。"高祖杨坚见了杨勇的奏章,十分嘉赏,便听从了劝谏,不再提遣使按察、徙民实边的事。以后,只要当时政治有不便于民的地方,杨勇便多所损益,分条上奏,杨坚每每采纳他的意见。杨坚曾从容地对群臣们说:"前代的皇帝君王,多溺于嬖臣亲幸,因此而生出许多废立太子储君之事。我身旁没有姬侍宠妾、五个儿子都是一母所生,可说是真正的亲兄弟,哪里像前代那样内宠众多,孽子奋争,导致内乱,为亡国之道呢?"

杨勇颇为好学,懂得赋诗写文章,性格宽仁和厚,又率意任情,真实自然,不矫揉造作,不做虚假违心之事。引用明克让、姚察、陆开明等人为自己的宾客朋友。一次,杨勇在自己穿的蜀地所产的铠甲上加以文饰,杨坚见了很不高兴,恐怕他由此而开奢侈之端,因而训诫他说:"我听说天道无亲,只帮助那些有德之人。历观前代帝王,从无奢侈豪华而能长治久安的。你是皇太子,国家未来的君主,如果不能上称天心,下合人意,何以承担社稷宗庙的重任而居于万民之上?我过去所穿的衣服,各样都留着一件,时常拿出来看,以此警诫自己。现在把刀子赐给你,你要理解我的良苦用心。"

其后,在过冬至节时,朝中百官去朝见杨勇,向杨勇祝贺节日,杨勇命演出乐舞,接受朝贺。高祖杨坚知道后,问朝臣说:"近日我听说过冬至节时,朝中内外百官,相率到东宫朝见,这是什么礼节呢?"太常少卿辛亶回答说:"到东宫去是贺,不能说是朝。"杨坚说:"改节称贺,正可三数十人,各自因自己的情况去拜贺就是了。何至通过官府征召下令,一时毕集,太子身穿法服,设乐以待?东宫太子这样做,殊为不合礼制。"于是杨坚下诏说:"礼仪各有等级差别,君臣不得相杂。自近代以来,圣人之教逐渐败坏,人们俯仰逐情,因循成俗,不思悔改。皇太子虽然身居上嗣,却义兼臣子。而各地行政长官,正冬朝贺,任土作贡,别上东宫。此事不合于典则,应当全部停止。"从此之后,杨坚对杨勇的宠爱信任开始衰退,怀疑和不信却渐渐增加。

不久,高祖杨坚诏令选择宗卫侍官,以入皇宫执行宿卫任务。宰相高颎上奏说,如果将身强力壮者都选调走,恐怕东宫太子那里的宿卫力量太差。杨坚听了大怒,变了脸色说:"我有时有所行动,宿卫必须雄毅强大。太子在东宫甚有令德,左右何须强武之人?这个法令非常不好,不合我意。如果和我商量,使宿卫轮番宿卫,分向东宫上下,团位不别,这岂不是好事?前代之事我见得多了,你不必仍是因袭前代旧风。"大概杨坚因高颎的儿子娶了杨勇的女儿而怀疑高颎说这种话是有所褊心,故形于此言,加以防范。

杨勇有许多宠爱的妻妾,其中诏训云氏尤其受到杨勇的宠爱,所用礼仪规格和杨勇的正妻差不多。杨勇的妃子元氏不受宠爱,一次得了心疾,过了二天就死了。杨勇的母亲文献皇后认为其中另有缘故,对杨勇非常不满。元氏死后,云诏训在太子官中专擅内政,文献皇后更加不满,曾派人暗中伺察,以寻找杨勇所犯的罪过。晋王杨广知道这些事情以后,更加有意地装饰自己的行为,姬妾只按照规定备足员数而已,平时只和正妻萧妃在一起。文献皇后受到蒙蔽,由此而讨厌杨勇,更加称赞晋王杨广的品德行为。后来晋王入朝,车马侍从都非常节俭朴素,与朝臣交往时非常恭敬有礼,近子卑躬屈膝,由此受到人们的夸赞,名声大起,冠于诸王。

在要归还扬州时,晋王到官内向文献皇后辞行,乘机进言说:"臣因镇守地方,行动有限制,所以不能够经常见您。而儿臣却经常想念您。一旦辞离帝京,无法侍奉您,以后拜见之期,就不知到何时了。"说着还流泪痛哭,伏在地上不能起来。文献皇后也说:"你在方镇之任,我又老了,今日分别,与平常的分别可不一样。"说着也泪流满面,母子相对哭泣。晋王乘机又说:"臣天性识见愚钝,常恪守兄弟相亲相爱之理,却不知犯了何罪而得罪了东宫太子,太子常满怀愤怒,想加害于我。我常常害怕谗谮之言生于宫中,而酒怀饭菜之中又遇毒害,因此勤奋忧惧,怕生不测之祸。"文献皇后愤然说:"睍地代越来越不像话了。我为他娶了元氏之女,指望他兴隆杨氏基业,他却不将元氏当妻子看,专宠云氏,将元氏看得猪狗不如。以前元氏本来没什么病,却突然死去,定是他遣人下毒,使元氏夭折。事已至此,我也不能穷治其罪,为什么他又想主意害你?我在世尚且如此,我死之后,还不把你当鱼肉一般?我常想,东宫太子竟然没有正妻,皇上千秋万岁以后,你们兄弟几人还得向阿云这个小儿面前再拜问讯,俯首听命,这是多么让人难以忍受!"晋王听了,又拜伏在地,哭泣不已,文献皇后也悲痛不能自胜。

晋王在这次和文献皇后分别之后,知道皇后的心思有了转移,才开始谋划夺取皇位继承权。晋王引用张衡定下计策,派褒公宇文述和杨约深相结交,让杨约向越国公杨素传达旨意,说了文献皇后所说的话。杨素听了,瞿然说:"我只是不知道皇后的意思怎么样。若一定像你所说的,我还会反对吗?"几天以后,杨素入宫侍宴,言谈之间,向皇后称道晋王孝悌恭俭,很像高祖杨坚,借机揣摩文献皇后的心意。文献皇后听了杨素之言,哭着说:"你说得对,我的儿子非常孝顺,每次听说皇上和我派的内使到来,必然在辖境边上迎接。谈到离别,没有不哭的。他的媳妇也很讨人喜欢,我派的使婢去,经常和她同寝共食。哪里像睍地伐和阿云相对而坐,终日酣宴,亲昵小人,疑阻骨肉至亲。我所以可怜阿麽(指晋王),是怕他暗中被人杀害。"杨素知道皇后的心意之后,便大肆攻击太子无才无德。皇后听后,便送给了杨素一些金子,从此始有废掉太子而立晋王为太子之意。

　　杨勇多少知道了一些风声,担忧恐惧,不知该怎么办才好。听说新丰人王辅贤能占候预知未来,便召王辅贤来占候。王辅贤说:"白虹直贯东宫门,太白星袭月,这是皇太子废退之象。"杨勇急忙以铜、铁等五兵为厌胜之物,又在后园内作庶人村,村中屋宇卑陋,太子时常在里边睡觉休息,用的是布衣草褥,希冀以此当之。杨坚知道杨勇不安,在仁寿宫中,派杨素去视察杨勇的动静。杨素到东宫之后,杨勇整好衣装等待见他。杨素却故意迟迟不入,以激怒杨勇。杨勇久等不见人来,心中愤恨,形于言色。杨素回来后,说杨勇心中愿望,恐怕有其他变故,请高祖深加提防。杨坚听了杨素所进谗言,心中十分疑惑。皇后又派人视察东宫,事无大小,尽皆奏闻,还添油加醋,以构成杨勇的罪过,杨坚为邪议谗言所惑,便疏远防范杨勇,还在皇宫的玄武门到量德门之间设置侯人,以伺动静,有事立即上奏。又把东宫宿之人自侍官以上,其名籍都令属诸卫府管辖,其中的壮健者全都摒除掉。晋王又令段达和东宫幸臣姬威私相交好,送给姬威许多钱财,让姬威搜罗太子的消息,将其密告杨素。于是,宫内宫外相互喧谤,狼狈为奸,杨勇的"过失"也愈来愈多。段达威胁姬威说:"东宫太子所犯罪过,皇上都已知道,我们已接到密诏,定当废立。你若能告发太子,必能获得大富贵。"姬威遂答应了。

　　九月壬子日,高祖杨坚车驾自仁寿宫至于皇宫。第二天,杨坚到大兴殿,对侍臣们说:"我新还京师,本应开怀欢乐,不知为何,你们却满脸愁苦。"吏部尚书牛弘回答说:"因为臣等不称,所所使至尊忧心劳苦。"杨坚既已多次听到谗言,怀疑朝臣们都委质于太子,所以才这样问,以期得到太子犯罪的证据。牛弘这样回答,实在不合其意。因此,杨坚脸上变了颜色,对东宫官属说:"仁寿宫离此不远,而令我每次归还京师,不得不严加戒备,加入敌国,连夜里睡觉都不敢脱衣服。昨夜我想移得离厕所近一些,所以在后房之中。恐有警急,还来移就前殿。这难道不是你们想坏我国家吗?"于是杨坚下令逮捕唐令则等几人,付有司审讯。又令杨素具阵东宫事状,以告近臣。杨素公开说:"臣奉诏到京师,以令皇太子检校刘居士等人的余党。太子奉诏之后，满脸怒气，杀气腾腾，对臣说：刘居士之党已都伏法，让我到何处去穷加追讨？你身为右仆射，职高任重，自己去追究就是，关我何事？'又说：'若大事不成，我先被杀。如今本要做天子，却竟让我连弟弟们都比不上。一件事情都不能自由处置。'说着长叹而回顾说：'我觉得我身太拖累了。'"杨坚说：

"此儿早已不堪承嗣，皇后总劝我废掉他。我因为他是我为布衣平民时所生，又是长子，指望他能慢慢改正，故隐忍至今。杨勇昔日从南兖州来，对卫王说：'阿嬢不把一个美女让给我，也是可恨。'还指着皇后的侍儿说：'她们将来都是我的。'这话就该问罪。他的妻子刚死，便以斗帐要余老姬。娶的新妇刚死，我怀疑是他派马嗣明毒死的，我曾责问他，他回答说：'会杀元孝矩'。这是他想害我而迁怒于别人。

当初，长宁王出生时，朕和皇后共同抱养。他自怀彼此之分，连加派人来索要。而且云定兴之女（阿云）是在外私合而生，想其由来，哪里是他的后代！过去晋国太子娶屠家之女，其儿即喜欢屠割之事。现在，倘若人非其类，便会混乱宗庙社稷。另外，刘金骧是个谄佞之人，呼云定兴为亲家翁。云定兴是个愚人，居然答应。我以前将刘金骧解职，就是为了此事。杨勇曾经引曹妙达和云定兴之女一同饮宴，曹妙达在外面张扬说："今天我向妃子劝了酒。'这是以其诸子都是偏庶所生，怕别人不服，所以纵进大言，以收天下之望。我虽比不上尧、舜之德，但终不以天下万姓交付给不肖之子。我也总是怕他加害于我，如防大敌。现在我想废掉杨勇，以安天下。"

左卫大将军、五原公元旻劝谏说："废立是件大事，天子无二言。诏旨若行，后悔必来不及。谗言没有边际，唯在陛下明察。"元旻据理力争，声色俱厉，杨坚不予回答。

这时，姬威又上表告发太子之罪。杨坚对姬威说："太子的事，你应言无不尽。"姬威回答说："皇太子和臣讲话时，从来都是意在骄奢，想把从樊川到散关的土地都划为苑囿。又说：'过去汉武帝将起上林苑，东方朔谏之，武帝赐东方朔黄金百斤,甚是可笑。我实在没有金子赐给这等人。如果有劝谏者,杀了就是,不过杀百十人,自然再也无人来谏了。'以前苏孝慈解去左卫率之职,皇太子奋髻扬手说:'大丈夫会当有一天,终不念忘之,必当快意我心。'又宫内所需物品,尚书多执法不给,太子便发怒说:'仆射以下,我杀一二个人,让他们知道怠慢我的祸害。'又在苑内筑一小城,春夏秋冬兴作不停,营起亭殿,朝过夕改。经常说:'至尊怪罪我多娶妾庶,高纬、陈叔宝难道是侧庶所生吗?'又曾令师姥卜吉凶,对臣说:'至尊忌日在十八年,这个日期不远了。'"杨坚听后,含着泪说:"谁不是父母所生,乃至于此!我有一个过去差使的妇女,令她顾看东宫,回奏我说:'不要让广平王到皇太子处去,太子憎恶妻子,也是广平王教的。'元赞也知道他的阴恶之事,劝我在左藏之东,加置两队宿卫。刚刚平定陈朝之后,宫人美好者都配给春坊,却听说他不知餍足,又派人在外求访。朕近日读《齐书》,见高欢放纵儿子,不胜愤怒,怎么能效尤他呢?"于是,杨勇和他的儿子们都被禁锢看管,并派人抓捕其党与。而杨素舞文诋巧,肆意诬陷以成其狱。杨勇因此遂败。

过了几天,有司秉承杨素之意,上奏言左卫元旻身备宿卫,常曲节事于杨勇,情存附托。在仁寿宫中,裴弘将杨勇的书信在朝堂上递与元旻,上面题着勿令人见数字。杨坚说:"朕在仁寿宫,有一点小事,东宫必知,比驿马还快。我久已感到奇怪,难道竟是他干的?"派武士逮捕了元旻和牛弘,交有司治罪。

在此之前,杨勇曾从仁寿宫参问杨坚起居后还,在途中见到一株枯槐,根干蟠错,粗有五六围,对左右的人说:"这棵树能作何用?"有人回答说:"古槐还能用来取火。"当时卫士们都带有火燧,杨勇因此令匠人用这株古槐造了几千枚,想分发给卫士们。至是,放在库中被查获。又药藏局存放有几斛艾,此时也被搜出。人们大为奇怪,去问姬威。姬威说:"太子别有意图,令长宁王以下诸仁寿宫还,总是急速进行,一宿便至。又总是养马数千匹,说直接往捉城门,皇上自然饿死。"杨素以姬威之言责问杨勇,杨勇不服说:"窃闻公家有几万匹马。我身为太子,有马千匹,这便是造反吗?"杨素又将东宫中的衣服用物全部搜出,凡有一点装饰的,都陈列在庭中,以示文武群官,为太子之罪。杨坚派人带上这些东西去责问杨勇,皇后也派人责问。杨坚派使者责问杨勇,杨勇不服。太史令袁充进言说:"臣观天文,皇太子应当废退。"杨坚说:"天象出现很久了,只是群臣没有敢说的。"

于是派人召杨勇。杨勇见了使者,吃惊地说:"不会是要杀我吧?"杨坚身着戎服,排列兵杖,御武德殿,召集百官立于东西,各位皇亲们立于西面,引杨勇及其诸子列于殿庭。命薛道衡宣读废杨勇之诏说:

"太子之位,实为国家之本。如果不是合适的人选,不可以虚立。自古以来,太子或有不才之人,长恶不悛,而仍令其守国家大器,都是因情溺宠爱,失于至理,致使国家倾亡,苍生涂炭。由此说来,天下的安危,系于皇位继承人。大业的传世,岂不重要!皇太子杨勇,身为长子,情所钟爱,初登大位,即建春宫而立为太子,本指望其德业日新,兴隆国运。不料却性识平庸暗昧,不闻仁孝,却匿近小人,委任奸佞,前后过失,难以具纪。但百姓者乃上天之百姓。朕恭敬天命,理当安育百姓,虽然想爱护己子,但实畏于上天之灵,怎敢以不肖之子而乱天下。杨勇及其儿子、女儿为王、为公主者,都可废为庶人。顾念亿万百姓,不得已而为此,兴言及此,深感惭愧!"令薛道衡对杨勇说:"你的罪恶,人神所共弃,欲求不废,那怎么可能?"杨勇再拜伏地,说:"臣本当死在都市街头,以为将来鉴戒,幸蒙袁怜,得以保全性命。"说完,泪水打湿了衣裳,然后踉跄而去。左右之人,莫不怜悯沉默。杨坚又下诏说:

"自古以来,朝廷倾危,国家混乱,都是邪臣佞媚,凶党煽惑,致使祸及宗社,流毒百姓。若不标明典宪纲纪,何以肃清天下!左卫大将军、五原郡公元旻,任掌兵卫,委以心膂,陪侍左右,恩宠隆渥,他却包藏祸心,离间君亲,崇长厉阶,最为魁首。太子左庶子唐令则,策名储贰,为官僚之长,却谄曲取容,音技自进,躬执乐器,亲教内人,赞成骄侈,导引非法。太子家令邹文腾,专行左道,偏被亲昵,委以心腹,臣细皆知,却占问国家之事,希企灾祸发生。左卫率司马夏候福,内事谄谀,外作威势,凌侮上下,亵渎宫闱。典膳监元淹,谬陈爱憎,开示怨隙,妄起讪谤,潜行离阻,引进妖巫,营事厌祷。前吏部侍郎萧子宝,往居省阁,旧非官臣,禀性浮躁,用怀轻险,进画奸谋,以要荣利,经营间构,开造祸端。前主玺下士何竦,假托玄象,妄说妖怪,志图祸乱,心在速发,兼制奇器异服,皆何竦所规摹,增长骄奢,靡费百姓。这七个人,为害最甚,并处斩刑,妻妾子孙皆籍没为官奴。

车骑将军阎毗、东郡公崔君绰、游骑尉沈福宝、瀛州民章仇太翼等人,所作之事,都是悖恶之行。论其状迹,都该处以极刑。但朕情存好生,不打算全部都杀,可以特免一死,每人决杖一百,本人及妻子资财田宅,都藉没入官。副将作大匠高龙义、豫调番丁,总是配给东宫役使,营造亭舍,进入春坊。率更令晋文建,通直散骑侍郎、判司农少卿元衡,料度之外,私自出给,虚破丁功,擅割园地。都要严惩。"

于是,杨坚会集群官于广阳门外,宣读诏书,将元旻等人处斩。广平王杨雄答诏书说:"至尊为了天下百姓,割骨肉之恩,废黜无德,实为大庆之事,天下幸甚。"之后,将杨勇移交内史省,立晋王杨广为太子,然后把杨勇交给杨广处置,又将杨勇囚禁在东宫之中。赐杨素布帛三千段,元胄、杨约二人一千段,杨难敌五百段。这都是他们鞫讯杨勇所得的功赏。

这时,文林郎杨孝敬上书劝谏杨坚说:"皇太子为小人所误,应该加以训诲,不应当废黜。"杨坚大怒,打了杨孝敬的胸脯。不久,贝州长史裴肃上表说:"庶人(指杨勇)废黜已久,应当克己自新,请封他一个小国。"杨坚知道废黜杨勇不合于天下之情,便征裴肃入朝,向裴肃详细谈了废立的经过。

这时,杨勇自己因为无罪而被废,多次请求见杨坚,当面申诉冤屈。但杨广从中阻遏,使杨勇不得见杨坚。杨勇无奈,爬到树上大叫,希望杨坚听到,得以见面。杨素却乘机上奏说:"杨勇情志昏乱,为癫鬼著身,不可救治。"杨坚信以为真,始终未见杨勇。杨素诬陷经营,构成其罪,大都如此。

杨坚在仁寿宫病重,征皇太子杨广入侍医药,而杨广乘机奸乱宫闱,事为杨坚所知。杨坚抵床而后悔说:"枉费我儿!"因而派人去追还杨勇。还未来得及派使者,杨坚突然死去。杨广秘不发丧,并派人逮捕柳述、元严等人,关在大理狱。又伪造杨坚诏书,赐杨勇自杀。杨勇死后,追封为房陵王,不为立嗣。

杨勇有十个儿子:云诏训生长宁王杨俨、平原王杨裕、安城王杨筠;高良娣生安平王杨嶷、襄城王杨恪;王良媛生高阳王杨该、建安王杨韶;成姬生颍川王杨煚,后宫生杨孝实、杨孝范。

长宁王杨俨是杨勇的长子。刚出生时,以报高祖杨坚,杨坚说:“此即皇太孙,何乃生不得地?”云定兴上奏说:“天生龙种,所以因云而出。”时人以为敏对。六岁时,被封为长宁郡王。杨勇败,杨俨也被废黜。杨俨上表乞求备宿卫,辞情哀切,杨坚读后,心中怜悯。杨素进言说:“伏愿圣心同螫手一样,丢掉之后,不应再留意。”隋炀帝即位后,杨俨常从炀帝巡行,在途中死去,实际上是被炀帝使人毒害而死。杨俨的弟弟们都被徙到岭外,但炀帝仍不放过他们,命地方官将他们全都杀害。

杨素传

——卷四八

【原文】

杨素,字处道,弘农华阴人也。祖暄,魏辅国将军、谏议大夫。父敷,周汾州刺史,没於齐。素少落拓,有大志,不拘小节,世人多未之知,惟从叔祖魏尚书仆射宽深异之,每谓子孙曰:"处道当逸群绝伦,非常之器,非汝曹所逮也。"后与安定牛弘同志好学,研精不倦,多所通涉。善属文,工草隶,颇留意於风角。美须髯,有英杰之表。周大冢宰宇文护引为中外记室,後转礼曹,加大都督。武帝亲总万机,素以其父守节陷齐,未蒙朝命,上表申理。帝不许,至於再三。帝大怒,命左右斩之。素乃大言曰:"臣事无道天子,死其分也。"帝壮其言,由是赠敷为大将军,谥曰忠壮。拜素为车骑大将军、仪同三司,渐见礼遇。帝命素为诏书,下笔立成,词义兼美。帝嘉之,顾谓素曰:"善自勉之,勿忧不富贵。"素应声答曰:"臣但恐富贵来逼臣,臣无心图富贵。"

及平齐之役,素请率父麾下先驱。帝从之,赐以竹策,曰:"朕方欲大相驱策,故用此物赐卿。"从齐王宪与齐人战於河阴,以功封清河县子,邑五百户。其年授司城大夫。明年,复从宪拔晋州。宪屯兵鸡栖原,齐主以大军至,宪惧而宵遁,为齐兵所蹑,众多败散。素与骁将十余人尽力苦战,宪仅而获免。其後每战有功。及齐平,加上开府,改封成安县公,邑千五百户,赐以粟帛、奴婢、杂畜。从王轨破陈将吴明彻於吕梁,治东楚州事。封弟慎为义安侯。陈将樊毅筑城於泗口,素击走之,夷毅所筑。

宣帝即位,袭父爵临贞县公,以弟约为安成公。寻从韦孝宽徇淮南,素别下盱眙、钟离。

及高祖为丞相,素深自结纳,高祖甚器之,以素为汴州刺史。行至洛阳,会尉迥作乱，荥州刺史宇文胄据武牢以应迥，素不得进。高祖拜素大将军，发河内兵击胄，破之。迁徐州总管，进位柱国，封清河郡公，邑二千户。以弟岳为临贞公。高祖受禅，加上柱国。开皇四年，拜御史大夫。其妻郑氏性悍，素忿之曰："我若作天子，卿定不堪为皇后。"郑氏奏之，由是坐免。

上方图江表，先是，素数进取陈之计，未几，拜信州总管，赐钱百万、锦千段、马二百匹而遣之。素居永安，造大舰，名曰五牙，上起楼五层，高百余尺，左右前后置六拍竿，并高五十尺，容战士八百人，旗帜加於上。次曰黄龙，置兵百人。自余平乘、舴艋等各有差。及大举伐陈，以素为行军元帅，引舟师趣三硤。军至流头滩，陈将戚欣，以青龙百余艘、屯兵数千人守狼尾滩，以遏军路。其地险峭，诸将患之。素曰："胜负大计，在此一举。若昼日下船，彼则见我，滩流迅激，制不由人，则吾失其便。"乃以夜掩之。素亲率黄龙数千艘，衔枚而下，遣开府王长袭引步卒从南岸击欣别栅，令大将军刘仁恩率甲骑趣白沙北岸，迟明而至，击之，欣败走。悉虏其众，劳而遣之，秋毫不犯，陈人大悦。素率水军东下，舟舻被江，旌甲曜日。素坐平乘大船，容貌雄伟，陈人望之惧曰："清河公即江神也。"陈南康内史吕仲肃屯岐亭，正据江峡，於北岸凿岩，缀铁锁三条，横截上流，以遏战船。素与仁恩登陆俱发，先攻其栅。仲肃军夜溃，素徐去其锁。仲肃复据荆门之延洲。素遣巴蜓卒千人，乘五牙四艘，以柏樯碎贼十余舰，遂大破之，俘甲士二千余人，仲肃仅以身免。陈主遣其信州刺史顾觉，镇安蜀城，荆州刺史陈纪镇公安，皆惧而退走。巴陵以东，无敢守者。湘州刺史、岳阳王陈叔慎遣使请降。素下至汉口，与秦孝王会。及还，拜荆州总管，进爵郢国公，邑三千户，真食长寿县千户。以其子玄感为仪同，玄奖为清河郡公。赐物万段，粟万石，加以金宝，又赐陈主妹及女妓十四人。素言於上曰："里名胜母，曾子不入，逆人王谊，前封於郢，臣不愿与之同。"於是改封越国公。寻拜纳言。岁余，转内史令。

俄而江南人李棱等聚众为乱，大者数万，小者数千，共相影响，杀害长吏。以素为行军总管，帅众讨之。贼朱莫问自称南徐州刺史，以盛兵据京口。素率舟师入自杨子津，进击破之。晋陵顾世兴自称太守，与其都督鲍迁等复来拒

战。素逆击破之,执迁,虏三千余人。进击无锡贼帅叶略,又平之。吴郡沈玄
恰、沈杰等以兵围苏州,刺史皇甫绩频战不利。素率众援之,玄恰势迫,走投南
沙贼帅陆孟孙。素击孟孙於松江,大破之,生擒孟孙、玄恰。黟、歙贼帅沈雪、
沈能据栅自固,又攻拔之。浙江贼帅高智慧自号东扬州刺史,船舰千艘,屯据
要害,兵甚劲。素击之,自旦至申,苦战而破。智慧逃入海,素蹑之,从余姚泛
海趣永嘉。智慧来拒战,素击走之,擒获数千人。贼帅汪文进自称天子,据东
阳,署其徒蔡道人为司空,守乐安。进讨,悉平之。又破永嘉贼帅沈孝彻。於
是步道向天台,指临海郡,逐捕遗逸寇。前后百余战,智慧遁守闽越。

　　上以素久劳於外,诏令驰传入朝。加子玄感官为上开府,赐缣物三千段。
素以余贼未殄,恐为后患,又自请行。乃下诏曰:"朕忧劳百姓,日旰忘食,一物
失所,情深纳隍。江外狂狡,妄构妖逆,虽经殄除,民未安堵。犹有贼首凶魁,
逃亡山洞,恐其聚结,重扰苍生。内史令、上柱国、越国公素,识达古今,经谋长
远,比曾推毂,旧著威名,宜任以大兵,总为元帅。宣布朝风,振扬威武,擒剪叛
亡,慰劳黎庶,军民事务,一以委之。"素复乘传至会稽。先是,泉州人王国庆,
南安豪族也,杀刺史刘弘,据州为乱,诸亡贼皆归之。自以海路艰阻,非北人所
习,不设备伍。素汛海掩至,国庆遑遽,弃州而走,余党散入海岛,或守溪洞。
素分遣诸将,水陆追捕。乃密令人谓国庆曰:"尔之罪状,计不容诛。惟有斩送
智慧,可以塞责。"国庆於是执送智慧,斩於泉州。自余支党,悉来降附,江面大
定。上遣左领军将军独孤陀至浚仪迎劳。比到京师,问者日至。拜素子玄奖
为仪同,赐黄金四十斤,加银瓶,实以金钱,缣三千段,马二百匹,羊二千口,公
田百顷,宅一区。代苏威为尚书右仆射,与高颍专掌朝政。

　　素性疏而辩,高下在心,朝臣之内,颇推高颍,敬牛弘,厚接薛道衡,视苏威
蔑如也。自余朝贵,多被陵轹。其才艺风调,优於高颍,至於推诚体国,处物平
当,有宰相识度,不如疏远矣。

　　寻令素监营仁寿宫,素遂夷山堙谷,督役严急,作者多死,宫侧时闻鬼哭之
声。及宫成,上令高颍前视,奏称颇伤绮丽,大损人丁,高祖不悦。素忧惧,计
无所出,即於北门启独孤皇后曰:"帝王法有离宫别馆,今天下太平,造此一宫,

何足损费!"后以此理谕上,上意乃解。於是赐钱百万,锦绢三千段。

十八年,突厥达头可汗犯塞,以素为灵州道行军总管,出塞讨之,赐物二千段,黄金百斤。先是,诸将与虏战,每虑胡骑奔突,皆以戎车步骑相参,舆鹿角为方阵,骑在其内。素谓人曰:"此乃自固之道,非取胜之方也。"於是悉除旧法,令诸军为骑阵。达头闻之大喜,曰:"此天赐我也。"因下马仰天而拜,率精骑十余万而至。素奋击,大破之,达头被重创而遁,杀伤不可胜计,群虏号哭而去。优诏褒扬,赐缣二万匹,及万钉宝带。加子玄奖位大将军,玄奖、玄纵、绩善并上仪同。

素多权略,乘机赴敌,应变无方,然大抵驭戎严整,有犯军令者,立斩之,无所宽贷。每将临寇,辄求人过失而斩之,多者百余人,少不下十数。流血盈前,言笑自若。及其对阵,先令一二百人赴敌,陷阵则已,如不能陷阵而还者,无问多少,悉斩之。又令三二百人复进,还如向法。将士股慄,有必死之心,由是战无不胜,称为名将。素时贵幸,言无不从,其从素征伐者,微功必录,至於他将,虽有大功,多为文吏所谴却。故素虽严忍,士亦以此愿从焉。

二十年,晋王广为灵朔道行军元帅,素为长史。王卑躬以交素。及为太子,素之谋也。

仁寿初,代高颎为尚书左仆射,赐良马百匹,牝马二百匹,奴婢百口。其年,以素为行军元帅,出云州击突厥,连破之。突厥退走,率骑追蹑,至夜而及之。将复战,恐贼越逸,令其骑稍后。於是亲将两骑,并降突厥二人,与虏并行,不之觉也。候其顿舍未定,趣后骑掩击,大破之。自是突厥远遁,碛南无复虏庭。以功进子玄感位为柱国,玄纵为淮南郡公。赏物二万段。

及献皇后崩,山陵制度,多出於素。上善之,下诏曰:

君为元首,臣则股肱,共治万姓,义同一体。上柱国、尚书左仆射、仁寿宫大监、越国公素,志度恢弘,机鉴明远,怀佐时之略,包经国之才。王业初基,霸图肇建,策名委质,受脤出师,擒剪凶魁,克平虢、郑。频承庙算,扬旌江表,每禀戎律,长驱塞阴,南指而吴越肃清,北临而獯、猃摧服。自居端揆,参赞机衡,当朝正色,直言无隐。论文则词藻纵横,语武则权奇间出,既文且武,惟朕所命,任使之处,夙夜无怠。

献皇后奄离六宫,远日云及,茔兆安厝,委素经营。然葬事依礼,惟卜泉石,至如吉凶,不由於此。素义存奉上,情深体国,欲使幽明俱泰,宝祚无穷。以为阴阳之书,圣人所作,祸福之理,特须审慎。用遍历川原,亲自占择,纤介不善,即更寻求,志图元吉,孜孜不已。心力备尽,人灵协赞,遂得神皇福壤,营建山陵。论素此心,事极诚孝,岂与夫平戎定寇,比其功业?非惟廊庙之器,实是社稷之臣,若不加褒赏,何以申兹劝励?可别封一子义康郡公,邑万户,子子孙孙,承袭不绝。余如故。

并赐田三十顷,绢万段,米万石,金钵一,实以金,银钵一,实以珠,并绫锦五百段。

时素贵宠日隆,其弟约、从父文思、弟文纪,及族父异,并尚书列卿。诸子无汗马之劳,位至柱国、刺史。家僮数千,后庭妓妾曳绮罗者以千数。第宅华侈,制拟宫禁。有鲍亨者,善属文,殷胄者,工草隶,并江南士人,因高智慧没为家奴。亲戚故吏,布列清显,素之贵盛,近古未闻。炀帝初为太子,忌蜀王秀,与素谋之,构成其罪,后竟废黜。朝臣有违忤者,虽至诚体国,如贺若弼、史万岁、李纲、柳彧等,素皆阴中之。若有附会及亲戚,虽无才用,必加进擢。朝廷靡然,莫不畏附。惟兵部尚书柳述,以帝婿之重,数於上前面折素。大理卿梁毗,抗表上言素作威作福。上渐疏忌之,后因出敕曰:"仆射国之宰辅,不可躬亲细务,但三五日一度向省,评论大事。"外示优崇,实夺之权也。终仁寿之末,不复通判省事。上赐王公以下射,素箭为第一,上手以外国所献金精盘,价值钜万,以赐之。四年,从幸仁寿宫,宴赐重叠。

及上不豫,素与兵部尚书柳述、黄门侍郎元岩等入阁侍疾。时皇太子入居大宝殿,虑上有不讳,须豫防拟,乃手自为书,封出问素。素录出事状以报太子。宫人误送上所,上览而大恚。所宠陈贵人,又言太子无礼。上遂发怒,欲召庶人勇。太子谋之於素,素矫诏追东宫兵士帖上台宿卫,门禁出人,并取宇文述、郭衍节度,又令张衡侍疾。上以此日崩,由是颇有异论。

汉王谅反,遣茹茹天保来据蒲州,烧断河桥。又遣王聃子率数万人并力拒守。素将轻骑五千袭之，潜於渭口宵济，迟明击之，天保败走，聃子惧而以城降。有诏徵还。初，素将行也，计日破贼，皆如所量。帝於是以素为并州道行军总管、河北安抚大使，率众数万讨谅。时晋、绛、吕三州并为谅城守，素各以二千人縻之而去。谅遣赵子开拥众十余万，策绝径路，屯据高壁，布阵五十里。素令诸将以兵临之，自引奇兵潜入霍山，缘崖谷而进，直指其营，一战破之，杀伤数万。谅所署介州刺史梁修罗屯介休，闻素至，惧，弃城而走。进至清源，去并州三十里，谅率其将王世宗、赵子开、萧摩诃等，众且十万，来拒战。又击破之，擒萧摩诃。谅退保并州，素进兵围之，谅穷蹙而降，余党悉平。帝遣素弟修武公约赍手诏劳素曰：

我有隋之御天下也，于今二十有四年，虽复外夷侵叛，而内难不作，修文偃武，四海晏然。朕以不天，衔恤在疚，号天叩地，无所逮及。朕本以藩王，谬膺储两，复以庸虚，纂承鸿业。天下者，先皇之天下也，所以战战兢兢，弗敢失坠，况复神器之重，生民之大哉！

贼谅苞藏祸心，自幼而长，羊质兽心，假讬名誉，不奉国讳，先图叛逆，违君父之命，成莫大之罪。诳惑良善，委任奸回，称兵内侮，毒流百姓。私假署置，擅相谋戮，小加大，少凌长，民怨神怒，众叛亲离，为恶不同，同归於乱。朕寡兄弟，犹未忍及言，是故开关门而待寇，戢干戈而不发，朕闻之，天生蒸民，为之置君，仰惟先旨，每以子民为念，朕岂得枕伏苫庐，颠而不救也！大义灭亲，《春秋》高义，周旦以诛二叔，汉启乃戮七藩，义在兹乎？事不获已，是以授公戎律，问罪太原。且逆子贼臣，何代不有，岂意今者，近出家国。所叹荼毒甫尔，便及此事。由朕不能和兄弟，不能安苍生，德泽未弘，兵戈先动，贼乱者止一人，涂炭者乃众庶。非惟寅畏天威，亦乃孤负付嘱，薄德厚耻愧乎天下。

公乃先朝功臣，勋庸克茂。至如皇基草创，百物惟始，便匹马归朝，诚识兼至。汴部、郑州，风卷秋箨，荆南、塞北，若火燎原，早建殊勋，夙著诚节。及献替朝端，具瞻惟允，爰弼朕躬，以济时难。昔周勃、霍光，何以加也！贼乃窃据蒲州，关梁断绝，公以少击众，指期平殄。高壁据险，抗拒官军，公以深谋，出其不意，雾廓云除，冰消瓦解，长驱北迈，直趣巢窟。晋阳之南，蚁徒数万，谅不量力,犹欲举斧。公以棱威外讨,发愤於内,忘身殉义,亲当矢石。兵刃暂交,鱼溃鸟散,僵尸敝野,积甲若山。谅遂守穷城,以拒铁钺。公董率骁勇,四面攻围,使其欲战不敢,求走无路,智力俱尽,面缚军门。斩将搴旗,伐叛柔服,元恶既除,东复清晏,嘉庸茂绩,於是乎在。昔武安平赵,淮阴定齐,岂若公远而不劳,速而克捷者也。朕殷忧谅暗,不得亲御六军,未能问道於上庠,遂使劬劳於行阵。言念於此,无忘寝食。公乃建累世之元勋,执一心之确志。古人有言曰:"疾风知劲草,世乱有诚臣。"公得之矣。乃铭之常鼎,岂止书勋竹帛哉! 功绩克谐,哽叹无已。稍冷,公如宜。军旅务殷,殊当劳虑,故遣公弟,指宣往怀。迷塞不次。

素上表陈谢曰:

臣自惟虚薄,志不及远,州郡之职,敢惮劬劳,卿相之荣,无阶觊望。然时逢昌运,王业惟始,虽涓流赴海,诚心屡竭,轻尘集岳,功力盖微。徒以南阳里闾,丰沛子弟,高位重爵,荣显一时。遂复入处朝端,出总戎律,受文武之任,预帷幄之谋。岂臣才能,实由恩泽。欲报之德,义极昊天。伏惟陛下照重离之明,养继天之德,牧臣於疏远,照臣以光晖,南服降枉道之书,春宫奉肃成之旨。然草木无识,尚荣枯候时,况臣有心,实自效无路。昼夜回徨,寝食惭惕,常惧朝露奄至,虚负圣慈。

贼谅包藏祸心,有自来矣,因幸国哀,便肆凶逆,兴兵晋、代,摇荡山东。陛下拔臣於凡流,授臣以戎律,蒙心膂之寄,禀平乱之规。萧王赤心,人皆以死,汉皇大度,天下争归,妖寇廓清,岂臣之力! 曲蒙使臣弟约赍诏书问劳,高旨峻笔,有若天临,洪恩大泽,便同海运。悲欣惭惧,五情振越,虽百殒微躯,无以一报。

其月还京师,因从驾幸洛阳,以素领营东京大监。以平谅之功,拜其子万石、仁行、姪玄挺,皆仪同三司,赍物五万段,绮罗千匹,谅之妓妾二十人。大业元年,迁尚书令,赐东京甲第一区,物二千段。寻拜太子太师,余官如故。前后赏锡,不可胜计。明年,拜司徒,改封楚公,真食二千五百户。其年,卒官。谥曰景武,赠光禄大夫、太尉公、弘农、河东、绛郡、临汾、文城、河内、汲郡、长平、上党、西河十郡太守。给辒车，班剑四十人，前後部羽葆鼓吹，粟麦五千石，物五千段。鸿胪监护丧事。帝又下诏曰："夫铭功彝器，纪德丰碑，所以垂名迹於不朽，树风声于没世。故楚、景武公素，茂绩元勋，劬劳王室，竭尽诚节，协赞朕躬。故以道迈三杰，功参十乱。未臻遐寿，遽戢清徽。春秋递代，方绵岁祀，式播彤篆，用图勖德，可立碑宰隧，以彰盛美。"素尝以五言诗七百字赠番州刺史薛道衡，词气宏拔，风韵秀上，亦为一时盛作。未几而卒，道衡叹曰："人之将死，其言也善，岂若是乎！"有集十卷。

素虽有建立之策，及平杨谅功，然特为帝所猜忌，外示殊礼，内情甚薄。太史言隋分野有大丧，因改封於楚。楚与隋同分，欲以此厌当之。素寝疾之日，帝每令名医诊候，赐以上药。然密问医人，恒恐不死。素又自知名位已极，不肯服药，亦不将慎，每语弟约曰："我岂须更活耶？"素负冒财货，营求产业，东、西二京，居宅侈丽，朝毁夕复，营缮无已，爰及诸方都会处，邸店、水碨并利田宅以千百数，时议以此鄙之。子玄感嗣。诸子皆坐玄感诛死。

【译文】

杨素，字处道，弘农郡华阴人。祖父杨暄，北魏辅国将军、谏议大夫。父杨敷，北周的汾州刺史，陷没于齐。杨素少年时放荡不羁，有大志，不拘小节，当时的人都不了解他，只有他的从叔祖魏尚书仆射杨宽很以为不凡，常对子孙说："处道必然超群绝伦。他是非凡之器，不是你辈所能比得上的。"后来，杨素与安定郡人牛弘志同道合，全很好学，精研不倦，广泛涉猎。他善于写文章，擅长草隶，很留意于风角占验之术。他胡须很漂亮，有英杰的仪表。周朝的大冢宰宇文护提拔他为中外记室，后来转官礼曹，加大都督衔。周武帝亲自综理万机。杨素认为父亲坚守节操，陷没于北齐，还未受朝廷恩命，便上表申诉。周武帝不答应，杨素再三上表请求。武帝大怒，命左右把他斩了。杨素高声道："我侍奉无道的天子，死也是应该的。"武帝觉得他说得很壮烈，因此封赠杨敷为大将军，谥"忠壮"。拜杨素为车骑大将军、仪同三司，渐渐受到礼遇。武帝命杨素写诏书，下笔立成，文词义理都很优美。武帝表示嘉许，看着杨素道：

"好自为之，不要愁不会富贵的。"杨素应声答道："我只怕富贵来逼近我，我无心图谋富贵。"

及至发动平灭北齐的战役，杨素要求率领父亲的旧部为先锋。武帝应允了他，赐给他竹策，说："朕正想要重用你，所以把此物赐给你。"杨素跟随齐王宇文宪，与北齐人战于河阴，以功封清河县子，食邑五百户。这年授勋为司城大夫。第二年，他又跟随齐王宇文宪攻拔晋州。宇文宪屯兵鸡栖原，北齐后主率大军赶到，宇文宪惊惧而趁夜逃跑，为北齐兵追击，兵众败散甚多。杨素与骁将十余人奋力苦战，宇文宪勉强脱身。此后杨素每战都有功绩。及至平灭北齐，加官上开府，改封成安县公，食邑一千五百户，赐以粟帛、奴婢和各种牲畜。杨素跟随王轨击破陈朝将领吴明彻于吕梁，掌治东楚州事。封其弟杨慎为义安侯。陈将樊毅筑城于泗口，杨素击跑了他，把他所筑的城全部夷平。

周宣帝即位，杨素袭父爵为临贞县公，其弟杨约为安成公。不久，他跟随韦孝宽征略淮南，杨素独自取得盱眙、钟离。

及至后来的隋文帝杨坚担任丞相，杨素深自结交。杨坚很器重他，任命他为汴州刺史。杨素上任，行至洛阳，正赶上尉迟迥起兵反杨坚，荥州刺史宇文胄据守虎牢以响应尉迟迥，杨素不能前行。杨坚拜杨素为大将军，征发河内兵马攻击宇文胄，破之。迁官徐州总管，进升柱国，封清河郡公，食邑二千户。以其弟杨岳为临贞公。杨坚接受周帝禅让，加杨素为上柱国。隋文帝开皇四年，拜为御史大夫。其妻郑氏性情凶悍，杨素愤然道："我如果做了天子，你一定做不了皇后！"郑氏把这话上告朝廷，杨素因此而被免职。

隋文帝正图谋夺取江南，早先，杨素屡次进献攻取陈国之计，所以未过多久，就又任命他为信州总管，赐钱百万、锦千段、马二百匹，让他赴任。杨素居住在永安，建造大战舰，名叫五牙，舰上起楼五层，高百余尺，左右前后设置六只拍杆，全都高五十尺，可容纳战士八百人，旗帜加于其上。其次的战舰名叫黄龙，可容兵百人。其余平乘船、舴艋船各有差等。及至大举伐陈，任命杨素为行军元帅，率领舰队趋往三峡。军队行至流头滩，陈将戚欣以青龙舰百余艘、屯兵数千人扼守狼尾滩，以遏断要路。其地险峭，诸将都很忧虑。杨素道：

"胜负大计,在此一举。如果我们白天让战舰顺流而下,他们就会发现,滩流湍急,舰船不能由人控制,那么我们就失去了主动性。"于是便趁夜进攻。杨素亲自率领黄龙舰数千艘,衔枚而下,派遣开府王长袭率领步兵从南岸攻击戚欣另外的营寨,命令大将军刘仁恩率领甲骑直趋白沙北岸,在拂晓时赶到,发起攻击,戚欣败走。敌军全部被俘虏,抚慰而遣散,秋毫不犯,陈国的百姓很是喜悦。杨素率水军东下,舟船遮满江面,旌旗甲胄光辉耀日。杨素坐于平乘大船之上,容貌雄伟,陈国人望见,恐惧地说:"清河公就是江神呀!"陈国的南康内史吕仲肃屯守岐亭,正扼据三峡,在北岸开凿岩壁,缀上铁链三条,横截江面,以遏阻战舰。杨素与刘仁恩登陆并进,先攻敌人营寨。

吕仲肃的军队在夜间崩溃。杨素从容地解除铁链。吕仲肃又据守荆门的延洲。杨素派巴蜒士卒千人,乘五牙舰四艘,用拍竿击碎敌舰十余艘,于是大破敌军,俘虏甲士二千余人,吕仲肃仅仅逃了条活命。陈后主派遣他的信州刺史顾觉,镇守安蜀城,荆州刺史陈纪镇守公安,都惊惧而退逃。巴陵以东,没有敢拒守的城池。湘州刺史、岳阳王陈叔慎派使者请求投降。杨素沿江而下至汉口,与秦孝王杨俊会合。及至还朝,拜官为荆州总管,晋爵郢国公,食邑三千户,真食长寿县千户。又以其子杨玄感为仪同,杨玄奖为清河郡公。赐帛万段,粟万石,另加以金宝,还赐给他陈后主的妹妹及女妓十四人。杨素上言于文帝说:"闾里的名字叫胜母,曾子就不肯进入。叛贼王谊,以前曾封于郢,我不愿与他相同。"于是改封为越国公。不久拜官为纳言。过了一年多,转官为内史令。

不久,江南人李棱等聚众为乱,大者数万人,小者数千人,互相响应,杀害地方长官。命杨素为行军总管,帅从征讨。贼寇朱莫问自称南徐州刺史,以重兵据守京口。杨素率舰队自杨子津入江,进击破之。晋陵人顾世兴自称太守,与他的都督鲍迁等又来拒战。杨素迎击,破之,活捉鲍迁,俘虏三千余人。进击无锡贼帅叶略,又平之。吴郡人沈玄恰、沈杰等率兵包围苏州,苏州刺史皇甫绩屡战不利。杨素率众增援,沈玄恰形势迫急,奔投南沙贼帅陆孟孙。杨素攻击陆孟孙与松江,大破之,生擒陆孟孙、沈玄恰。黟县、歙县一带的贼帅沈雪、沈能据寨固守,杨素又攻之。浙江贼帅高智慧自称东扬州刺史,舰船千艘,屯居要害,兵力甚为强劲。杨素进击,从早晨打到黄昏,苦战而破。高智慧逃入海中,杨素追击,从余姚漂海趋永嘉。高智慧前来拒战,杨素击逃之,擒获数千人。贼帅汪文进自称天子,盘踞东阳,署任其党蔡道人为司空,屯守乐安。杨素进讨,全部荡平。又击破永嘉贼师沈孝彻。于是他由陆路往天台,直指临海郡,逐捕逃逸的贼寇。前后百余战,高智慧逃守闽越。

　　隋文帝因杨素长期劳苦在外,诏令乘驿马入朝。其子杨玄感加官为上开府,赐缘物三千段。杨素认为余贼未全部殄灭,恐为后患,又要求亲自出征。文帝于是下诏道:"朕为百姓忧劳,日旰忘食,有一人不得其所,就好像是自己把他推进沟中。江南的狂狡之徒,妄构妖逆,虽经殄除,百姓尚未安措,犹有贼首凶魁,逃亡山洞,恐怕他们重新聚结,再次扰乱苍生。内史令、上柱国、越国公杨素,识达古今,深谋远虑,前曾出师,已著威名,宜委任以大兵,总为元帅。宣布朝廷教化,振扬威武,擒灭叛亡,慰劳黎民。军民事务,全部委任之。"杨素又乘驿车至会稽。在先,泉州人王国庆,是南安的豪族。他杀死刺史刘弘,据州叛乱,诸路败逃的贼寇都投奔他。他自以为海路艰阻,为北方人所不熟悉,所以不设防兵。杨素泛海骤至,王国庆惶遽万分,弃州而逃,余党散入海岛,或者困守溪洞。杨素分别派遣诸将,水陆追捕。他还悄悄派人对王国庆说:"你的罪状,算起来不仅受诛而已。惟有斩送高智慧,可以用来赎罪。"于是王国庆擒送高智慧,斩首于泉州。其余小股贼党,全来降服,江南完全平定。隋文帝派遣左领军将军独孤陀,至浚仪迎接慰劳。及至京师,每天都有使者慰问。拜杨素之子杨玄奖为仪同,赐黄金四十斤,加银瓶,装满了金钱,缣帛三千段,马二百匹,羊二千口,公田百顷,宅第一区。代替苏威为尚书右仆射,与高颎同掌朝政。

　　杨素性格粗疏而能言善辩,对人的评价心中都有高低之分。朝臣之内,他很推重高颎,尊敬牛弘,厚待薛道衡,而对苏威很轻视。其余朝廷显贵,大多被他所压制。他的才艺风调,胜于高颎,至于赤诚报国,处事平允,有宰相的见识和气度,就比高颎差远了。

不久,命杨素监造仁寿宫。杨素便夷山填谷,课督工程严厉苛急,劳工死了很多,宫侧时常能听到鬼哭之声。及至宫殿竣工,文帝命高颎前往验视。高颎奏称过于绮丽,损失人丁太多,文帝很不高兴。杨素忧惧,束手无策,就到北门启奏独孤皇后道:"帝王理当有离宫别馆。如今天下太平,建造这一座宫殿,也算不上什么浪费!"皇后便用这话来开导文帝,文帝才解除了不满。于是赐杨素钱百万,锦绢三千段。

开皇十八年,突厥达头可汗侵犯边塞。以杨素为灵州道行军总管,出塞征讨,赐物二千段,黄金百斤。起先,诸将与敌虏交战,常顾虑敌骑奔突,都用战车与步兵、骑兵相参杂,车载鹿角为方阵,而骑兵在阵内。杨素对人说:"这是保全自己的办法,不是取胜之术。"于是全部捐弃旧法,命诸军为骑兵之阵。达头听说后大喜,道:"这是上天赐给我的良机呀!"于是下马仰天而拜,率领精锐骑兵十余万而至。杨素奋力攻击,大破敌军。达头受重伤而逃,杀伤不可胜计,群虏号哭而去。文帝优诏褒奖,赐缣帛二万匹,以及万钉宝带。加其子杨玄感勋位大将军,玄奖、玄纵、绩善全为上仪同。

杨素多有权谋,乘机赴敌,应变灵活,然而控驭军队严厉,有违犯军令者,立刻斩首,从不宽恕。每次将要与敌人作战,先寻求人的过失而斩之,多者百余人,少也不下十来人,流血积满面前,他还是谈笑自若。及至与敌对阵,先命令一二百人赴敌,陷入敌阵则罢,如不能陷入敌阵而还者,不问多少人,一律斩首。又命三二百人再次冲锋,还照上述办法处理。将士战栗,都有必死之心,因此战无不胜,称为名将。杨素当时正受贵宠,言无不从,那些跟随杨素征伐的,有些微功劳必被登录;至于其他将领,虽有大功,也多被文职官吏所谴责去除。所以杨素虽然严酷残忍,战士们也因此愿意相从。

开皇二十年,晋王杨广为灵朔道行军元帅,杨素为其长史。晋王降低身份以交结杨素。及至晋王被立为太子,全是杨素的计谋。

隋文帝仁寿初年,杨素代替高颎为尚书左仆射,赐良马百匹,牝马二百匹,奴婢百人。这一年,以杨素为行军元帅,由云州出塞攻击突厥,接连击破。突厥退逃,杨素率骑兵追击,到夜间才追到。准备再战,但恐怕敌军逃窜,于是命所率骑兵稍靠后,自己亲率两名骑士和投降的两个突厥人,与敌虏并行,敌虏竟然没有发觉。等到敌虏停下宿营,趁他们还未安定,急令后面的骑兵掩击,大破敌军。从此突厥远遁,大漠之南不再有突厥的王庭。因功进其子杨玄感勋位为柱国,玄纵封淮南郡公。赏物二万段。

及至独孤皇后驾崩,其陵墓制度,多由杨素所定。文帝表示嘉许,下诏道:

君主是元首,臣子则为股肱,共同统治万姓,在道理上犹同一体。上柱国、尚书左仆射、仁寿宫大监、越国公杨素,气度恢弘,智虑明远,身怀佐治当世之谋略,包含经理国政之才能。王业刚打基础,霸图开始建立,入仕为臣,受命出征,擒剪凶魁,克平虢、郑。屡受朝廷谋略,扬旌于江南,每禀军旅律令,长驱于塞北。南指而吴越肃清,北临而匈奴摧服。自居相位,参赞枢机,当朝正色,直言无隐。论文则词藻纵横,语武则奇谋时出。既文且武,惟朕所命,委任之处,夙夜不怠。

献皇后奄忽辞离六宫,卜葬之日即将到来,陵墓安置,委任杨素经营。然而丧葬之事,依照古礼仅占卜墓地的泉石,至于吉凶,不由于此。杨素义存于奉事君上,情深而体恤国家,欲使幽明两界俱都亨泰,使国祚永世无穷。他认为阴阳地理之书,是圣人所作,理关祸福,特须审慎。便遍历川原,亲自占选茔地,有丝毫不善,即另外寻求,志求吉祥,孜孜不倦。心力俱尽,人神协助,遂得福地,营建山陵。论起杨素此心,极为诚孝,岂平戎定寇可比其功业?非惟廊庙之器,实是社稷之臣,如不加褒赏,何以申明劝励?可别封其一子为义康郡公,食邑万户,子子孙孙,承袭不绝。其余如故。

同时还赐田三十顷,绢万段,米万石,金钵一只,装满金子,银钵一只,装满珍珠,并绫锦五百段。

当时杨素受到的宠幸日见隆盛,他弟弟杨约,从父杨文思,文思之弟文纪,以及族父杨异,并为尚书、列卿。几个儿子没有汗马之劳,也位至柱国、刺史。家僮数千人,后房妓妾身穿绮罗者数以千计。第宅华丽奢侈,制度可比拟皇宫。有个叫鲍亨的,善写文章,还有个叫殷胄的,擅于草隶,都是江南士人,因高智慧牵连而沦为杨素家奴。亲戚和旧日属吏,都列居清显之职。杨素的显贵荣盛,近代未闻。隋炀帝刚立为太子,忌恨蜀王杨秀,与杨素策划,构成其罪,后来竟然被废黜。朝臣有忤犯他的,虽然是至诚体国,如贺若弼、史万岁、李纲、柳彧等人,杨素都阴谋陷害他们。如果有人符合或者是亲戚,虽然毫无才能,也必加以擢拔。朝廷诸臣靡然而倒,无不畏附。只有兵部尚书柳述,凭借皇帝女婿之威重,屡次在文帝跟前当面反对杨素。大理卿梁毗,抗表上言,指斥杨素作威作福。文帝渐渐疏远疑忌他,后来便降下敕令道:"仆射,是国家的宰辅,不可躬亲细杂事务,只需三五日到尚书省一次,评论大事。"外表示以优崇,实际上是夺掉他的权力。直到仁寿末年,杨素不再通掌尚书省事务。文帝赐王公以下射箭,杨素的射箭为第一。文帝亲手把外国所献的金精盘,价值巨万,赐给杨素。仁寿四年,跟随文帝临幸仁寿宫,宴席上赏赐倍多。

及至文帝生病,杨素与兵部尚书柳述、黄门侍郎元岩等入阁侍奉。当时皇太子入居大宝殿,担忧皇上会病故,必须预先防备,便亲手写信,封好送给杨素探问。杨素把文帝病情写好来报告太子。宫人错把此信送到文帝处,文帝读后大恨。他宠幸的陈贵人,又说太子对她有无礼举动。文帝于是大怒,想召回已废为庶人的故太子杨勇。太子与杨素策划,杨素假传诏命调东宫卫士移近皇上居处宿卫,禁止宫门随意出入,并调取宇文述、郭衍掌管;又命张衡入宫侍候文帝病体。文帝就在这天驾崩了,对文帝的死因,由此便颇有各种猜测。

汉王杨谅造反,派茹茹天保前来占据蒲州,烧断黄河桥梁,又派王聃子率领数万人并力拒守。杨素率轻骑五千袭击,悄悄在渭口乘夜偷渡,将明时出击,茹茹天保败逃,王聃子惧怕而举城投降。炀帝下诏征杨素还朝。开始,杨素将出发,算准破敌的具体时间,结果正如所料。炀帝于是便任命杨素为并州道行军总管、河北安抚大使,率兵数万征讨汉王杨谅。当时晋州、绛州、吕州三州都为杨谅守城,杨素各派两千人牵制三州,便继续前进。杨谅派遣赵子开拥兵十余万,断绝路径,屯据于高壁,布阵五十里。杨素命诸将率兵正面对垒,自己带领奇兵悄悄进入霍山,沿崖谷而进,直指敌营,一战击破,杀伤数万。杨谅所委任的介州刺史梁修罗屯驻介休,听说杨素来到,恐惧得弃城而逃。杨素进军至清源,距并州三十里。杨谅率领其部将王世宗、赵子开、萧摩诃等,兵众将近十万，前来拒战。杨素又击破之，生擒萧摩诃。杨谅退保并州，杨素进兵包围。杨谅困迫无策而投降，其余党羽也都被平定。炀帝派遣杨素的弟弟杨约携带亲手写的诏书慰劳杨素，道：

我大隋统驭天下，于今已有二十四年，虽然外国夷狄屡次侵叛，但从未发生内乱，修文偃武，四海安然。朕以父皇去世，痛苦在心，号天扣地，也无能追及。朕本以藩王，被命为太子储君，又以平庸无能之才，继承大业。天下者，先皇之天下也，所以朕战战兢兢，不敢让它失去，何况还有宗庙之重和百姓之大呢！

叛贼杨谅包藏祸心，从幼至长，羊形兽心，伪托名誉，不守国丧，先图叛逆，违背君父之命，构成莫大之罪。煽惑良善，委任奸回，兴兵内乱，毒害百姓。私署官职，擅自杀戮，以小加大，以少凌长，民怨神怒，众叛亲离，所为罪恶虽有多种，但种种同归于作乱。朕兄弟不多，还未忍心下令征讨，所以开关门而待寇，止干戈而不发，朕听说过，上天生养黎民，为他们设置君主。朕仰承先帝意旨，常以抚养百姓为念，岂能只顾自己守护，眼看百姓倒悬而不救呢！大义灭亲，是《春秋》的大义，周公旦诛管叔、蔡叔，汉景帝戮灭吴、楚七国，其道理就在于此！事不得已，所以授公以大兵，问罪于太原。逆子贼臣，哪一代没有，但谁能想到，会近出于自己的家国。所可叹者，刚刚遭受丧父的痛苦，就遇到这种事。这都是由于朕不能和睦兄弟，不能安济苍生，德尚未普施，兵戈先已兴动，作乱者虽只一人，涂炭者却是万民。朕不仅畏惧天命，而且觉得辜负了先帝的托嘱。德薄而耻重，使我有愧于天下。

公乃先朝旧臣，功勋卓茂。早在皇朝草创，百废待兴的时候，便匹马归服朝廷，忠诚和识度都胜人一等。扫灭北齐的汴州、郑州，如秋风之卷落叶；平定荆南和塞北，似烈火之燎原，很早就建立了殊勋，显示了忠诚。及至在朝献可替否，更是为众人所瞻仰，接着又辅弼寡人，以济时艰。古昔的周勃、霍光，哪里能与公相比！叛贼窃据蒲州，断绝关隘桥梁，公以少击众，克期荡平。叛贼在高壁凭据险阻，抗拒官军，公以高深莫测之谋，出其不意。云开雾散，冰消瓦解，长驱北进，直捣贼窟。晋阳之南，蚁附之众数万，杨谅不自量力，尚想举起螳臂。公以棱严之威讨伐，发愤于内，舍生取义，亲当矢石。兵刃方交，鱼溃鸟散，僵尸遍野，积甲若山。杨谅于是困守穷城，以拒斧钺之诛。公督率骁勇，四面攻围，使其欲战不敢，欲逃无路，智力俱尽，面缚投降于军门。斩将搴旗，计伐叛逆而怀柔安顺，元凶既已除掉，华夏得以清平，丰功伟绩，正在于此，古昔时武安君陈余平定赵地，淮阴侯韩信平定三齐，哪里比得上公的远行而不劳，速战而克捷呢！朕忧心于居丧期间，不得亲率六军，由于未能请教方略于廊庙，遂使公勋劳于行阵。每念及此，寝食难忘。公乃建立累世之元功，执着一心之忠志。古人有言："疾风知劲草，世乱有诚臣。"公正应了此言。公的勋劳应铭刻于钟鼎岂止书写于竹帛史册而已。大功告成，哽咽叹息不已。稍待一时，公可随宜。军旅之间，庶务殷繁，颇费思虑，所以派遣公的弟弟，宣极朕的怀念。心思迷乱，言语无次。

杨素上表陈谢道：

臣自知德薄才疏，所以志向并不高运，州郡之职，哪敢辞其勋劳，至于卿相之荣，从来无由觊望。然而时逢昌盛之运，王业开创，臣虽然如涓流之赴大海，屡竭赤诚之心，但不过如轻尘之落泰山，功劳实在卑微。臣只不过凭借是皇上的乡旧故里，才高位重爵，显赫一时，于是又入处朝廷，出掌戎伍，受文武之委任，预帷幄之运筹。岂是臣有才能，实由陛下恩泽。欲想报答的恩德，其大如昊天，臣思陛下烛照重黎、离朱之明察，涵育继承昊天之仁德，牧臣于边运，照臣以光辉。臣在南疆，蒙降绕道投送之信，陛下在春宫，曾奉讲学论道之旨。然则草木无知，尚且等待时节而荣枯；何况微臣有心，实感报效思之无路。昼夜彷徨，寝食惭惧，常恐一旦丧命，辜负圣上的慈心。

叛贼杨谅包藏祸心，来由久远，因乘国丧，便逞凶逆，兴兵于晋、代之间，动摇太行以东。陛下拔擢臣于凡庸之流，授委臣以兵戎大任，蒙受陛下心腹臂膀之寄托，秉承平定叛乱之规划。萧王刘秀赤心待人，人皆以死相许，汉王刘邦恢宏大度，天下争相归顺，扫清妖寇，岂是微臣之力！蒙陛下派遣臣弟杨约赍送诏书慰劳，旨深笔峻，有如天降，恩泽浩渺，便同海运。悲喜惭惧，各种情感一时腾起，虽然是微躯百死，也不足以一报。

这月,杨素返还京师,于是随从圣驾游幸洛阳,任命杨素为营造东京的大监。以平灭杨谅之功,封其子杨万石、杨仁行,侄儿杨玄挺,皆为仪同三司,赏赐物五万段,绮罗千匹,杨谅的妓妾二十人。大业元年,迁官尚书令,赐东京上等宅第一处,物二千段。不久又封太子太师,其余官职如故,前后赏赐,不可胜计。明年,拜官司徒,改封楚国公,真食二千五百户租税。这一年,他死于任上。谥号为景武,赠官光禄大夫、太尉公、弘农、河东、绛郡、临汾、文城、河内、汲郡、长平、上党、西河十郡的太守。赐给送丧的榀榬车,班剑四十人,前后部鼓吹仪仗,粟麦五千石,物五千段,由鸿胪寺监护丧事。炀帝又下诏道:"在钟鼎上铭刻功勋,在丰碑上记载德业,为的是垂名声事业于不朽,树讽诵赞美于身后。故楚景武公杨素,丰功伟绩,劬劳于王室,竭尽忠诚,辅佐朕躬。所以他的道义超越了汉初的三杰,功绩可比肩于周武王的'十乱',未至高寿,突然逝世。春秋递代,岁礼正长,雕篆金石,以彰勋德。可立碑于墓道,以表彰盛美。"杨素曾经以五言诗七百字赠番州刺史薛道衡,词气宏迈,风韵秀挺,为一时名作。时间不久他就死了,薛道衡叹道:"人之将死,其言也善。难道真是这样吗!"

杨素虽然有拥立炀帝的策谋和平定杨谅的功劳,但特别为炀帝所猜忌,外表示以殊礼,内情很是淡薄。太史说隋的分野要有大丧事,炀帝便改封杨素于楚,因为楚与隋在同一分野,想以杨素来厌禳灾祸。杨素病重之时,炀帝常令名医来诊断,赐以上等的药物。但又悄悄询问医生,总是惟恐杨素不死。杨素也自知名望地位已至巅峰,便不肯服药,也不慎重调养,常对他弟弟杨约说:"我难道还须要活着吗?"杨素贪冒财货,营求产业,东、西二京的第宅极为奢侈华丽,早晨拆晚上建,营造修缮无停日,居宅遍及诸方的大都会,旅店、水碾和肥田美宅数以千百计,当时人的舆论对此很是鄙薄。其子杨玄感嗣位。他的所有儿子都因杨玄感造反而被诛死。

韩擒虎传

——卷五二

【原文】

　　韩擒虎，字子通，河南东垣人也，后家新安。父雄，以武烈知名，仕周，官至大将军、洛、虞等八州刺史。擒少慷慨，以胆略见称，容貌魁岸，有雄杰之表。性又好书，经史百家皆略知大旨。周太祖见而异之，令与诸子游集。后以军功，拜都督、新安太守，稍迁仪同三司，袭爵新义郡公。武帝伐齐，齐将独孤永业守金墉城，擒说下之。进平范阳，加上仪同，拜永州刺史。陈人逼光州，擒以行军总管击破之。又从宇文忻平合州。高祖作相，迁和州刺史。陈将甄庆、任蛮奴、萧摩诃等共为声援，频寇江北，前后入界。擒屡挫其锋，陈人夺气。

　　开皇初，高祖潜有吞并江南之志，以擒有文武才用，夙著声名，于是拜为庐州总管，委以平陈之任，甚为敌人所惮。及大举伐陈，以擒为先锋。擒率五百人宵济，袭采石，守者皆醉，擒遂取之。进攻姑熟，半日而拔，次于新林。江南父老素闻其威信，来谒军门，昼夜不绝。陈人大骇，其将樊巡、鲁世真、田瑞等相继降之。晋王广上状，高祖闻而大悦，宴赐群臣。晋王遣行军总管杜彦与擒合军，步骑二万，陈叔宝遣领军蔡征守朱雀航，闻擒将至，众惧而溃。任蛮奴为贺若弼所败，弃军降于擒。擒以精骑五百，直入朱雀门。陈人欲战，任姓蛮奴曰："老夫尚降，诸君何事！"众皆散走，遂平金陵，执陈主叔宝。时贺若弼亦有功。乃下诏于晋王曰："此二公者，深谋大略，东南逋寇，朕本委之，静地恤民，悉如朕意。九州不一，已数百年，以名臣之功，成太平之业，天下盛事，何用过此！闻以欣然，实深庆快。平定江表，二人之力也。"赐物万段。又下优诏于擒、弼曰："中国威于万里，宣朝化于一隅，使东南之民俱出汤火，数百年寇旬日廓清，专是公之功也。高名塞于宇宙，盛业光于天壤，遂听前古，罕闻其匹。班师凯入，诚知非远，相思之甚，寸阴若岁。"

及至京，弼与擒争功于上前，弼曰："臣在蒋山死战，破其锐卒，擒其骁将，震扬威武，遂平陈国。韩擒略不交阵，岂臣之比！"擒曰："本奉明旨，令臣与弼同时合势，以取伪都。弼乃敢先期，逢贼遂战，致令将士伤死甚多。臣以轻骑五百，兵不血刃，直取金陵，降任蛮奴，执陈叔宝，据其府库，倾其巢穴。弼至夕，方扣北掖门，臣启关而纳之。斯乃求罪不暇，安得与臣相比！"上曰："二将俱合上勋。"于是进位上柱国，赐物八千段。有司劾擒放纵士卒，淫污陈宫，坐此不加爵邑。

先是，江东有谣歌曰："黄斑青骢马，发自寿阳涘，来时冬气末，去日春风始。"皆不知所谓。擒本名豹，平陈之际，又乘青骢马，往反时节与歌相应，至是方悟。其后突厥来朝，上谓之曰："汝闻江南有陈国天子乎？"对曰："闻之。"上命左右引突厥诣擒前，曰："此是执得陈国天子者。"擒厉然顾之，突厥惶恐，不敢仰视，其有威容如此。别封寿光县公，食邑千户。以行军总管屯金城，御备胡寇，即拜凉州总管。

俄征还京，上宴之内殿，恩礼殊厚。无何，其邻母见擒门下仪卫甚盛，有同王者，母异而问之。其中人曰："我来迎王。"忽然不见。又有人疾笃，忽惊走至擒家曰："我欲谒王。"左右问曰："何王也？"答曰："阎罗王。"擒子弟欲挞之，擒止之曰："生为上柱国，死作阎罗王，斯亦足矣。"因寝疾，数日竟卒，时年五十五。子世谔嗣。

【译文】

韩擒虎，字子通，河南东垣人，后来家住新安。父韩雄，因有武艺忠烈而知名，在北周，任官至大将军，洛、虞等八州刺史。韩擒虎少年时激昂振奋，以胆大有谋略被人所称赞，容貌端正身材魁梧，有男子汉气概。又爱好读书，经史百家等书都略知其大意。周太祖宇文泰见到他后感到与众不同，命他与儿子们交游。后来因为军功拜都督、新安太守，不久升为仪同三司，承袭父的封爵为新义郡公。周武帝伐齐,齐将独孤永业守洛阳金墉城,韩擒虎说服他投降。进而平定范阳,加官上仪同,拜永州刺史。陈朝军队逼近光州,韩擒虎作为行军总管击败了他们。又随从宇文忻平定合州。高祖杨坚做宰相时,升官为和州刺史。陈朝将领甄庆、任蛮奴、萧摩诃相互呼应声援,多次进犯长江以北地区,先后侵入边界。韩擒虎屡次出击,挫了他们的锋芒,陈朝的军队丧失了锐气。

隋开皇年间初期,高祖暗有并吞江南陈朝的打算,因韩擒虎有文武才干,早有名声,于是拜为庐州总部管,委任他以平定陈朝的重任,很为敌人所害怕。等到大举伐陈,任命韩擒虎为先锋。于是他率领五百士兵在夜晚渡过长江,袭击采石,陈朝守卫士兵都喝醉睡了,韩擒虎就攻取了采石。然后进攻姑熟,半天就攻下了,进驻到了新林。江南的父老一向听说他威名,纷纷前来军门拜见,昼夜不断。陈朝军队十分害怕,他们的将领樊巡、鲁世真,田瑞等相继来投降。晋王杨广把这状况上报,高祖知道后十分高兴,设宴赏赐群臣庆贺。晋王派行军总管杜彦与韩擒虎联合,共有步兵骑兵两万。陈朝皇帝陈叔宝派领军蔡征守朱雀航,大家听说陈擒虎快来到,都害怕而溃散。任蛮奴被贺若弼打败,弃军向韩擒虎投降。韩擒虎带五百名精锐骑兵,直接冲入朱雀门。陈朝军队打算抵抗,任蛮奴挥挥手说:“老夫尚且投降,诸君何必再抵抗!”于是大家都一哄而散,平定了金陵,擒获了陈主陈叔宝。当时贺若弼也有功,高祖下诏给晋王说:“这两个人,都有深谋大略,平定东南的逃寇,朕把这任务委托给他们,结果占领土地抚恤百姓,都很合朕的心意。全国九州不统一,已经有数百年,用名臣的功劳,来成就天下太平的事业,这是值得庆贺的大事,还有什么能超过它呢!朕听到消息后很是欣慰,实在值得庆贺和快乐。平定江南,是这两人的努力结果呀。”赐给织物万段。又下表扬的诏书给韩擒虎、贺若弼说:“把国家的威力伸展到万里之外,把朝廷的教化宣扬到边境一角,使东南地区的百姓摆脱水深火热的境遇,使数百年的贼寇在几十天中清除,这完全是您等的功劳。你们的高大的名声充满在宇宙间,伟大的业绩光耀于天地中,从古以来,很少听到能与你们相比的。凯旋回师的日子,知道已经不远,但想念你们的殷切程度,过一寸光阴就好像要过一年。"

　　等两人回到了京城,贺若弼与韩擒虎就在皇帝面前争功劳,贺若弼说:"臣在蒋山死战,打败他们的精兵,抓获他们的猛将,威武无比震惊敌人,才平定了陈国。韩擒虎很少上阵作战,岂能和臣相比!"韩擒虎说:"本来遵照英明的旨意,命令臣与贺若弼同时合力进攻,以取伪国都城。而贺若弼竟敢先到,逢到贼里就战斗,以致使将领士兵伤亡很多。臣用五百名轻装骑兵,没有经过流血,直接攻取金陵,使任蛮奴投降,抓获了陈叔宝,占据他们的府第仓库,捣毁他们的巢穴。贺若弼到傍晚,方才来敲北掖门,臣通知守关人开门才让他们进来。他是讲自己罪过还来不及,哪里能和臣相比!"皇帝说:"两位将军都可以算上等功勋。"于是进韩擒虎为上柱国,赐给织物八千段。有关衙门弹劾韩擒虎放纵士兵,淫污陈朝宫女,由此他不加封爵和食邑。

　　早先,江南有歌谣说:"黄斑青骢马,发自寿阳边,来时冬气末,去日春风始。"大家都不知道什么意思。韩擒虎本名豹,在平陈之际,又骑青骢马,往返的时节也正与歌谣中所说的相合,到这时大家才领悟到歌谣所说的含意。后来突厥来朝贡,皇帝对他们使者说:"你听说江南有个陈国天子吗?"使者答:"听说。"上命令左右侍从把突厥使者引到韩擒虎面前,说:"这位就是抓获陈国天子的人。"韩擒虎很严厉地盯着使者看,突厥使者恐慌,不敢直视,他的威严就是这样。另封他寿光县公,食邑一千户。又以行军总管屯兵在金城,防御胡族的进攻,拜官为凉州总管。

　　不久征召他回京城,皇帝在内殿宴请,对他感情真切,礼遇优厚。没有多少时候,他的邻居老大娘看到韩擒虎门前仪仗队很煊赫,如同王家的,老大娘惊异地询问。其中有人说,"我来迎接王。"忽然什么都不见了。又有一人病很重,忽然仓皇失措地走到韩擒虎家说:"我想拜见王。"左右侍从问:"什么王?"答道:"阎罗王。"韩擒虎的子弟要打他,韩擒虎制止,说:"生为上柱国,死做阎罗王,这也就满足了。"因此生病,数天后竟然去世,当时年龄五十五岁。儿子韩世谔继承爵位。

贺若弼传

——卷五二

【原文】

　　贺若弼,字辅伯,河南洛阳人也。父敦,以武烈知名,仕周为金州总管,宇文护忌而害之。临刑,呼弼谓之曰:"吾必欲平江南,然此心不果,汝当成吾志。且吾以舌死,汝不可不思。"因引锥刺弼舌出血,诫以慎口。弼少慷慨,有大志,骁勇便弓马,解属文,博涉书记,有重名于当世。周齐王宪闻而敬之,引为记室。未几,封当亭县公,迁小内史。周武帝时,上柱国乌丸轨言于帝曰:"太子非帝王器,臣亦尝与贺若弼论之。"帝呼弼问之,弼知太子不可动摇,恐祸及己,诡对曰:"皇太子德业日新,未睹其阙。"帝默然。弼即退,轨让其背己,弼曰:"君不密则失臣,臣不密则失身,所以不敢轻议也。"及宣帝嗣位,轨竟见诛,弼乃获免。寻与韦孝宽伐陈,攻拔数十城,弼计居多。拜寿州刺史,改封襄邑县公。高祖为丞相,尉迥作乱邺城。恐弼为变,遣长孙平驰驿代之。

　　高祖受禅,阴有并江南之志,访可任者。高颎曰:"朝臣之内,文武才干,无若贺若弼者。"高祖曰:"公得之矣。"于是拜弼为吴州总管,委以平陈之事,弼欣然以为己任。与寿州总管源雄并为重镇。弼遗雄诗曰:"交河骠骑幕,合浦伏波营,勿使骐骥上,无我二人名。"献取陈十策,上称善,赐以宝刀。

　　开皇九年,大举伐陈,以弼为行军总管。将渡江,酹酒而呪曰:"弼亲承庙略,远振国威,伐罪吊民,除凶翦暴。上天长江,鉴其若此。如使福善祸淫,大军利涉;如事有乖违,得葬江鱼腹中,死且不恨。"先是,弼请缘江防人每交代之际,必集历阳。于是大列旗帜,营幕被野。陈人以为大兵至,悉发国中士马。既知防人交代,其众复散。后以为常,不复设备。及此,弼以大军济江，陈人弗之觉也。袭陈南徐州，拔之，执其刺史黄恪。军令严肃，秋毫不犯，有军士于民间沽酒者，弼立斩之。进屯蒋山之白土冈，陈将鲁达、周智安、任蛮奴、田瑞、樊毅、孔范、萧摩诃等以劲兵拒战。田瑞先犯弼军，弼击走之。鲁达等相继递进，弼军屡却。弼揣知其骄，士卒且惰，于是督厉将士，殊死战，遂大破之。麾下开府员明擒摩诃至，弼命左右牵斩之。摩诃颜色自若，弼释而礼之。从北掖门而入。时韩擒已执陈叔宝，弼至，呼叔宝视之。叔宝惶惧流汗，股慄再拜。弼谓之曰："小国之君，当大国卿，拜，礼也。入朝不失作归命侯，无劳恐惧。"

　　既而弼恚恨不获叔宝，功在韩擒之后，于是与擒相询挺刃而出。上闻弼有功，大悦，下诏褒扬，晋王以弼先期决战，违军命，于是以弼属吏。上驿召之，及见，迎劳曰："克定三吴，公之功也。"命登御坐，赐物八千段，加位上柱国，进爵宋国公，真食襄邑三千户，加以宝剑、宝带、金瓮、金盘各一，并雉尾扇、曲盖，杂彩二千段，女乐二部，又赐陈叔宝姝为妾。拜右领军大将军，寻转右武候大将军。

　　弼时贵盛，位望隆重，其兄隆为武都郡公，弟东为万荣郡公，并刺史、列将。弼家珍玩不可胜计，婢妾曳绮罗者数百，时人荣之。弼自谓功名出朝臣之右，每以宰相自许。既而杨素为右仆射，弼仍为将军，甚不平，形于言色，由是免官，弼怨望愈甚。后数年，下弼狱，上谓之曰："我以高颎、杨素为宰相，汝每倡言，云此二人惟堪啖饭耳，是何意也？"弼曰："颎，臣之故人，素，臣之舅子，臣并知其为人，诚有此语。"公卿奏弼怨望，罪当死。上惜其功，于是除名为民。岁余，复其爵位。上亦忌之，不复任使，然每宴赐，遇之甚厚。开皇十九年，上幸仁寿宫，宴王公，诏弼为五言诗，词意愤怨，帝览而容之。尝遇突厥入朝，上赐之射，突厥一发中的。上曰："非贺若弼无能当此。"于是命弼。弼再拜祝曰："臣若赤诚奉国者，当一发破的。如其不然，发不中也。"既射，一发而中。上大悦，顾谓突厥曰："此人，天赐我也！"

　　炀帝之在东宫，尝谓弼曰："杨素、韩擒、史万岁三人，俱称良将，优劣如何?"弼曰:"杨素是猛将,非谋将;韩擒是斗将,非领将;史万岁是骑将,非大将。"太子曰:"然则大将谁也?"弼拜曰:"惟殿下所择。"弼意自许为大将。及炀帝嗣位,尤被疏忌。大业三年,从驾北巡,至榆林。帝时为大帐,其下可坐数千人,召突厥启民可汗飨之。弼以为大侈,与高颎、宇文弼等私议得失,为人所奏,竟坐诛,时年六十四,妻子为官奴婢,群从徙边。

子怀亮,慷慨有父风,以柱国世子拜仪同三司。坐弼为奴,俄亦诛死。

【译文】

贺若弼,字辅伯,河南洛阳人,父亲贺若敦,因有武艺忠烈而闻名,在周任官为金州总管,遭宇文护妒忌而杀害。临刑时,叫贺若弼来对他说:"我一定要平定江南,但这志向没有实现,你一定要完成我的遗志;而且我是因舌头说话而死,你不可不引以为训。"接着用锥刺贺若弼舌头直到出血,警诫他讲话要谨慎。贺若弼少年时精神振奋,情绪激昂,有大志,勇敢而善于弯弓骑马,会写文章,博览群书,在当时很有名声。周齐王宇文宪闻名而很敬重他,引他为记室。不久以后,被封当亭县公,升为小内史。周武帝时,上柱国乌丸轨对皇帝说:"太子不具有做帝王的才能,臣也曾与贺若弼谈论过。"皇帝叫贺若弼来问,贺若弼知道太子地位不可动摇,恐怕祸难落到自己头上,就讲假话说:"皇太子道德学问日有提高,没有看到他的缺点。"皇帝沉默不言。贺若弼回来后,乌丸轨责备他背叛自己,贺若弼说:"君主的口不密则失信臣下,臣下的口不密则生命难保,所以不敢轻易议论。"等到宣帝即帝位,乌丸轨最终被杀,而贺若弼则避免了杀身之祸。不久与韦孝宽一起征伐陈朝,攻克数十城,其中多数是贺若弼的计谋。拜官寿州刺史,改封襄邑县公。高祖杨坚为丞相,尉迟迥在邺城作乱,恐怕贺若弼有变化,派长孙平骑驿马去取代他。

高祖称帝,暗有并吞江南的打算,寻找可以担负此重大任务的人。高颎说:"朝延的大臣当中,从文武才干来说,没有一个比得上贺若弼的人。"高祖说:"您算说对了。"于是任命贺若弼为吴州总管,委任他平定陈朝的大事。贺若弼很高兴地把这件事作为自己的任务。与寿州总管源雄同任官于重镇。贺若弼送诗给源雄说:"交河是骠骑将军的帐幕,合浦是伏波将军的军营,勿使在骐驎阁上,没有我二人的名字。"他献上攻取陈朝的十项计策、皇帝认为很好,赐给他宝刀。

开皇九年,大举征伐陈朝,任命贺若弼为行军总管。即将渡江,他用酒洒地祝愿说:"贺若弼亲受皇帝庙算谋略,远处去宣扬国家威望,征伐有罪的人,救民于水火之中,除去凶恶暴虐的罪犯。上天和长江,你们明鉴这一切。如果你们想使善人得到福气,坏人得到灾难,那么大军就能顺利渡江;如果事情与这相反,那么我们就在长江葬身鱼腹之中,死也不恨。"早先,贺若弼请求沿江防守的士兵每在交接的时候,必定要集中在历阳。于是每次在历阳树立了许多旗帜,军营帐幕漫山遍野。陈朝人以为大兵来攻,征发了全国大部分士兵马匹来防御。过后知道是隋驻防的士兵交替,他们许多征集的士兵也就散走了。后来多次这样,以为是平常的事,就不再布置兵力来防备了。到此,贺若弼率领大军渡江时,陈朝人竟根本没有察觉。贺若弼袭击陈的南徐州,攻克了,抓获他的刺史黄恪。隋军军令严肃,秋毫无犯,有的士兵在民间沽买酒喝,贺若弼立即斩首。他进军驻屯蒋山的白土岗,陈朝将领鲁广达、周智安、任蛮奴、田瑞、樊毅、孔范、萧摩诃等率领强劲士兵抵抗。田瑞先攻贺若弼军,贺若弼把他打跑了。鲁广达等军相继进攻,贺若弼军屡屡败退,贺若弼估计他们士兵已经骄傲,而且疲劳,就严厉督促将士们殊死战斗,于是大败陈军。

麾下开府员明擒获萧摩诃,贺若弼命令左右拉出去斩首。萧摩诃神色自若,贺若弼释放了他,并以礼相待。从北掖门进入陈朝皇宫。当时韩擒虎已经捉到了陈叔宝,贺若弼到来,叫陈叔宝来被他看看。陈叔宝惶恐害怕,汗流浃背,浑身发抖不断叩头。贺若弼对他说:"小国的国君,面对大国的大臣,应该下拜,这是礼节。进入我朝后仍不失做一个归命侯,不必恐惧。"

　　过后贺若弼怨恨没有抓得陈叔宝,功劳在韩擒虎之后,于是与韩擒虎相争吵,刀也拔出来了。皇帝听说贺若弼有功,大为高兴,下诏褒奖表扬,晋王杨广因贺若弼在预定攻敌时间之前出军决战,违反军命,于是把贺若弼交付有关官吏,皇帝派驿马召他回来,相见后,欢迎慰劳他说:"攻克安定三吴地区,是您的功劳。"命他登上御座,赐给织物八千段,加官位上柱国,进封爵宋国公,真襄食邑封户三千户,加赐有宝剑、宝带、金瓮、金盘各一件。还有雉尾扇、略曲的伞、杂色丝织品二千段,女鼓吹乐队二部,又赐他陈叔宝的妹妹为妾。拜官右领军大将军,不久转为右武侯大将军。

　　贺若弼当时正尊贵得势,地位和名望都很高。他的哥哥贺若隆为武都郡公,弟弟贺若东为万荣郡公,都是刺史、列将。贺若弼家里珍奇玩物不可胜数,婢妾穿绮罗的有数百人,当时人认为这是很荣耀的。贺若弼自己认为功劳和名声比朝廷里的大臣都高,常常认为自己应该当宰相。后来杨素担任了右仆射,贺若弼仍然是个将军,心中很不平,表现在言论和脸色上,因此被免官,贺若弼埋怨和愤恨更加厉害。数年后,贺若弼下到了监狱,皇帝对他说:"我任命高颎、杨素为宰相,你每每议论,说这二个人只会吃饭,是什么意思呀?"贺若弼说:"高颎是臣的老朋友,杨素是臣的表兄弟,臣都知道他们的为人故而有这些话。"公卿大臣上奏说贺若弼对朝廷怨恨不满,他的罪应当处死。皇帝珍惜他过去有功,于是除去官名成为平民。一年多后。又恢复了他的爵位。皇帝也对他有所顾忌,不再重用他,然而每次宴会赏赐,对待他总是很优厚。开皇十九年,皇帝到仁寿宫,宴请王公,诏命贺若弼做五言诗,词句和意思都表现出愤愤不平和怨恨,皇帝看了后也宽容了他。有一次遇到突厥人入朝,皇帝赏赐他们射箭,突厥人一箭就中的。皇帝说:"非贺若弼不能与他们相比。"于是命贺若弼射。贺若弼再拜祈祷说:"臣如果是赤心忠诚于国家的,就应当一发破的。如果不是那样的人,发箭就不中。"结果射箭后,一发而中的。皇帝十分高兴,回头对突厥人说:

"这个人,是天赐我的呀!"

隋炀帝在东宫当太子时,曾对贺若弼说:"杨素、韩擒虎、史万岁三人,都可称良将,但优劣如何呢?"贺若弼说:"杨素是猛将,不是有谋略的将,韩擒虎是善斗的将,不是领导的将;史万岁是善骑的将,不是大将。"太子说:"那么将是谁呢?"贺若弼下拜说:"由您殿下来选择。"贺若弼的意思是认为自己可以当大将。等隋炀帝即位后,他尤其被疏远和忌用。大业三年,随从皇帝到北方巡行,到榆林。皇帝当时用大帐篷,下面可以坐数千人,召突厥启民可汗来参加宴会。贺若弼以为太奢侈,与高颍、宇文弼等在私下议论得失,被人上奏揭发,最后因此而被杀,时年六十四岁。妻子没为官奴婢,下面人发配到边境。

儿子贺若怀亮,像父亲那样很有气概,因是柱国的长子拜仪同三司。因贺若弼的事而罚为奴,不久也被杀。

刘 行 本 传

——卷六二

【原文】

刘行本,沛人也。父瓌,仕梁,历职清显。行本起家武陵国常侍。遇萧修以梁州北附,遂与叔父璠同归于周,寓居京兆之新丰。每以诵读为事,精力忘疲,虽衣食乏绝,晏如也。性刚烈,有不可夺之志。周大冢宰宇文护引为中外府记室。武帝亲总万机,转御正中士,兼领起居注,累迁掌朝下大夫。周代故事,天子临轩,掌朝典笔砚,持至御坐,则承御大夫取以进之。

及行本为掌朝,将进笔於帝,承御复欲取之。行本抗声谓承御曰:"笔不可得。"帝惊视问之,行本言於帝曰:"臣闻设官分试,各有司存。臣既不得佩承御刀,承御亦焉得取臣笔。"帝曰:"然。"因今二司各行所职。及宣帝嗣位,多失德,行本切谏忤旨,出为河内太守。

高祖为丞相,尉迥作乱,进攻怀州。行本率吏民拒之,拜仪同,赐爵文安县子。及践阼,征拜谏议大夫,检校治书侍御史。未几,迁黄门侍郎。上尝怒一郎,於殿前笞之。行本进曰:"此人素清,其过又小,愿陛下少宽假之。"上不顾。行本於是正当上前曰:"陛下不以臣不肖,署臣左右。臣言若是,陛下安得不听?臣言若非,当致之於理,以明国法,岂得轻臣而不顾也!臣所言非私。"因置笏於地而退,上敛容谢之,遂原所笞者。

于时天下大同,四夷内附,行本以党项羌密迩封域,最为后服,上表劾其使者曰:"臣闻南蛮遵校尉之统,西域仰都护之威。比见西羌鼠窃狗盗,不父不子,无君无臣,异类殊方,於斯为下。不悟羁縻之惠,讵知含养之恩,狼戾为心，独乖正朔。使人近至，请付推科。"上奇其志焉。雍州别驾元肇言於上曰："有一州吏，受人馈钱三百文，依律合杖一百。然臣下车之始，与其为约。此吏故违，请加徒一年。"行本驳之曰："律令之行，并发明诏，与民约束。今肇乃敢重其教命，轻忽宪章。欲申己言之必行，忘朝廷之大信，亏法取威，非人臣之礼。"上嘉之，赐绢百匹。

在职数年，拜太子左庶子，领治书如故。皇太子虚襟敬惮。时唐令则亦为左庶子，太子昵狎之，每令以弦歌教内人。行本责之曰："庶子当匡太子以正道，何有躄昵房惟之间哉！"令则甚惭而不能改。时沛国刘臻、平原明克让、魏郡陆爽并以文学为太子所亲，行本怒其不能调护，每谓三人曰："卿等正解读书耳。"时左卫率长史夏侯福为太子所昵，尝於阁内与太子戏，福大笑，声闻於外。行本时在阁下闻之，待其出，行本数之曰："殿下宽容，赐汝颜色。汝何物小人，敢为亵慢！"因付执法者治之。数日，太子为福致请，乃释之。太子尝得良马，令福乘而观之，太子甚悦，因欲令行本复乘之。行本不从，正色而进曰："至尊置臣於庶子之位者，欲令辅导殿下以正道，非为殿下作弄臣也。"太子惭而止。复以本官领大兴令，权贵惮其方直，无敢至门者。由是请讬路绝，法令清简，吏民怀之。未几，卒官，上甚伤惜之。及太子废，上曰："嗟乎！若使刘行本在，勇当不及於此。"无子。

【译文】

刘行本，沛县人。父亲刘瑰，在梁国做官，历任高贵显赫之职。刘行本一出家门就任武陵国常侍。遇到萧修以梁州投奔北朝，刘行本遂与叔父刘璠一块投归北周，居住在京兆的新丰县。常以背诵读书为事，聚精会神乐而忘记了疲劳，虽然穿衣吃饭都有缺乏的时候，但干扰不了他读书，仍是一如既往。性情刚烈，有股不可改变的意志。

周大冢宰宇文护推荐他任中外府记室。周武帝亲理朝政后，刘行本转为御政中士，兼领起居注，连续升迁为掌朝下大夫。周朝原来的典章规定，天子不坐正殿而到殿前时,掌朝大夫主管笔砚,拿到御坐前,则由承御大夫取过来送进去。到刘行本为掌朝,将要送笔给皇帝,承御又要取过去。行本大声对承御说:"笔不能给你。"皇帝吃惊看着他而发问,行本回答说:"臣听说设立官位分明职掌,各有主管的事。臣既不能佩戴承御的刀,承御怎么能拿臣的笔。"皇帝说:"对。"因此下令两部门各执行其职责。到周宣帝继承皇位后,做了很多荒唐谬误的事,刘行本直言极谏惹恼了周宣帝,被外放为河内太守。

杨坚出任北周丞相,尉迟迥举兵造反,进攻怀州。行本率领官吏百姓抵抗住了他的进攻,因功拜仪同,赐爵文安县子。到杨坚登上皇帝宝座,征拜刘行本为谏议大夫,代理治书侍御史。不久,迁黄门侍郎。皇帝曾向一郎官发怒,在殿前笞打他。刘行本劝谏说:"这个人向来高洁,其过失又很小,望陛下稍加宽容。"皇帝不理睬。于是行本就站到皇帝面前说:"陛下不认为臣不正派,把臣发署左右。臣说的如果对,陛下怎能够不听? 臣说的如果错了,应当交给法官,以申明国法,岂能轻视臣而不理睬! 臣所说的并非私事。"随着把朝笏放在地上而退下去了,皇帝马上郑重其事地向他道歉,也原谅了所笞打的郎官。

当时正是天下太平盛世,四周的少数民族纷纷内附,刘行本因党项羌离疆界很近,但最后归附,上表弹劾其使者说:"臣听说南方少数民族遵从校尉的统领,西域各族仰承都护的权威力。近来见到西羌这样的小偷小盗,不父不子,无君无臣,种类不同居于异域他乡,于此为下。不明白维系联络的恩惠,岂能知道保养的恩德,贪暴凶残为心,单独违背朝廷。使者最近来到,请付推科。"皇帝特别欣赏他的心意了。雍州别驾元肇告诉皇帝说:"有一个州吏,接受别人馈赠三百文钱,按法律应当杖责一百。因我刚到那里的时候,与其约定。这个州吏故意违背,请加徒刑一年。"刘行本批驳元肇说:"律令的执行,都发布了诏书,和百姓作了规约。现在肇竟敢只重视他的命令,轻视国家法规。要申明自己的言语一定实行,而忘记朝廷的大信,破坏国法而取个人权威,这不是人臣的准则。"皇帝赞美了他,赐给绢百匹。

在职几年后,拜太子左庶子,领治书侍御史依然如故。皇太子对刘行本虚心恭畏。当时唐令则也担任左庶子,太子特别亲近他,经常让他用瑟伴奏、歌咏诵读教练太子官中的女伎艺人和妻妾。刘行本责备他说:"庶子应当辅导太子以正道,为什么又溺爱于内室当中呢!"唐令则听了十分惭愧但又不能改正。当时,沛国刘臻、平原明克让、魏郡陆爽都因文学被皇太子所亲近。刘行本生气他们不能调理保护,常说三人:"你们只知道读书罢了。"当时左卫率长史夏侯福被太子所溺爱,曾经在阁中和太子游戏打闹,夏侯福大笑,笑声在外边都能听到。刘行本正在阁下听到,待夏侯福出来,刘行本责备他说:"殿下宽容,给你好脸色。你是什么小人,竟敢轻慢!"因此交给执法的人处治。过了几天,皇太子为夏侯福求情,才释放出来。太子曾得到一匹好马,让夏侯福骑乘而观看。太子十分高兴,因此要刘行本再骑一次。刘行本不骑,严肃地劝谏说:"皇帝把臣放在庶子这个位子上,是要让我辅导殿下以正道,并不是给殿下作亲近狎玩的人。"皇太子听了惭愧而止。后来又以本官兼任大兴县令,权贵惧怕刘行本的正直,没有敢到其门的人。因此请托办事的路断绝了,法令清简,官吏百姓都怀念他。不久,死于官任上,皇帝十分悼念哀伤他。到太子被废,皇帝说:"哎!如果刘行本在,杨勇当然不会到这地步。"刘没有儿子。

赵绰传

——卷六二

【原文】

赵绰，河东人也，性质直刚毅。在周，初为天官府史，以恭谨恪勤，擢授夏官府下士。稍以明干见知，累转内史中士。父艰去职，哀毁骨立，世称其孝。既免丧，又为掌教中士。高祖为丞相，知其清正，引为录事参军。寻迁掌朝大夫，从行军总管是云晖击叛蛮，以功拜仪同，赐物千段。

高祖受禅，授大理丞，处法平允，考绩连最，转大理正。寻迁尚书都官侍郎，未几转刑部侍郎。治梁士彦等狱，赐物三百段、奴婢十口、马二十匹。每有奏谳，正色侃然，上嘉之，渐见亲重。上以盗贼不禁，将重其法。绰进谏曰："陛下行尧、舜之道，多存宽宥。况律者天下之大信，其可失乎！"上忻然纳之，因谓绰曰："若更有闻见，宜数陈之也"。迁大理少卿。故陈将萧摩诃，其子世略在江南作乱，摩诃当从坐。上曰："世略年未二十，亦何能为！以其名将之子，为人所逼耳。"因赦摩诃。绰固谏不可，上不能夺，欲绰去而赦之，固命绰退食。绰曰："臣奏狱未决，不敢退朝。"上曰："大理，其为朕特赦摩诃也。"因命左右释之。刑部侍郎辛亶，尝衣绯裈，俗云利於官，上以为厌蛊，将斩之。绰曰："据法不当死，臣不敢奉诏。"上怒甚，谓绰曰："卿惜辛亶而不自惜也？"命左仆射高颎将绰斩之，绰曰："陛下宁可杀臣，不得杀辛亶。"至朝堂，解衣当斩，上使人谓绰曰："竟何如？"对曰："执法一心，不敢惜死。"上拂衣而入，良久乃释之。明日，谢绰，劳勉之，赐物三百段。时上禁行恶钱，有二人在市，以恶钱易好者，武候执以闻，上令悉斩之。绰进谏曰："此人坐当杖，杀之非法。"上曰："不关卿事。"绰曰："陛下不以臣愚暗，署在法司，欲妄杀人,岂得不关臣事!"上曰:"撼大木不动者,当退"。对曰:"臣望感天心,何论动木!"上复曰:"啜羹者,热则置之。天子之威,欲相挫耶?"绰拜而益前,诃之不肯退。上遂入。治书侍御史柳彧复上奏切谏,上乃止。上以绰有诚直之心,每引入阁中,或遇上与皇后同榻,即呼绰坐,评论得失。前后赏赐万计。其后进位开府,赠其父为蔡州刺史。

时河东薛胄为大理卿,俱名平恕。然胄断狱以情,而绰守法,俱为称职。上每谓绰曰:"朕於卿无所爱惜,但卿骨相不当贵耳。"仁寿中卒官,时年六十三。上为之流涕,中使吊祭,鸿胪监护丧事。有二子:元方、元袭。

【译文】

赵绰,河东人,性格正直坚定。在北周,开始为天官府史,因恭谨勤恳,提拔为夏官府下士。逐渐以精明强干为人所知,多次迁转为内史中士。因父丧离职,哀伤过度,人极消瘦,世人称赞其孝敬。守丧期满除服,又为掌教中士。杨坚为丞相,了解赵绰为官清廉正直,推荐为录事参军。不久迁掌朝大夫,随从行军总管是云晖平定反叛的蛮人,因功拜为仪同,赏赐给物品千段。

杨坚接受北周皇帝禅位,建立隋朝,授赵绰为大理丞,处法平允,考察成绩连续排名第一,转为大理正。很快升迁为尚书都官侍郎,不久转刑部侍郎。处理梁士彦等案件,赐给物品三百段、奴婢十口、马二十匹。每当向皇帝送上需议罪的案件时,表情端庄严肃又刚直,皇帝赞美他,逐渐更为亲近器重。皇帝因盗贼不能禁止,准备加重其法。赵绰进谏说:"陛下推行尧、舜的王道,多存宽容饶恕。况且法律是天下的大信,这是能失掉的吗?"皇帝很高兴地采纳了赵绰的劝谏,并告诉赵绰说:"如果还有见解,应多次陈述说明。"迁大理少卿。原南朝陈国将军萧摩诃,他的儿子萧世略在江南造反作乱,萧摩诃应当因牵连而定罪。皇帝说:"世略年纪还不到二十岁,能干什么事!因他是名将的儿子,被人所逼迫而已。"因此赦免萧摩诃。赵绰坚决劝谏不可赦免，皇帝不能做定夺，想等赵绰走了而赦免萧摩诃，坚决命赵绰退下去吃饭。赵绰说："臣所奏上的案件未作决断，不敢退朝。"皇帝只得说："大理，那为朕特赦摩诃。"因命左右释放了萧摩诃。刑部侍郎辛亶，曾经穿过红裤子，世俗的说法是有利于做官，皇帝认为这是厌胜巫蛊邪术，将要斩杀辛亶。赵绰说："依据法律不应当判死刑，臣不敢按诏书办理。"皇帝大怒，告诉赵绰说："卿爱惜辛亶难道不爱惜自己吗？"命令左仆射高炯把赵绰斩首，赵绰说："陛下宁可杀臣，也不能杀辛亶。"到朝堂，脱去朝衣判罪斩首，皇帝派人问赵绰说："究竟怎样办？"赵绰说："执法一心，不敢惜死。"皇帝气得拂衣就到里面去了，过了很长时间才释放赵绰。明天，皇帝向赵绰道歉，又慰问鼓励他，赐给物品三百段。当时，皇帝严格禁止恶钱流行，有两个人在市肆，用恶钱换好钱，武候抓住了向上报告，皇帝命令全都杀掉。赵绰上奏劝谏说："这人定罪应当受杖刑，杀掉非法。"皇帝说："这事和你无关。"赵绰说："陛下不因为臣下愚昧无知，安置在法司，要胡乱杀人，岂能和臣无关。"皇帝说："摇撼大树不动的，应当退去。"赵绰说："臣希望感动天心，别说摇树了！"皇帝又说："喝汤时，太热就放在一边，天子的威严，要想凌辱吗？"赵绰拜而向前，大声斥责也不肯退。皇帝遂到宫中去。治书侍御史柳或又上疏直言极谏，皇帝才停止了。皇帝因赵绰有忠诚正直的胸怀，经常引入阁中，有时碰上皇帝和皇后坐在一起，即招呼赵绰坐下，评论政治得失。前前后后赏赐的物品上万。后来进位开府，追赠其父亲为蔡州刺史。

当时河东薛胄任大理卿，和赵绰都以公正宽恕著名。然而薛胄判断案件用感情，而赵绰遵守法律，都是称职的。皇帝经常告诉赵绰："朕于卿是无所珍惜的，只是卿的骨相不当荣华富贵罢了。"仁寿年间中，死于官任上，时年六十三岁，皇帝为赵绰的去世痛哭流涕，派宦官吊唁祭祀，鸿胪官监护丧事。赵绰有两个儿子：元方、元袭。